FISCHER
BOOT

Frederik Hetmann

Eine schwierige Tochter

Die Geschichte einer
irischen Rebellin

Fischer
Taschenbuch
Verlag

Fischer BOOT
Lektorat Christel Schütz

Fischer Taschenbuch Verlag
August 1982
Umschlaggestaltung: Hansjörg und Evi Langenfass, Ismaning
Fotos: Umschlagvorderseite: Constanze Markievicz als Hauptmann der irischen Bürgerwehr
Umschlagrückseite: Constanze Gore-Booth als Debütantin 1886
Fischer Taschenbuch Verlag GmbH, Frankfurt am Mein

Satz: Fotosatz Otto Gutfreund, Darmstadt
Druck und Bindung: Clausen & Bosse, Leck
Printed in Germany
880-ISBN-3-596-27531-8

Inhalt

Wir sollen versprechen, nicht über Politik zu reden. Heutzutage ist alles im Leben Politik. Das Geldwesen, die Wirtschaft, die Erziehung, selbst das in England immer so populäre Thema der Scheidung, all das hat mit Politik zu tun. Ich kann mein Geld nicht anlegen, kann keine Kleider kaufen, ohne daß Politik ins Spiel käme...

Constanze de Markievicz an ihre Schwester Eve Gore-Booth, 1918

Man zwang mich, Rebell zu sein und Revolutionär, Revolutionär aus Liebe zur Gerechtigkeit, aus Hilfsbereitschaft für die Beladenen und Zerlumpten. Ungerechtigkeit und Unbarmherzigkeit mit ansehen zu müssen, macht ebenso viele Revolutionäre wie Unzufriedenheit oder Hunger.

B. Traven, »Der Wobbly«

Alte Fotografie

Zuerst fragen mich die Leute immer, wo ich sie denn kennengelernt hätte.

Zuerst war sie nur eine alte Fotografie, in einem verwahrlosten Haus an der Atlantikküste, im Nordwesten von Irland.

Das Foto stand in einem verschnörkelten Messingrahmen in einem Raum, hoch und düster, auf dem Sims über einem Kamin, in dem schon lange kein Feuer mehr gebrannt hatte.

Ich sehe mich noch, wie ich durch dieses Haus schlendere, dessen heutige Besitzer es Touristen gegen ein Eintrittsgeld zeigen. Ich bin etwas hinter dem Haupttrupp zurückgeblieben, weil mich anderes interessiert als die meisten.

Die anderen sind inzwischen wohl schon bei dem ausgestopften Eisbären angelangt. Oder sie stehen vor dem Modell von Sir Henrys Schiff *Kara*, den Seekarten von Nowaja Semlja oder den alten Hummerkörben, die, wer weiß warum, auch in diesem Raum vorn rechts neben dem Eingang mit ausgestellt sind.

Mich hat die alte Fotografie aufgehalten.

Ich blicke auf, sehe in dem fleckigen Spiegel über dem Kamin mein eigenes Bild.

Ich erschrecke oder bin doch wenigstens momentan verblüfft, denn wer vermutet schon über einem Kamin einen Spiegel? Und wer ist darauf gefaßt, so überraschend sich selbst zu begegnen. Ich senke unwillkürlich den Blick und bin wieder bei der alten Fotografie auf dem Sims.

Vor einem Vorhang aus Blattwerk – ein Mädchen in einem Ballkleid. Ein schlankes Mädchen von vielleicht 17, 18 Jahren. Um den schmalen Hals eine vierreihige Kette aus kleinen Perlen. Das Dekolleté genau bis zum Ansatz der Brüste. Von der rechten Schulter bis zur eng geschnürten Hüfte läuft eine Schärpe aus künstlichen Blumen. Soweit man es auf der etwas unscharfen Fotografie erkennen kann, sind es Margeriten.

Die Hände des Mädchens berühren sich vor ihren Oberschenkeln.

Sie muß lange, hohe Beine haben. Man kann sie sich rennend und

tanzend gut vorstellen. Aber der Saum des langen Tüllrockes berührt fast den Boden. Unter ihm schauen nur eben die Spitzen der Tanzschuhe heraus.
In der rechten Hand hält das Mädchen lässig einen geschlossenen Fächer. Sie trägt lange, weiße Handschuhe, die fast bis zur Armbeuge reichen.
Ihr Haar ist hochgesteckt und läßt das schmale, gleichmäßige Gesicht hervortreten.
Ihre Augen wirken weich, noch ziemlich kindlich. In ihrem Blick ist ein Verlangen nach Lebendigkeit, nach Erleben, das mich anrührt.
Vielleicht habe ich damals gemurmelt: »Schön sieht sie aus!«
Aber von einem Mädchen oder einer Frau zu sagen, sie sei schön, ist eigentlich eine recht unpräzise Feststellung.
Natürlich wurde jedes Mädchen dieser Gesellschaftsschicht zu dieser Zeit vor ihrem ersten Ball so herausgeputzt, in Szene gesetzt, beleuchtet. Die Mythe von Schönheit und Unschuld...! Genauer wäre schon zu sagen: hier gelingt es einem Mädchen hervorragend, diese Mythe zu verkörpern, obwohl sie nicht an diese Mythe glaubt.
Und da ist noch etwas anderes, was nichts mit der Mythe zu tun hat, was aus ihrem Rahmen fällt, was sie bestimmt in Konflikt mit ihr geraten hat lassen.
Dieses andere ist es, was mir Gänsehaut zwischen den Schulterblättern macht, was mich verlockt, die Fotografie in die Hand zu nehmen, sie noch näher zu betrachten.
Es stellt sich eine Sympathie her zwischen diesem jungen Mädchen auf dem Bild und mir, die mit Schönheit gar nichts zu tun hat und etwas so Mächtiges wie die Zeit glatt austrickst.
Es muß die Ahnung sein, daß ich in ihrem Wesen etwas von mir selbst antreffe: Wünsche, Launen, Hoffnungen, Träume. Wir kennen uns beide seit langem, auch wenn wir uns nie begegnet sind. Wir würden uns beide nie so ganz entfremden oder verlieren, selbst wenn wir uns stritten, betrögen, verließen, die schlimmsten Dinge voneinander erführen.
Hat sie gekichert?
Herrje, es ist nicht unbedingt ein angenehmes Gefühl, angesichts der zufälligen Betrachtung einer Fotografie in einem ziemlich heruntergekommenen irischen Manor House solche Emotionen bei sich zu entdecken!

»Wer ist sie denn überhaupt?« frage ich mich.
Jemand tritt hinter mich.
Es ist jene ranzig wirkende, ältliche Dame mit englischem Whiskyrot unter der dicken Puderschicht, die sich dem Touristenschub zu Beginn der Führung als Miß Aideen Gore-Booth vorgestellt hat.
Ich muß ungehörig lange vor dem Kaminsims gestanden haben. Die übrigen Besucher sind offenbar längst gegangen.
Miß Aideen sieht mich skeptisch an. Sie weiß nicht recht, was mit mir anfangen.
Ich stelle vorsichtig die Fotografie wieder an ihren Platz.
Das junge Mädchen im Ballkleid läßt mich, während ich es von mir fortrücke, nicht aus den Augen.
Sie sieht mich unverwandt mit einem Blick an, in dem ein Anflug von einem spöttisch-melancholischen Lächeln ist. Plötzlich kann sie sprechen: »So wie ich bin, ist man wirklich besser nicht«, sagt sie.
»Sie sind schon recht«, murmle ich, »ich begreife ganz gut, warum Sie so sind.«
In diesem Lächeln ist auch Ehrgeiz, Stolz und etwas Rebellisches.
»Ich bin eine Frau, und Sie sind ein Mann.«
»Ist nicht in jedem Mann etwas von einer Frau und in jeder Frau etwas von einem Mann?« sage ich.
»Wem sagen Sie das. Aber natürlich wollen sie das nicht zugeben. Sie bestreiten es unbedingt.«
Jetzt erst war die Fotografie so weit von mir entfernt, daß es mit dem Flirt und dem Gespräch zwischen uns nicht mehr so recht klappte.
Ich wandte mich Miß Aideen zu.
»Sie werden verzeihen«, sage ich in einem um einen Ton zu steifen Englisch, »aber wen stellt dieses Bild dar?«
»Meine Tante Constanze als Debütantin 1886«, antwortet sie mit jenem schnarrenden, unpersönlichen Ton, in dem sie bei der Führung auch die Zahl der Silberbestecke und die Namen der auf den Gemälden abgebildeten Personen heruntergerasselt hat. Sie schaut jetzt so mißbilligend drein, als habe sie mich bei einer unzüchtigen Handlung ertappt.
»...ich würde gern etwas mehr über sie erfahren«, sage ich.
»Was wir wissen, teilen wir während der Führung mit.«

Der Trotz, mit dem sie ihrer Weigerung Ausdruck verleiht, hat etwas Komisches.
Daß Miß Aideen Constanzes Nichte sein soll, kommt mir nach einem erneuten flüchtigen Blick auf die Fotografie völlig unglaubwürdig vor.
»Natürlich läßt es sich auch anderweitig in Erfahrung bringen«, sage ich etwas ärgerlich, halb zu mir selbst.
»Das steht Ihnen frei...« erwidert Miß Aideen, »...wenn Sie jetzt bitte gehen würden. Ich möchte abschließen.«
Ein höflicher Hinauswurf.
Während ich ihr ohne weitere Widerrede bis zum Portal folge, überlege ich mir, daß etwas in Miß Aideens Stimme auch neidisch geklungen hat.
Es reut mich, daß ich die Fotografie nicht ein letztes Mal nahe an meine Augen herangebracht habe.
Ich versuche mir jetzt ohne Fotografie das Gesicht und die Gestalt des jungen Mädchens wieder vorzustellen.
Es gelingt mir gut, und ich bin glücklich darüber. Und da ist auch wieder ihre Stimme.
Jemand, mit dem man über den höchsten Balken in der Scheune balancieren würde (damals war ich noch schwindelfrei, diese Höhenphobie, das kam später). Jemand, mit dem man ein Huckleberry-Finn-Floß baut. Jemand, mit dem man ein Land zwischen Kreidestrichen entdecken kann. Jemand, der gern hoch spielt. Jemand, der sich den Teufel was um die Konvention schert und darauf beharrt, daß man etwas zu tun, daß man sich einzumischen hat in dieser Welt.
Jemanden, der so gewesen ist wie sie, habe ich in meiner Kindheit gekannt.
Oder habe ich mir nur gewünscht, einmal ein solches Mädchen kennenzulernen, damals?
Ihr Lächeln ist jetzt, da sie als Person in meiner Vorstellung lebendig wird, viel selbstbewußter als vorhin. Aber vielleicht ist sie jetzt auch schon etwas älter. Und ihre Stimme flüstert:
»I'll tell you...!«
Was ich mir übersetze mit:
»Ich werde Ihnen von allem erzählen...von fast allem«, fügt sie dann hinzu.
Es hat seine Richtigkeit, daß wir per Sie sind. Wir werden es immer bleiben. Diese Kühle, diese Distanz sind mir sympathisch, und ich

wette, ihr auch. Sie erlaubt Kritik, und ohne diese würde es rasch langweilig.

Andererseits dürften uns beide Sätze wie der folgende zu einem beifälligen Kopfnicken veranlassen:

»Ich sage Euch aber: Es leben Tote, die lebendiger sind als Lebende, und es wohnen Lebendige unter Euch, die schon seit ihrem ersten Schultag tot sind, obgleich sie Euch sagen: ›Wir leben, denn wir haben die Macht!‹« Beides (ich meine das Per-Sie-Sein und der Beifall zu solchen Sätzen) schließt einander nicht aus. Nur eben, manche Leute werden das nie begreifen…

Herkommen

Constanze Gore-Booth wird am 4. Februar 1868 in London, Buckingham Gate, geboren. Noch als Baby kommt sie nach Irland.
Die Mutter, Georgina Mary Hill, stammt aus Tickhill Castle in Yorkshire.
Der Vater, Sir Henry Gore-Booth, kommt aus einer Familie des protestantischen Landadels mit Besitzungen im Westen Irlands. Seine Vorfahren sind zur Zeit Heinrichs VIII. als Soldaten, Abenteurer, Konquistadoren nach Irland gekommen.
Mit List, Tücke, durch das Schwert und mit vorteilhaften Heiraten erwerben sie sich über Jahrhunderte hin mehr und mehr Landbesitz, den die britische Krone von den Iren enteignet hat. Paul Gore, Parteigänger Cromwells, schlägt sich beim Sturz des puritanischen Diktators noch rechtzeitig auf die Seite der Royalisten.
Er baut das Schloß von Ardtarman, fünf Meilen vom späteren Familienbesitz Lissadell entfernt.
Es ist ein von Befestigungsanlagen umgebenes Haus mit einem Turm, einer Wendeltreppe, alles in Stein ausgeführt. Irgendwann brennt es nieder. Der nächste Familiensitz ist ein Herrenhaus mit niedrigen Fensterbögen am Nordufer der Drumcliff-Bucht.
Darin wohnt Letitia Gore, geborene Booth, die ihrem Ehemann Nathanial ihren Namen, fünf Kinder und ein hübsches Stück Landbesitz schenkt.
Letitia hat Charakterzüge, die sich bei Constanze wiederfinden werden: Tollkühnheit, Ehrgeiz, zu einer Hochleistung zu gelangen, überschüssige Phantasie.
Ungefähr sieben Meilen von Lissadell und in Sichtweite von Ardtarman findet sich eine halbkreisförmige Erdspalte, der sogenannte Derk von Knocklane. Eines Tages hat Letitia den Einfall, sich mit ihrer Kutsche scharf am Rand des Abgrunds entlang fahren zu lassen.
Die Felsen, in die Regen, Wind und Brandung unzählige Kerben und kleine Kanzeln modelliert, auf denen Möwen und andere Seevögel ihre Nester gebaut haben, fallen zweihundert Fuß tief zur See hin ab.

Letitias Kutscher weigert sich, die Verantwortung für diese Vergnügungstour besonderer Art zu übernehmen.
Seine Herrin aber zaubert eine Pistole hervor und zwingt ihn, die Pferde anzutreiben.
Der Mann lenkt den Wagen unversehrt am Abgrund entlang.
»Good man, better horses (Ein guter Mann, aber noch bessere Pferde)!« soll Letitia angeblich gemurmelt haben.
Immer geht sie ganz in Weiß gekleidet.
Die Pachtbauern erinnert das an einen Geist. Sie nennen sie Banshee Ban, nach jenen Gespenstern, deren Klagelaute das Sterben eines Angehörigen aus einer der großen alten Familien ankündigen.
Letitias Enkel ist der vierte Baron von Lissadell – Constanzes Großvater.
Er heißt Sir Robert, sitzt im Parlament von Westminster, spielt gern Cello und Orgel, liebt Hunde und die Jagd und ist Gönner und Präsident des Reitklubs der »Sligo Harriers«.
Zwischen 1834 und 1836 läßt sich Sir Robert ein neues Haus bauen: immer noch an der Bucht von Drumcliff, aber auf etwas höher gelegenem Gelände. Ein typisches englisches Herrenhaus aus dem Anfang des 19. Jahrhunderts, aus Kalkstein, dessen Grau mit der Zeit immer dunkler und unheimlicher wird. Ein großzügiger, wenngleich im Detail etwas marottenhaft wirkender Bau, zweistöckig, mit jenem hallenartigen Musiksaal im Mittelpunkt, einem pompösen Treppenhaus in schwarzem Marmor, aber hellen, freundlichen Wohn- und Eßzimmern zur Bucht hin und mit einer Galerie in der Kuppel, wo der Hausherr hinter gelblichweißen Säulen jene Gemälde ausstellt, die er von seiner Kavalierstour auf den Kontinent mitgebracht hat.
Lissadell ist ein gälischer Name. Übersetzt bedeutet er »Fort des blinden Mannes«. Im 13. Jahrhundert soll dort der gälische Barde Murray O'Daly gewohnt haben. Einem Steuereinzieher schlug er mit einer Streitaxt den Schädel ein. Sein Häuptling ließ ihn zur Strafe blenden und schickte ihn ins Exil.
Dort dichtete Murray, von Heimweh geplagt, ein Loblied auf seinen Landesherrn und ließ es vor ihm durch einen wandernden Sänger vortragen. Der Häuptling war so beeindruckt und geschmeichelt, daß er angeblich den Totschlag verzieh, den Dichter heimkehren ließ und ihm ein Stück Land am Meer schenkte. Nach Norden trennt der mächtige Bergrücken des Ben Bulben Lissadell

vom Atlantik. Im Osten liegt landeinwärts der malerische Loch Gill.
Nach Westen sieht man von Lissadell auf den grünen Tafelberg des Knocknarea mit dem großen Grabhügel, in dem angeblich eine Königin aus der Bronzezeit liegt, die auf Gälisch Maeve, auf Walisisch Maud und auf Englisch Mab heißt.
Es ist ein Ort für Träume, eine Landschaft der Sagas und Sagen, des Spuks. Dunst und Nebel zeichnen sie weich. Eine Landschaft, schön nach einem Regen, mit einem Regenbogen über der Bucht oder dem grünen Höckerberg, eine Landschaft, deren unbewaldete, nur von Gras und Buschwerk überwucherte Gebirgsmassive wie eine Reihe Sphinxe vor dem Himmel stehen, eine Landschaft voll wilder Vogelrufe, schwarzer Klippen, grauer Sandstrände, mit Tang- und Salzwassergeruch.
Bezeichnend für die Spannung zwischen den irischen Pachtbauern und Taglöhnern einerseits und den englischen Grundbesitzern des Landadels andererseits ist ein Vorfall, der sich 1834 in dieser Gegend zugetragen hat.
Constanzes Großvater, Sir Robert Gore-Booth, ist wie all seine Vorfahren darauf bedacht gewesen, seinen Landbesitz zu vergrößern.
Bei einem Essen, mehr oder minder aus einer Laune heraus, erwarb er einen ganzen Flecken in der näheren Umgebung von Lissadell: die Ortschaft Ballygilgan oder Seven Cartrons.
Cartron ist ein altes Flächenmaß, eine Verballhornung von *quaterons* oder *quarters*. Jedes *Cartron* oder »Viertel« soll 17 Pflugäcker und hinreichend viel Weideland umfassen, um 400 Kühe halten zu können. Sir Robert will seinen ganzen neuen Besitz zur Viehzucht nutzen. Schlachtvieh aus Irland erzielt auf dem englischen Markt die höchsten Preise unter allen Agrarprodukten.
Also wird den in Ballygilgan ansässigen irischen Pachtbauern und Tagelöhnern gekündigt.
Traditionsgemäß gehören die mit Stroh oder Binsen gedeckten grellweiß getünchten Hütten, in denen diese Menschen leben, ebenfalls dem Eigentümer von Grund und Boden.
Die Bauern werden vor die Wahl gestellt, sich entweder anderswo Pachtland zu suchen, was unter den gegebenen Verhältnissen schwierig, wenn nicht gar unmöglich war, oder aber nach Amerika auszuwandern. Für den *acre** Land erhalten sie eine Abfindung

* acre: Morgen = 40,467 Ar

von 4 Pfund. Als Zuschuß zur Schiffspassage in die Neue Welt pro Person 2 Pfund.

Nun muß man anmerken, daß es sich dabei um eine freiwillige soziale Leistung des neuen Besitzers handelt, die wohl von den meisten seiner Standesgenossen als übertrieben großzügig oder gar als Verstoß gegen gute alte Sitten betrachtet worden sein dürfte.

Die meisten der Pachtbauern ziehen es vor, auszuwandern. Das Schiff, das sie an Bord nahm, ist völlig seeuntüchtig, was zumindest dem Schiffseigner genau bekannt gewesen sein muß. Es sinkt mit Mann und Maus schon kurz nach der Ausfahrt aus der Bucht von Sligo.

Einige der Leichen werden durch die Gezeiten wieder in die Bucht zurückgetragen und in Sligo und in der Nähe von Lissadell geländet.

Berichte und Gerüchte von dem Vorfall sind zu Constanzes Kindheit unter den »einfachen Leuten« noch in aller Mund. Da sie viel mit Pachtbauern in Berührung gekommen ist, muß sie von dieser Katastrophe und ihren Hintergründen gehört haben. In den Jahren 1845, 1846 und 1847, in denen eine Krankheit der Kartoffelpflanzen in Irland eine katastrophale Mißernte und eine Hungersnot auslöst – die Grundnahrungsmittel der irischen Pachtbauern sind von jeher Kartoffel und Buttermilch gewesen –, erweist sich Sir Robert aber durchaus als ein Mann von sozialem Verantwortungsbewußtsein.

Während die meisten anglo-irischen Großgrundbesitzer gnadenlos ihre Pachtbauern von Bütteln auf die Straße setzen und deren Hütten niederlegen lassen, sofern sie nicht in der Lage sind, die Pacht pünktlich in bar zu bezahlen, kauft Sir Robert Lebensmittel im Wert von 40000 Pfund und läßt sie unter die Bauern und Landarbeiter auf seinen Ländereien verteilen.

Ungewöhnlich, so muß auch noch angemerkt werden, ist es allein schon, daß die Gore-Booth in Irland selbst leben.

Die meisten Landherren ließen ihre Pacht von Agenten einziehen und sich das Geld nach London oder Paris überweisen, wo sie davon standesgemäß lebten und sich im übrigen zumeist einen Dreck darum scherten, was in Irland vor sich ging.

Sir Robert ist auch bemüht, die Agrarwirtschaft auf seinen Besitzungen auf eine solide und krisenfeste Grundlage zu stellen. Er sorgt dafür, daß nicht immer mehr Wiesen durch den von den

Dünen herangewehten Treibsand verlorengehen. Er ist es, der in dieser Gegend die Austernzucht einführt.
Seine Neigung, es mit landwirtschaftlichen Neuerungen zu versuchen, vererbt sich von ihm auf seinen Enkel Josslyn, der ein Jahr nach Constanze zur Welt kommt und der sich später als Erbe von Lissadell für die Gründung bäuerlicher Genossenschaften eingesetzt hat. Bei dem irischen Hang zum krassen Individualismus – ein schwieriges und undankbares Unternehmen.
Näher als der Bruder ist Consanze schon als Kind ihrer um zwei Jahre jüngeren Schwester Eve verbunden. Zwei weitere Geschwister, ein Bruder Mordaunt und eine Schwester Mabel, kommen 1874 und 1876 zur Welt.
Constanze und Eve sind von ihrem Temperament her sehr verschieden. Constanze ist wild, selbstbewußt, waghalsig. Manche finden, an ihr sei ein Junge verlorengegangen. Von klein auf beginnt sie zu zeichnen, wo immer sich ein weißes Stück Papier findet. Die Ränder vieler ihrer Kinderbücher, ja selbst ihrer Bibel sind mit Skizzen und Karikaturen bedeckt.
Eve ist eher introvertiert, verträumt, scheu.
Was Constanze zeit ihres Lebens an ihrer Schwester bewundert, ist eine traumhafte Entschlossenheit, jeweils das zu tun, was ihr richtig und wichtig erscheint.
Der Vater der beiden Mädchen, Sir Henry Gore-Booth, ist nach dem Tod von Sir Robert im Jahre 1876 zum 5. Baron von Lissadell geworden.
Sein Hobby sind – dem Geist der Zeit des Kolonialismus und Imperialismus entsprechend – amateurhafte Entdeckungsreisen. 1879 unternimmt er zusammen mit Kapitän A. H. Markham auf dem norwegischen Schoner *Isbjörn* (Eisbär) eine Fahrt entlang der Küste von Nowaja Semlja bis zum nördlichsten Punkt der Insel.
1882 fährt er mit der 50-Tonnen-Jolle *Kara*, die er inzwischen erworben hat, abermals ins Polarmeer, um einen verschollenen Freund, den Forschungsreisenden Mr. Leigh Smith, zu suchen. Er findet Smith, in einem Rettungsboot seines aufgegebenen Schiffes treibend, nimmt ihn auf und bringt ihn zurück nach England. Dabei geht die *Kara* zweimal durch schwere Stürme und wird an einer anderen Stelle ihrer Route vorübergehend im Eis eingeschlossen.
Der Vater erzählt daheim Bekannten und Kindern von den Jagd- und Segelabenteuern dieser Reisen.

Die wagemutige Constanze würde selbst gern an einer solchen Expedition teilnehmen, bekommt aber zu hören, solch gefährliche Unternehmen seien Männersache. Die Reaktion darauf sind bei ihr höchst gewagte Kreuzfahrten in einer Nußschale von Boot auf dem offenen Atlantik vor der Bucht von Sligo. Als die Eltern davon hören, stehen ihnen die Haare zu Berge.

Aus der Politik hält sich Constanzes Vater bewußt heraus. Lediglich die für einen Großgrundbesitzer üblichen Ehrenämter im kommunalen Bereich ist er bereit zu übernehmen und übt sie auch jeweils sehr gewissenhaft aus. So ist er eine Zeitlang Geschworener. Er präsidiert bei der jährlichen Landwirtschaftsschau. Er sitzt in einem Komitee, das für die Wohlfahrtseinrichtungen der Grafschaft verantwortlich ist.

Im Winter des Jahres 1879 auf 1880 – Constanze ist zu diesem Zeitpunkt zwölf Jahre alt – kommt es abermals zu einer schlimmen Hungersnot. Der Virus der Kartoffelseuche hat im Boden überdauert. Wieder vernichtet die Krankheit die ganze Ernte. Von Haus und Hof vertriebene Pachtbauern wandern zu Scharen durchs Land.

In den Spalten der Lokalzeitung, des *Sligo Champion*, mehren sich die Angriffe gegen die Großgrundbesitzer. Über jede Austreibung wird genau berichtet. Ein rasch vollzogenes Ritual geht jeweils dieser barbarischen Praktik voraus:

Der Sheriff händigt dem Gerichtsvollzieher eine Handvoll Binsen oder Stroh vom Dach der jeweiligen Bauernkate aus und ruft laut aus:

»Im Namen des Gesetzes ergreife ich hiervon Besitz.«

Häufig verbarrikadierten sich die mittellosen Bauern auch mit ihren Familien in den Hütten. Sie schlossen die Fensterläden, verriegelten die Türen und warteten, bis der Hungertod kam.

Im Widerstand gegen die Auswirkungen und Ungerechtigkeiten des Pachtsystems entsteht 1879 die »Irish National Land League«.

Das erste Treffen von Anhängern und Sympathisanten dieser Organisation im Country Sligo findet am 2. November 1879 in Gurteen statt, und zwar auf Grund und Boden, der zum Besitz der Gore-Booth gehört.

Es kommen dort an die 8000 Menschen zusammen. Viele tragen grüne Rosetten oder quer über die Brust laufende Schärpen in den traditionellen Farben Irlands, in Grün und Orange.

Drei Sprecher dieser Kundgebung, unter ihnen auch der irische Patriot Michael Davitt, der vor kurzem erst nach siebenjähriger Haft aus dem Zuchthaus Dartmoor entlassen worden ist, werden verhaftet und wegen Beleidigung der Regierung vor Gericht gestellt. Der Prozeß findet Ende November 1879 in Sligo statt. John Monroe, der Anwalt der Krone, begründet seine Klage gegen Davitt mit folgenden Sätzen:
»Er hat das Pachtsystem als unmoralisch bezeichnet. Er hat dazu aufgefordert, diese Steuer auf Menschen einfach abzuschaffen. Mr. Davitt hat das Volk von Irland angestachelt, sich wie ein Mann zu erheben und kundzutun, daß es ein solches System nicht länger dulden werde.
Wenn eine solche Redeweise ungestraft hingeht, weiß ich nicht, wie wir in diesem Land weiter regieren, wie wir seinen Frieden und seinen Wohlstand aufrechterhalten sollen.«
Das muß den Pachtbauern wie Hohn klingen. Von Wohlstand kann unter ihnen nun wahrlich nicht die Rede sein.
Das jährliche Einkommen in einer irischen Bauern- und Landarbeiterfamilie beträgt zu dieser Zeit 23 Pfund 8 Shilling und 7 Pence.
Die meisten Leute können sich nicht einmal Brot als Grundnahrungsmittel leisten, sondern leben, wie es in einem Untersuchungsbericht des englischen Unterhauses heißt, »von einer Art Mahlzeit, wie man sie in unserem Land höchstens Hunden vorsetzen würde«. Der Druck der Land-Liga führt schließlich dazu, daß die Angeklagten des Prozesses in Sligo freigesprochen und 1881 das sogenannte Land-Gesetz verabschiedet wird.
Es setzt einigermaßen vertretbare Pachtsätze fest. Es macht den Weg frei für den vom Staat subventionierten Landerwerb durch die Bauern, die bisher Pächter gewesen sind.
Hören wir, wie man sich als Großgrundbesitzer zu der neuerlichen Hungersnot und der Agitation der Land-Liga stellte.
Typisch für die Mehrzahl ist die Äußerung eines Gutsbesitzers, die Maud Gonne, eine junge Frau, die eigentlich Schauspielerin ist, sich aber zu dieser Zeit für die in Not geratenen Pachtbauern engagiert, in ihrer Autobiografie wiedergibt:
»›Diese verdammte Land-Liga ruiniert das Land ... wollen doch sehen, wer da den längeren Atem hat. Jetzt wollen sie uns sogar verbieten, Jagden zu reiten. Mit welchem Recht frage ich? Da komme ich doch neulich abends heim und sehe Paddy Ward mit

seiner Familie im Graben liegen. Die Frau sieht aus, als werde sie den nächsten Morgen nicht mehr erleben. Ich bleibe stehen und sage ihm, er sei dafür verantwortlich, wenn seine Alte abkratze. Ich habe ihn oft genug davor gewarnt, der Land-Liga beizutreten. Das hat er nun davon. Kein Dach über dem Kopf und ein Weib, das bei Sonnenuntergang ins Gras gebissen haben wird!‹
›Und was haben Sie getan?‹
›Was ich getan habe. Nun, die Frau sterben lassen. Dem Gesindel gehört eine Lektion erteilt.‹«
Constanzes Vater gehört nicht zu dieser Sorte von überheblichen Herrenmenschen.
Er reagiert auf die neuerliche Katastrophe nach der Art eines viktorianischen Menschenfreundes.
Gewiß hat auch er die Aktionen der Land-Liga abgelehnt. Andererseits hilft er als einzelner »seinen Leuten«, wo er nur kann. Er setzt die Pachtsumme um 40 Prozent herab. Er selbst, seine Frau und seine drei ältesten Kinder gehen von Pächterhütte zu Pächterhütte und verteilen Lebensmittel, Kleider und warme Decken.
Wo es nötig ist, schickt Sir Henry eine Fuhre Stroh aus seiner Scheune, damit die Bauern wenigstens ihre Strohsäcke stopfen können.
Der Zorn der Land-Liga und ihrer Anhänger freilich fällt auf Gerechte und Ungerechte.
Im März 1882 erhält Sir Henry Gore-Booth einen nicht abgestempelten Brief, der aber mit doppelt soviel Briefmarken als nötig frankiert ist. Im Kuvert steckt ein Zettel. Sir Henry liest:

Mein lieber Luzifer!
Ich muß Sie davon in Kenntnis setzen, daß Sie die ärmsten Pachtbauern von ganz Irland haben, und dies alles nur, weil sie von Ihnen so schuftig behandelt werden. Aber auch wenn Sie auf Lissadell sitzen wie der Teufel in der Hölle, so ist nun die Zeit angebrochen, da dies ein Ende haben wird. Wir werden Mittel und Wege finden, um mit Ihnen fertig zu werden!

Aus den Tagen von Constanzes Großvater ist ein ähnliches solches Schriftstück erhalten. Damals war es an Michael Boyle, einen Angestellten Sir Roberts, gerichtet gewesen, der die Aufsicht über die Austernbänke hatte:

Michael Boyle:
wenn Du nach Carny oder nach Sligo machst, schau darauf, daß Du immer Deinen Sarg bei Dir trägst.
Wir tun Dir zu wissen, daß es besser für Dich ist, daheim zu bleiben, statt nach Sir Roberts Austernbänken zu schauen. Denn die Austern könnten Dich eines Tages teuer zu stehen kommen. Wenn Du uns in die Hände fällst, wollen wir Dich wie einen tollwütigen Hund vierteilen und verscharren. Und wer bei Dir ist, dem wird es auch übel ergehen, doch nicht halb so übel wie Dir. Wir schrecken vor nichts zurück und machen unsere Ankündigung wahr...

Keine der beiden Drohungen wurde wahrgemacht, aber die Briefe beweisen doch, wie stark das Problem der Pacht und die Vertreibungen zahlungsunfähiger Bauern die Gemüter bewegte, wie sehr der Haß sich inzwischen gesteigert hat.

Ein wildes, liebes Mädchen

With all youth's lonely wildness sirred,
She seemed to have grown clean and sweet
*Like any rock-bred, sea-borne bird.**
William Butler Yeats

Constanze als Kind und junges Mädchen ist hübsch, furchtlos und liebt Pferde.
Mit sechs bekommt sie ein Shetland-Pony, reitet in Handschuhen, mit Strohhut und im Damensattel. Noch lange darf sie nicht allein reiten. Die Gouvernante oder ein Stallknecht müssen das Tier in den ersten Jahren am Zügel führen. Sehr zu ihrem Verdruß.
Sie wartet eine günstige Gelegenheit ab. Eines Tages, als die Begleitperson schnaufend mitrennt, während das Pferd trabt, treibt sie das Pony zu einem Galopp an und entkommt.
Zum ersten Mal dieses herrliche Gefühl von Ungebundenheit und Selbständigkeit.
Sie setzt schließlich durch, daß der Reitknecht sie zu Pferd begleiten darf. Und endlich gelingt es ihr, die Eltern davon zu überzeugen, daß selbst diese Eskorte überflüssig ist.
Es kommt mehr als einmal vor, daß sie den Unterricht bei der Gouvernante schwänzt, um über Land zu reiten, daß sie auch zu den Mahlzeiten nicht auftaucht oder zu spät kommt.
Die übliche Strafe dafür ist, daß man sie ohne Abendessen zu Bett schickt.
Sie ist ein häufiger und gerngesehener Gast in den Hütten der Pachtbauern, des Gesindes und der Landarbeiter. In den Worten des Butlers der Familie:
»Sie schlüpfte herein und heraus wie ein kleiner Fuchs. Sie war für uns der Inbegriff dessen, was hübsch und gut ist, immer voller Leben und Energie, unschuldig wie die wilden Vögel unter dem Himmel. Es war kein Arg an ihr. Sie war immer freundlich, immer zu Späßen aufgelegt. Wir hatten sie alle gern.«

Hier ist endlich eine Tätigkeit, in der sich dieses Bedürfnis einlöst, das in ihr ist: durch eine Willensanstrengung etwas zu erzwingen, sich zu bewähren, das Schicksal herauszufordern, nicht so zu sein

* Mit aller einsamen Wildheit bedacht,
schien sie aufgewachsen so sauber und süß,
wie ein Seevogel in einem Felsennest am Meer.

wie alle sind. In solchen Wünschen ist sie ihrer legendären Großmutter ähnlich. Und die Geschichten um diese Frau beweisen ihr, daß man es auch als Mädchen, als Frau schaffen kann, so zu sein, so zu leben.

Diese Eigenart bei ihr hat aber auch eine Kehrseite. Gerade, weil sie eine so waghalsige und erfolgreiche Reiterin wird, gewöhnt sie sich daran, immer im Mittelpunkt des Interesses zu stehen. Sie braucht Lob und Bewunderung.

Mit 14 Jahren gewinnt Constanze ihr erstes Pferderennen, während der jährlich ausgetragenen County-Sligo-Jagd.

Von nun an gewinnt sie immer häufiger mit ihrem Lieblingspferd Max (so genannt nach der Operngestalt aus dem »Freischütz«) Rennen und Springen.

Mr. E. Rowlettes, ein erfahrener Reiter und Klubmitglied bei den »Harriers«, erinnert sich so an sie:

»Ich denke, ich habe Miß Gore-Booth zum ersten Mal in den späten siebziger Jahren gesehen, als sie noch ein kleines Mädchen war. Ihr Haar fiel bis über die Schultern, und sie ritt ein Pony. Später sah ich sie bei den Harriers. Ich erinnere mich an eine Verfolgungsjagd in Ballincar, wo sie hinter dem Hunter so nahe aufritt, wie es die Regel noch erlaubt, ja ihm bei den Sprüngen über die Zäune eigentlich schon zu nahe kam.

Ich kann mich an einige ihrer Sprünge ziemlich genau erinnern. Gut, manch einer hat ähnliches riskiert, aber nie, ohne sich selbst zu beglückwünschen, wenn es gut gegangen war.

Ich kann mich auch noch an das Gesicht erinnern, das ein Reitknecht machte, wenn er das Kind begleiten mußte. Er sah alles andere als glücklich aus, weil es für ihn schwer war, auch nur einigermaßen Schritt zu halten...

Von da an entwickelte sich Miß Gore-Booth sehr schnell zu einer wirklich ungewöhnlich fähigen Reiterin mit der Meute. Ich habe eine ganze Menge Erfahrung im Reiten mit einer Hundemeute, und ich habe auch eine ganze Menge hervorragender und ungewöhnlich begabter weiblicher Reiter zu sehen bekommen. Ich bezweifle, daß ich je einen Mann gesehen habe, der besser geritten ist als sie.

Miß Gore-Booth ritt immer im Damensattel, und das war vor allem bei Rennen ein beträchtliches Handicap. Es beeinträchtigte sie gewiß nie beim Reiten mit der Meute.

Ich weiß nicht, ob man ihre Sitzweise auf dem Pferd als so ganz

orthodox und der Konvention entsprechend bezeichnen kann. Ich glaube, daß sie sich um solche Feinheiten wenig scherte.
Sie ritt mit einer ungewöhnlich langen Leine und sagte mir mal, daß es für sie keinen Unterschied mache, ob der Fuß im Bügel stecke oder frei hänge. Sie saß jedenfalls locker und graziös zu Pferde während aller Gangarten. Einen besonders festen Sitz hatte sie bei Galoppritten über Hindernisse, und ich kann mich nicht erinnern, daß sie sich je wundgescheuert hätte, eine Gefahr, der auch sehr erfahrene Reiter, wenn sie im Damensitz reiten, nicht so leicht entgehen.
In der Tat ritt sie so locker und mit einem so ausgeprägten Sinn für Synchronisation, daß man hätte meinen können, sie reite völlig ohne Sattel.
Sie übertraf zweifellos alle Reiter, die ich zu Gesicht bekommen habe.
Bei den meisten Leuten – gleichgültig, ob es sich um Männer oder Frauen handelte –, mit denen ich Jagden oder Rennen ritt, war ich gewöhnlich in der Lage, ziemlich genau abzuschätzen, welche Risiken sie eingehen würden.
Obwohl ich mit Miß Gore-Booth regelmäßig Jagden geritten bin und häufig bei Punkt-zu-Punkt-Rennen gegen sie antrat, war ich nie so ganz sicher, zu welchen Leistungen sie sich, wenn es entscheidend darauf ankam, würde steigern können...
Mit der Meute ritt sie außerordentlich scharf, aber sie verlor nie die Übersicht und machte nie das Pferd nervös.
Sie war ein zappliges junges Ding, aber sobald sie auf einem Pferderücken saß, übertrug sich ein Vertrauen von ihr auf das Tier, das einen staunen machte. Sie ritt wie ein erfahrener Hunter.
Die Beherrschung des Pferdes und die offensichtliche perfekte Verständigung zwischen Tier und Reiterin waren unglaublich. Ich habe sie auch nie ein Pferd strafen sehen. Dies war offensichtlich einfach nicht nötig.«

Reiten scheint, nach allem, was wir von Zeitgenossen wissen, für Constanze mehr als nur ein Sport gewesen zu sein. Es war eine Möglichkeit, ein Lebensgefühl, das in ihr steckte, auszudrücken. Aktivität, Selbständigkeit, Ungebundenheit. Frei sein, leicht sein, mutig sein. Das sind Eigenschaften, die man bei einem Jungen erwartet. Aber sie ist ein Mädchen. Mädchen sollen sich nicht schmutzig machen, artig dasitzen und einen schönen Anblick bieten. Pah! Das haßt sie. Manchmal sagt jemand, an ihr sei ein Junge verlorengegangen. Manchmal wünscht sie sich, ein Junge zu sein. Aber dann auch wieder nicht. Dann wieder denkt sie: noch besser ist es, ein Mädchen zu sein und zu reiten wie ein Junge. Nicht zu vergessen: die Genugtuung, die es ihr gibt, beim Reiten Jungen zu schlagen. Wenn sie sich umschaut und nachdenkt, ist das nur beim Reiten möglich.

Ein anderer Wesenszug, der sich bei Constanze etwa ab ihrem zwölften Lebensjahr immer deutlicher abzuzeichnen beginnt, ist ihre Anteilnahme am Schicksal der Benachteiligten, der Armen.
Bei ihrer schon fast zwanghaften Großzügigkeit mag auch schlechtes Gewissen als Antrieb eine Rolle gespielt haben.
Aber bei aller Eitelkeit, allem Ehrgeiz und Geltungsbedürfnis kann sie dann ganz von sich selbst absehen, sich unbedingt für andere einsetzen. Sie teilt diese Eigenschaft mit ihrer stilleren und unauffälligeren Schwester Eve.
Die beiden Schwestern machen immer wieder ausgedehnte Spaziergänge in die Umgebung von Lissadell. Sie besuchen die Hütten der Pachtbauern. Viele der frühen Zeichnungen Constanzes zeugen davon: ein alter Mann vor einem Torffeuer, eine junge Frau, die sich über einen großen Kessel beugt, der im Kamin hängt, ein junges Mädchen mit ärmlichen Kleidern und unordentlichem Haar, das am Fenster einer Hütte lehnt.
Da erzählt der Sohn des Stallknechts auf Lissadell davon, wie Constanze bei ihnen daheim die Wäsche wäscht, als seine Mutter kurz vor der Niederkunft steht:
»Miß Con kam herein, trieb meine Mutter von der Waschbütte fort und wusch die Kleider selbst.«
Diese Art, die gute Samariterin zu spielen, hat etwas Legendenhaftes. Das schmeckt nach Florence Nightingale, wirkt betulich, viktorianisch.
Dennoch müssen diese Episoden erwähnt werden, weil an ihnen auch noch etwas anderes sichtbar wird: der Wunsch auszubrechen, dem ziemlich langweiligen Tageslauf im Herrenhaus zu entkommen, einen anderen Lebenskreis aufzusuchen, wo es realer, härter zugeht, wo Mädchen und Frauen in ihrer Handlungsweise nicht so eingeschränkt sind, sondern bei vielen Tätigkeiten mit Hand anlegen, die für eine angehende junge Dame tabu sind.
Selbst Schule spielt sich ja für ein junges Mädchen aus einer

Familie des anglo-irischen Landadels im Haus der Eltern ab. Bildung – das hieß für ein Mädchen, das ja doch einmal heiraten würde, nicht viel mehr als gute Umgangsformen, Lesen, Schreiben, die Grundrechnungsarten und ein bißchen französische Konversation. Das hieß nicht einmal unbedingt Kenntnisse in Kochen und in Haushaltsführung, denn dafür hatte man ja sein »Personal«.
Angrenzend an das hallenartige Musikzimmer und das Speisezimmer haben Constanze und Eve ihr Mädchenzimmer, genannt »die gloriose Höhle«, vollgestopft mit Kram, Spielsachen und Büchern.
Dort sitzt Constanze häufig und zeichnet, während Eve ihr laut Gedichte vorliest. Immer häufiger sind Verse darunter, die von Eve selbst stammen.
Constanze hat später ihre Bildung als völlig unzulänglich bezeichnet.
Soziale und politische Themen sind im Lehrstoff eines jungen Mädchens aus gut-adeliger Familie allemal nicht vorgesehen.
»Niemand bei uns im Haus war an Politik interessiert. Es geschah auch kaum, daß irgend jemand sie überhaupt auch nur erwähnte. Jeder nahm den Stand der Dinge als gottgewollt hin. Es war nun einmal so, gerade wie die Gebirge und das Meer so und nicht anders waren. Es schien absurd, versuchen zu wollen, daran etwas zu ändern. Das führte zu nichts und brachte einem höchstens Ärger ein.
Natürlich war es schlecht, daß sich die Großgrundbesitzer so übel benahmen, aber – und das war die allgemeine Ansicht bei uns daheim – hätten sie nur getan, was eigentlich ihre Pflicht war, dann wäre schon alles gut und recht geworden. Irische Geschichte war ein anderes Tabu, denn es führte zu nichts, so hieß es, sich über die Mißstände in der Vergangenheit den Kopf zu zerbrechen.
Aber die Geschichte stand an jedem Zaun und an jeder Grundstücksmauer geschrieben.
Man sah die Grundbesitzer in ihren großen Herrenhäusern. Meistens stammten sie von den Normannen oder den Sachsen ab, und diese Häuser lagen geschützt hinter hohen Mauern. Was außerhalb dieser Mauern geschah, hatte einen eigentlich nicht zu bekümmern. Man gehörte einer anderen Klasse von Menschen an, deren Vorfahren als Fremde ins Land gekommen waren.«
An dunklen Winternachmittagen, wenn der Sturm vom Ozean her

über die Berge brüllt und sich über Sligo Bay Sturzbäche von Regen ausschütten, gibt es in Lissadell Theateraufführungen.
Wirken sie auf die Gäste, die außer den Familienmitgliedern aus dem Gesinde, den Verwandten und Bekannten bestehen, besonders belustigend, so werden sie als Wohltätigkeitsveranstaltungen in Sligo wiederholt.
Vergnügen macht es, einen Onkel oder Cousin zum Mitspielen zu bewegen und ihm eine Rolle zuzudiktieren, die seine komischen Charaktereigenschaften noch mehr betont.
Als Constanze zwölf Jahre alt gewesen ist, hat die Mutter eine später berühmte, damals aber noch völlig unbekannte Porträtmalerin eingeladen und ihre beiden ältesten Töchter malen lassen. Sarah Purser heißt die junge Frau, die als Vorbildgestalt für Constanze eine große Rolle gespielt haben dürfte.
Miß Purser ist die Tochter eines Mehlfabrikanten, der durch die scharfe Konkurrenz amerikanischer Firmen in den Ruin getrieben worden ist.
Der Bankrott seines Unternehmens wird durch das Einspringen reicher Verwandter gerade noch abgewendet. Er selbst geht außer Landes, seine Frau führt mit den Kindern ein zurückgezogenes Leben in Dublin, angewiesen auf die Wohltätigkeit ihrer Geschwister.
Und doch ist es gerade der gesellschaftliche Ruin ihrer Familie, der es Sarah ermöglicht, als junges Mädchen, als Künstlerin ihren Weg zu gehen, gemäß dem Spruch: Ist der Ruf erst ruiniert, lebt sich's künftig ungeniert.
Sie hat die Dublin School of Arts besucht, ist kurze Zeit über in Paris gewesen, wo der Stil der Impressionisten noch als »wild« und »unmöglich« gilt. Sie hat, als eine andere Dame aus dem irischen Landadel sie Lady Gore-Booth empfiehlt, gerade ihre erste eigene Ausstellung in der Royal Hibernian Academy in Dublin hinter sich.
Das Doppelporträt, das Sarah Purser von den beiden Mädchen malt, zeigt sie in den Wäldern um Lissadell. Constanze lehnt an einem Lärchenstamm und hält einen Blumenstrauß in den Händen. Eve kniet neben ihr auf dem Boden und pflückt Schlüsselblumen.
Das Bild verrät den Einfluß der damals in England und Irland dominierenden Malschule der Präraffaeliten. Es spiegelt auf seine Weise eine stille, behütete, in Abgeschiedenheit verbrachte Kind-

heit, wie sie auch Eve später in einem Prosatext mit dem Titel »Das Innere Leben eines Kindes« zu beschwören versucht, wenn sie schreibt:
»In jeder Kindheit gibt es Sonnenuntergänge, die man nie vergißt, gibt es blauen Himmel, der nie ausbleicht, atlantische Brecher, die sich auf ewig einprägen mit ihren opalisierenden Bogen von grünem Wasser, weil in ihnen ein ganz unbekanntes Licht aufgeblitzt ist.
Es gibt Zwielicht im Frühling und Schlüsselblumen und Wolkenschatten, die über die blauen Gebirge und grünen Wiesen gleiten.«
Das Wesentliche dieser Kindheitsstimmung, die die beiden Schwestern miteinander teilen, ist eingeschlossen in einen Vers aus einem der frühen Gedichte Eves:

> Who shall venture to intrude
> in the dim secluded wood.
> Where the birds have hushed their songs
> Fearing to do the silence wrong…*

Aber wenn Eve diesem Schweigen, dieser Stille, dieser Verschlossenheit des Waldes, der Lissadell umgibt, einen Reiz abzugewinnen vermag, wenn dies bei ihr die lyrische Begabung steigert, so ist bei Constanze immer wieder ein Aufbegehren gegen solches Eingesperrt sein zu beobachten.
Von ihr stammt der Einfall, zusammen mit Eve bei armen Leuten als Feen aufzutreten und die Kinder zu beschenken.
Lieber noch verkleidet sie sich als Bettlermädchen. Einmal spricht sie in dieser Maskerade als Arbeitssuchende an der Hintertür von Lissadell House vor, wird nicht erkannt und prompt abgewiesen.
Ein andermal wettet sie mit zwei jungen Männern, die in Lissadell zu Besuch sind, sie werde sie auf offener Straße ansprechen, ohne von ihnen erkannt zu werden.
Über den Ausgang dieser Wette berichtet eine Tagebucheintragung:
»Mein großer Spaß hat geklappt. Bewaffnet mit einem alten Esel und einem Kind (Mickey Mashy) sowie viel zerbrochenem Ge-

* Wer wird es wagen einzudringen
in diesen düstern, verschlossenen Wald,
wo selbst die Vögel ihr Lied verstummen lassen,
aus Furcht, sie könnten der Stille Unrecht tun…

schirr, arrangierten wir ein lebendiges Bild auf offener Straße, d.h. der Esel trug Packkörbe, deren Böden sich öffneten, sobald ich an zwei verborgenen Schnüren zog. Als die beiden jungen Herren vorbeikamen, ging das Geschirr in Scherben, und ich brach darob in lautes Weinen aus. Die beiden schenkten mir Geld, damit ich armes Kind mir neue Ware kaufen könne...« Von Constanze als Bettlerin angesprochen zu werden, war noch das Geringste, was einem jungen Mann widerfahren konnte, wenn er nach Lissadell zu Besuch kam.

Weit unangenehmer muß es manch einer empfunden haben, die Aufforderung in dem von zwei Ponys, Kelpie und Storeen, gezogenen Spezialgefährt mitzufahren, nicht ausgeschlagen zu haben.

Eigenart dieses Vehikels ist es, daß die Sitze nur aus einem nicht ordentlich befestigten, sondern nur lose aufliegenden Brett bestehen.

Constanze fährt mit diesem Wagen in hohem Tempo über die weiten Sandstrände, auf denen es von Kaninchenlöchern nur so wimmelt.

Wer eine solche Fahrt überstanden hat, von dem läßt sich sagen, ob er »handfest« oder ein »Zuckerbengel« ist, wie bei ihr die entsprechende Einteilung lautet.

Ein Gast, dessen gesetzteres Alter oder gesellschaftlicher Rang es wohl verboten, eine solche Wagenfahrt vorzuschlagen, kommt ihr häufig näher, als es ihr recht ist. Sie hat ihm vorsichtig zu verstehen gegeben, was sie von solchen Attacken hält – vergeblich. Eines Abends ist er ihr Tischherr bei einer Dinnerparty.

Als man beim Dessert angelangt ist, bemerkt sie, wie die Hand ihres Nachbars dorthin tastet, wo er unter dem Kleid ihr Knie vermuten mag.

Sie greift energisch nach der Hand, hebt sie unter dem Tischtuch hoch, als handle es sich um einen zu Boden gefallenen Apfel und ruft aus:

»Seht mal her, was ich gerade auf meinem Schoß gefunden habe!«

Es kann jetzt auch geschehen, daß sie mit einem zahmen Äffchen auf der Schulter oder mit einer um den Hals gelegten Schlange auftaucht.

Verständlich, daß solche exotischen Vorlieben und exzentrischen Späße die Gefühle mancher Bewunderer ihrer Schönheit rasch abkühlen ließen.

Lissadell ist in diesen Jahren ein Haus voller sich vergnügender, das Leben genießender reicher Gäste.
Es gibt Ausritte und Polopartien auf dem Strand, Picknicks und lange Fußwanderungen hinauf ins Gebirge. Constanze rebelliert gegen die mehr als steif-englischen Umgangsformen, auf denen die Mutter besteht. Wenn es darum geht, Verständnis für ihre Eskapaden und *practical jokes* zu finden, appeliert Constanze an den Vater.
Constanze als Schönheitskönigin des irischen Westens bei einer Wohltätigkeitsveranstaltung.
Constanze in einem geradezu wütenden Galopp über Moffat's flat reitend, in braunem Samtrock, ohne Hut, bei Sonnenuntergang.
Constanze lachend auf dem Läufer vor dem Kamin im Musiksaal ausgestreckt, statt vernünftig in einem Stuhl zu sitzen... und natürlich auch noch barfuß.
Constanze laut ein Gedicht von Christina Rossetti rezitierend, während sie zum Knocknarea hinaufläuft:

»Does the road wind uphill all the way?«

Constanze trotz aller Warnungen in der Nußschale von Segelboot viel zu weit draußen auf dem Atlantik.
Ihre Persönlichkeit ist derart, daß sie fast mühelos all jene beherrscht, deren Lebenslicht weniger hell, aber dafür auch meist nicht so flackernd brennt wie das ihre.
»Ein wildes, liebes Mädchen«, sagen die Leute in den weißen Hütten mit den Binsendächern.

Eine schwierige Tochter

1887 feiert man das Thronjubiläum der englischen Königin Viktoria. Überall im britischen Weltreich werden zu diesem Ereignis mehr oder minder pompöse Vorbereitungen getroffen. So auch in Sligo, einer Stadt, in der der englische Einfluß seit den Tagen Heinrichs VIII. und Elisabeths I. besonders stark war.

Im Februar präsidiert Lady Gore-Booth bei einer gut besuchten Versammlung von Damen der Gesellschaft, auf der einstimmig beschlossen wird, für ein Geschenk zum Ehrentag der Königin zu sammeln.

Über die Art des Geschenkes kann man sich zunächst noch nicht einig werden. Wertvoll und würdig soll es sein, originell und typisch irisch.

Es ist die erste Versammlung, bei der Constanze in der Öffentlichkeit auftritt.

Der Umgang mit den Reichen und Wohlhabenden, mit denen, die die herrschende Ordnung feiern, die von ihr profitieren, sie genießen: das wird auch für die nächsten Jahre ihr Lebensbereich sein und bleiben.

Dabei wird sie immer unruhiger. Die Etikette und die Beschränkungen, die die viktorianische Gesellschaft Frauen auferlegt, fallen ihr mehr und mehr auf die Nerven.

Aber noch ist es interessant, da neu und eine Abwechslung, die ersten Schritte in die große Gesellschaft zu tun.

Am 17. März 1887 gegen drei Uhr am Nachmittag wird Constanze von einer Kusine ihrer Mutter, der Countess Erroll, und einer Hofdame der Königin Viktoria vorgestellt. Die Monarchin kommt ihr sehr kurzbeinig vor. Sie trägt ein Kleid mit Schleppe aus schwarzem Satin, dazu einen weißen Tüllschleier, der mit Diamanten und Perlen abgesteckt ist.

Sie ist geschmückt mit einer vierreihigen Perlenkette, dem Hosenbandorden, dem Viktoria-Orden, der Krone von Indien, dem Königlichen Roten Kreuz, dem Bulgarischen Roten Kreuz und dem Hausorden der Familie Coburg und Gotha.

Constanze notiert ziemlich respektlos, die alte Dame bestehe hauptsächlich aus Orden.
Sie selbst trägt ein weißes Satinkleid mit der vorgeschriebenen drei Yard langen Schleppe. Dazu drei weiße Federn in ihrem blonden Haar.
Im Drawing Room des Buckingham-Palastes vorgestellt zu werden, ist eine besondere Auszeichnung.
Beim Hofknicks eine gute Figur zu machen, die Schritte rückwärts zu gehen, ohne dabei über die eigene Schleppe zu stolpern und all dies unter den kritisch-neugierigen Augen eines großen Hofstaats: das verlangt Grazie, Mut und Selbstvertrauen, Constanze beweist, daß sie alle drei dieser Eigenschaften besitzt. Mit dieser Vorstellung ist sie in den Kreis jener Menschen aufgenommen, die gemäß den Vorstellungen ihres Standes gesellschaftlich allein etwas zählen. Es folgen ihre Auftritte bei den Bällen der Debütantinnen.
Debütantin, also jemand, der neu in der Gesellschaft erscheint, ist man eigentlich nur für eine Ballsaison, die in London vier Monate dauert. Die Bälle sind der Heiratsmarkt. Hier kommen die jungen Mädchen und Männer des Adels und des Großbürgertums zusammen. Sie sollen sich tanzend kennenlernen, verlieben, verheiraten.
Eine Frau kann nicht wählen. Sie wird gewählt. Aber sie kann verlocken. Wenn sie nicht dem jeweiligen Schönheitsideal entspricht, muß sie Geld haben, eine große Mitgift.
Constanze ist schön und reich.
Sie verbringt die Monate mit Bällen, Partys, mit Einkäufen, Theater- und Konzertbesuchen in der City. Sie hat Charme, ist populär. Sie bringt alle Voraussetzungen mit, derer es bedarf, um auf dem Markt der Eitelkeiten als gute Partie zu gelten.
Aber ihre Beziehungen zu den jungen Männern, die sich um sie bemühen, bleiben seltsam distanziert. Lady Gore-Booth beunruhigt das. Die Mutter findet, ihre älteste Tochter solle heiraten. Diese Launen und verrückten Einfälle..., um ihr das auszutreiben, dazu sollte ein Mann her. Das würde vergehen, wenn das erste Kind da war.
Höhepunkt der Saison in London für alle Mütter und Töchter aus den anglo-irischen Familien ist der 22. Juli.
An diesem Tag übergibt eine Delegation angeführt von Lady Londonderry der Königin eine Loyalitätsadresse mit 150 000 Unterschriften. Das Schriftstück liegt in einem Kästchen aus irischer

Sumpfeiche. Zuvor hat man lange darüber gestritten, ob die Damen Grün oder Blau tragen sollten.
Grün mochte als die Farbe des Irlands der Rebellen unangenehme Erinnerungen bei der Monarchin wachrufen.
Aber es gibt auch Stimmen, die gegen das Blau als die Farbe des St.-Patricks-Ordens sind.
Am Ende findet man dennoch das Blau unverfänglicher. Die Gabe findet das huldvolle Interesse der alten Königin.
Ende Juli kehren Constanze und ihre Mutter nach Irland zurück, um an der berühmten *Horseshow* in Dublin teilzunehmen.
Sir Henry führt seine beiden Damen zu einer Gartenparty im Haus des Vizekönigs. Dann reist man nach Lissadell zurück, wo im November die bis März dauernde Jagdsaison beginnt.
Auch Dublin hat seine *season*.
Von den jungen Mädchen, die im Jahr zuvor in London vorgestellt worden sind, erwartet man, daß sie sich in der Saison darauf auf den Bällen in Dublin zeigen. Das Leben in der irischen Hauptstadt hat seinen Charme. Mittelpunkt aller gesellschaftlichen Ereignisse ist das »Castle«, das Stadtschloß, der Verwaltungssitz der Engländer in der Stadt, mit seinem Levee, seinen Salons, den Staatsbällen und den erlesenen kleinen Tanzfesten im Thronsaal.
Die offizielle Saison im »Castle« ist kurz. Sie dauert nur von Februar bis zum St.-Patricks-Ball an einem Abend im März.
Auftakt ist das Levee des Lord Lieutenant, gefolgt am nächstenTag vom Salon der Damen, zu dem die Debütantinnen in weißen Federkleidern erscheinen und mit einem Wangenkuß des Vizekönigs in den Kreis der Erlauchten aufgenommen werden. In diesem Jahre 1889 sind Lord und Lady Zetland das Vizekönigspaar von Irland. Lady Zetland, freundlich, kurzsichtig und zerstreut, ist eine Kusine von Constanzes Mutter.
Für die Dubliner Saison pflegt Lady Gore-Booth sich im Haus von Verwandten in Hartcourt Terrace einzuquartieren.
Hartcourt Terrace, damals noch nach dem Erbauer Jolys Building genannt, besteht aus einem großen Mittelbau mit einer Reihe korinthischer Säulen vor der Fassade und je zwei kleineren Häusern auf beiden Seiten, die durch Kolonnaden verbunden sind. Am Ausgang des Grundstücks liegt ein stiller Kanal. Da Lady Gore-Booth in diesem Jahr oft leidend ist, wird eine Bekannte der Familie, Lady Fingall, als Anstandsdame für Constanze bestellt. Sie ist nur um drei Jahre älter als ihr Schützling und hat mit siebzehn

Jahren den vierundzwanzigjähigen Lord Fingall geheiratet, der beim Vizekönig das Hofamt des State Steward bekleidet.
Sie ist eine lebenslustige und humorvolle junge Frau und gewiß die netteste Anstandsdame, die sich ein Mädchen mit Constanzes Temperament wünschen kann. In ihren Memoiren berichtet Lady Fingall über diese Saison:
»Con war ein wildes, schönes Mädchen, und alle jungen Männer wollten mit ihr tanzen. Sie war liebenswert und lustig. Sie war Leben und Seele einer jeden Gesellschaft. Sie wurde geliebt und bewundert.«
Eines Nachts kommen die beiden jungen Frauen im Wagen des Vizekönigs vom Ball zurück und finden einen betrunkenen Soldaten in Uniform, der sich an die Gartenpforte klammert. Constanze redet vorsichtig auf ihn ein, er solle nicht solchen Lärm machen. Sie fürchtet, ihre Mutter könne wach werden. Zu Lady Fingall sagt sie, sie solle sich nicht ängstigen, sie könne gut mit Betrunkenen umgehen.
Wörtlich berichtet Lady Fingall weiter:
»Sie nahm ihn beim Arm und führte ihn zum Tor hinaus, schloß das Tor und drehte den Schlüssel um. Sie hatte Sympathien für den armen Teufel. Sie sagte, er sei ohne Urlaub unterwegs und werde gewiß Ärger bekommen. Auf Zehenspitzen, unsere Tanzschuhe in der Hand, schlichen wir uns nach oben. Wir hatten uns gerade unsere Morgenmäntel abgezogen, als der nächtliche Friede abermals von dem Gegröle des Betrunkenen gestört wurde. Unser Freund war zurückgekommen. Constanze zögerte nicht und mir blieb nichts anderes übrig, als ihr zu folgen. Wir zogen noch rasch unsere Mäntel über, andernfalls wären wir wohl vor Kälte gestorben, gingen hinunter und traten vor die Tür.
›Diesmal müssen wir ihn an den Kanal schaffen‹, sagte Constanze. Sie ergriff den einen Arm des Mannes und ich den anderen, und so schleppten wir ihn auf den Weg, der unten am Kanalufer entlangführt, und redeten ihm gut zu, sich endlich in seine Kaserne davonzumachen.«
Als die beiden wieder auf ihrem Zimmer sind und Lady Fingall sich im Spiegel betrachtet, sieht sie, daß sie immer noch ihr Diadem trägt und daß ihre Füße in Bettschuhen stecken. Constanze läßt sie nicht zu Bett gehen, ohne vorher von ihr eine Skizze gemacht zu haben.

1890, während Constanze das konventionelle Leben einer jungen Dame aus anglo-irischem Adel führt, spielen sich in der Politik Ereignisse ab, die die Gemüter der Menschen noch auf Jahrzehnte hin beschäftigen werden.
James Stewart Parnell ist die große politische Persönlichkeit Irlands in diesen Jahren gegen Ende des Jahrhunderts.
Als Vorsitzender der Irish Parliamentary Party hat er die wichtigsten politischen Gruppierungen in Irland unter dem Dach dieser Partei vereinigt: jene, die Irlands Probleme auf friedlich-legalem Weg gelöst sehen wollen, die Fenier, die bereit sind, Gewalt zu brauchen, aber vorerst stillhalten, die große Gruppe der Pachtbauern und Landarbeiter.
Die englischen Liberalen erkennen diesen Machtfaktor an. Im Bündnis mit Parnell und seiner Partei versuchen sie die bei der englischen Oberschicht unpopulären, aber notwendigen Gesetze zur Regelung der Agrarprobleme und zur Einführung der »Home Rule« durchzusetzen.
Die Konservativen und in Irland die englischen Statthalter im »Castle« tun alles, um Parnell in Mißkredit zu bringen.
Gerade ist der Versuch gescheitert, ihn mit einer bewaffneten Gefangenenbefreiung bzw. mit den Morden von Cavendish und Burke durch fanatische irische Nationalisten in Zusammenhang zu bringen, da droht ein Skandal ganz anderer Art, der Parnell für immer in der Öffentlichkeit unmöglich machen kann.
Seit längerer Zeit hat Parnell eine immer enger werdende Liebesbeziehung zu der Frau eines ehemaligen Parteifreundes, Captain W. H. O'Shea, Katherine, unterhalten.
Parnell hat Katherine im Sommer 1880 getroffen, und es ist bei den beiden Liebe auf den ersten Blick gewesen. Sie ist zu diesem Zeitpunkt seit 13 Jahren mit Captain O'Shea verheiratet. Sie hat ihrem Mann drei Kinder geboren. Aber schon ehe sie Parnell begegnet ist, haben die Eheleute praktisch getrennt voneinander gelebt.
Katherine O'Shea ist eine gutaussehende, temperamentvolle und charmante Frau. Was aber wohl in Hinsicht auf Parnells Bindung an sie noch entscheidender ist – sie gibt ihm außer aufrichtiger und leidenschaftlicher Liebe ein Zuhause, einen Ort, zu dem er sich vom hektischen Leben eines Politikers, der in London im Parlament sitzt, während sich seine Wählerschaft in Irland befindet, zurückziehen kann.

1881 haben sie begonnen über kürzere Zeiträume hinweg ständig zusammenzuleben. 1882 bringt Katherine ein Kind zur Welt, das kurz darauf stirbt, und von dem Parnell annimmt, er sei der Vater. 1883 und 1884 werden zwei weitere Kinder geboren. 1886 treffen die Liebenden den Entschluß, Katherines Scheidung zu betreiben und dann zu heiraten.

Es gibt Anzeichen dafür, daß Mitglieder der liberalen Regierung in England schon 1882 von der Liebesbeziehung erfahren haben. Auch hat Parnells eigene Partei seit 1885 oder 1886 davon gewußt.

Aber erst im Dezember 1889 reicht Captain O'Shea gegen seine Frau die Scheidungsklage ein. Vor Gericht gibt er an, daß ihm erste Verdachtsmomente 1886 gekommen seien. Damals habe er seiner Frau verboten, Parnell weiter zu sehen. Diese Version wird auch vom Gericht akzeptiert. Sie wird in der Verhandlung weder von Katherine noch von Parnell bestritten, denn ihnen ist es darum zu tun, daß die Scheidung ausgesprochen wird und sie heiraten können.

Aber ist O'Shea tatsächlich jahrelang von seiner Ehefrau und Parnell hinters Licht geführt worden? Katherines Darstellung über das Verhältnis der drei Personen zueinander erschien erst 40 Jahre später in einem Buch mit dem Titel *Parnell Vindicated.* Sie erzählt, ihr Mann habe von Anfang an um ihre Beziehungen zu Parnell gewußt, es aber vorgezogen, so lange davor die Augen zu verschließen, wie er aus dem Verhältnis einen Vorteil ziehen konnte.

O'Shea hatte politische Ambitionen. Bis 1885 spielte er als Verbindungsmann zwischen Parnell und dem englischen Politiker Joseph Chamberlain eine Rolle.

1886 geht Parnell ein großes Risiko ein. Er macht O'Shea zum ungeliebten Parlamentskandidaten von Galway-Stadt, entgegen der Proteste zweier Parteifreunde, J. G. Biggar und T. M. Healy.

Aber O'Sheas parlamentarische Laufbahn endet schon ein paar Monate später, als er sich weigert, für das »Home-Rule«-Gesetz zu stimmen.

Politische Gründe allein können also sein langes Augenzukneifen und Stillhalten nicht erklären.

Es hat aber noch ein zweites Motiv für ihn gegeben, sich so zu verhalten – Geld.

Es scheint im Familienkreis allgemein bekannt gewesen zu sein,

daß Katherine von ihrer Tante nach deren Tod eine größere Summe erben werde.
Im Mai 1889 stirbt die Erbtante. Ihr Vermögen fällt wie erwartet an Katherine, und zwar so, daß es für Captain O'Shea unmöglich ist, auch nur an einen Teil dieses Geldes heranzukommen.
Einige verärgerte Verwandte Katherines fechten das Testament der Tante an.
Der Captain schlägt sich auf ihre Seite. Er hat einen hohen Trumpf in der Hand.
Wenn er die Scheidungsklage gegen seine Frau einreicht, wird sich herausstellen, daß seine Frau nicht nur ihn, sondern auch die Tante seit Jahren hinters Licht geführt hat. Die nämlich hat immer Wert darauf gelegt, daß ein moralisch untadeliger Mensch ihr Vermögen erben solle.
Nachdem, was Katherine später dem Autor des zuvor erwähnten Buches anvertraut hat, ist Captain O'Shea zu einem bestimmten Zeitpunkt bereit gewesen, die Scheidungsklage zurückzuziehen bzw. einer Scheidungsklage von seiten seiner Frau stattzugeben, sofern diese bereit gewesen wäre, ihm 20000 Pfund aus der Erbschaft abzutreten. Das aber hat Katherine abgelehnt. Ihr Ehemann hat daraufhin die Klage eingereicht.
In der Scheidungsverhandlung selbst ist O'Shea im Vorteil. Er kann alle schmutzigen Kleinigkeiten ehelicher Täuschung, wie falsche Namen, häufiger Wechsel der Adresse, die Benutzung geheimer Ein- und Ausgänge, vor der Öffentlichkeit ausbreiten lassen. Die beiden Beklagten müssen schweigen.
Während die Scheidung läuft, gerät die Allianz zwischen den englischen Liberalen und der Irischen Parlamentarischen Partei ins Wanken.
Der viktorianischen Öffentlichkeit erscheint ein Mann mit einer Scheidungsaffäre als Politiker untragbar. Auf den liberalen Premierminister Gladstone wird Druck ausgeübt, sich von Parnell zu trennen. Am 24. November 1890 sucht er den Vizepräsidenten der Irischen Parlamentarischen Partei auf und teilt ihm mit, daß Parnell sich aus der Öffentlichkeit zurückziehen müsse, andernfalls drohe seiner Partei bei den nächsten Wahlen eine Niederlage, was unweigerlich zu einer Verschiebung des »Home-Rule«-Gesetzes führen werde.
McCarthy verspricht, diese Aufforderung an Parnell weiterzuleiten, aber Gladstone, der ganz sichergehen will, schreibt einen Brief

gleichen Inhalts an John Morley, den dieser am nächsten Tag Parnell zeigt.

Der Parteitag der Irischen Parlamentarischen Partei steht für den 25. November bevor:

Bisher war die Reaktion auf diese Nachricht in Irland nicht übermäßig stark gewesen. Parnells charismatische Ausstrahlung ist groß.

Noch unmittelbar nach Verkündung des Scheidungsurteils geben wichtige Abgeordnete Loyalitätserklärungen für ihn ab. Lediglich Michael Davitts – wir sind ihm bei den Kundgebungen der Land-Liga in Sligo schon einmal begegnet – rät ihm zum Rücktritt, aber auch er spricht nur davon, Parnell solle sich so lange aus der Politik zurückziehen, bis er wieder verheiratet ist. Langsam aber beginnt dann doch die Frage »Für oder gegen Parnell?« die Gemüter in Irland mehr und mehr zu erregen.

Der Streit wird bis in die Familien getragen, und die Fronten gehen oft mitten durch die Familien hindurch, wie wir aus James Joyces berühmter Beschreibung des politischen Streitgesprächs beim Weihnachtsessen im Haus Daedalus wissen.

Freilich ist dies nicht nur ein politischer Streit. Es ist ein Streit, der an die Wurzeln der viktorianischen Gesellschaftsordnung und Moral geht.

Auf dem Parteitag spaltet sich die Irische Parlamentarische Partei. 32 Delegierte entscheiden sich für ihn, 54 sprechen sich gegen ihn aus.

Parnell bleibt unbeirrt. In Dublin und in mehreren anderen Städten hat er immer noch einen beträchtlichen Anhang, aber der Achtung, die man seiner Persönlichkeit entgegenbrachte, stehen gegenüber die Stimme der katholischen Kirche, die Stimmen wichtiger Mitglieder der Partei.

Hinzu kommt die Frage vieler Wähler, was aus Bodenreform und »Home Rule« werden solle, wenn das Bündnis zwischen Liberalen und der Irischen Parlamentarischen Partei zerbräche.

Parnells Fall vollzieht sich in Raten. Er zeichnet sich ab bei drei Nachwahlen in Nord-Kilkenny, in Carlow und in Nord-Sligo.

Hinzu kommen die physischen und psychischen Belastungen der Wahlkämpfe, der Auseinandersetzungen innerhalb der eigenen Partei, die Art und Weise, in der sich alte Parteigänger jetzt über Katherine äußern. So am 8. Dezember, als Tim Healy öffentlich

fragt: »Wer wird die Geliebte dieser Partei sein?« und Parnell antwortet: »Ein feiger kleiner Schuft ist doch, wer es in einer Zusammenkunft von Iren wagt, eine Frau zu beleidigen.«
Im Juni 1891 heiratet Parnell Katherine. Seine Haltung im Umgang mit der Partei ist von Verbitterung bestimmt. So, als er einen vernünftigen Vorschlag zu einem zeitweiligen Rückzug aus der Öffentlichkeit in den ersten Wochen des Jahres 1891 schroff ablehnt, obwohl die englischen Liberalen für diesen Fall wichtige Zugeständnisse für das »Home-Rule«-Gesetz angeboten haben. »Wenn ich gehe, gehe ich für immer!« hat er trotzig gesagt.
Kampf bis zum Tod ist immer seine Parole gewesen. Der Tod ist ihm näher, als viele seiner Freunde und Gegner anzunehmen geneigt sind.
Am 6. Oktober 1891 stirbt er in Brighton, erst 45 Jahre alt, in Katherines Armen.
Lange über Parnells Tod hinaus stehen sich in Irland zwei Lager unversöhnlich gegenüber.
Überzeugte, kirchentreue Katholiken, denen es mit der Heiligkeit der Ehe als Sakrament ernst ist – und deren sind in Irland viele –, beharren ungerührt und befriedigt auf dem Verdammungsurteil der Kirche.
Agnostiker hingegen beklagen, daß die Kirche traditionsgemäß einen viel zu großen Einfluß auf die Politik und die Fragen des öffentlichen Lebens habe.

Constanze und Eve haben Parnell noch kurz vor seinem überraschenden Tod zu Gesicht bekommen. Im März 1891 kommt er nach Sligo, um seinen Kandidaten Valentine Dillon zu unterstützen, der gegen Alderman Bernard Collers im Wahlkampf antritt. Letzterer hat den Vorteil, eine am Ort bekannte Persönlichkeit zu sein und von der Lokalpresse unterstützt zu werden. In Sligo gibt es zum Empfang Parnells einen Fackelzug, bei dem sich die politischen Gegner mit Schwarzdornstöcken prügeln.
In diesen Tagen ist die Vizekönigin, Lady Zetland, Gast in Lissadell. Sie besichtigt die nach Geschlechtern getrennten Grundschulen und das Kreiskrankenhaus.
Und es mag sein, daß Constanze und Eve vor allem deswegen zu der Kundgebung für Parnell nach Sligo geritten sind, weil sie der Förmlichkeit, die mit dem hohen Besuch eingezogen ist, für ein paar Stunden entgehen wollen.

Hier mische ich mich wieder ein. Ich, der Autor. Ich, der ich bisher berichtet habe, der Fakt an Fakt gereiht hat. Ich, der dieses Ereignis betonte, jenes fortließ. Ich, der ich wohl weiß, daß ich ohne die Vorarbeiten anderer nicht auskommen könnte. Ich, der ich eine gewisse Genugtuung empfinde, wenn ich bei meinen Nachforschungen etwas entdecke, das andere, die vor mir über diese Frau schrieben, übersahen.
Es ist der Punkt erreicht, an dem ich spüre: indem ich Fakten versammle, ist nicht alles getan. Es gibt so manches, was das Netz der Fakten, mag es noch so dicht geknüpft sein, nicht ans Licht bringt. Andererseits mag ich diese Phrase nicht: Ich stelle mir vor...
Sie erscheint mir verbraucht, längst zur Formel erstarrt, zum Trick, zum Klischee geworden, mag sie auch einmal dazu getaugt haben, sich Freiheit zu zaubern.
Außerdem bezeichnet sie auch nicht das, was tatsächlich geschieht. Sie gibt nicht den Zustand wieder, der eintritt, wenn ich mich lange genug mit dem Leben eines realen Menschen beschäftigt habe. Dann ist aus etwas Erstarrtem etwas geworden, das zu mir spricht, mit dem ich lebe, umgehe.
Es ist also so willkürlich nicht, wie es im ersten Augenblick erscheinen mag, wenn ich sage, ich sei ihr begegnet nach einer jener Fuchsjagden. Ich hätte sie angerufen, und sie sei vom Pferd gesprungen, habe noch etwas atemlos dagestanden, ein junges Mädchen, das seine Reitkappe abnimmt, sein Pferd am Halfter führt, dann aber auch mal losläßt, und das Pferd folgt ihr, hier und da etwas Gras und ein paar Blätter abreißend, während wir schlendernd nebeneinanderhergehen und reden.
Erst frage ich sie, wie die Jagd gewesen sei. Sie haut sich mit der Reitgerte (es ist übrigens nur eine Weidenrute) auf ihre Hosenbeine und sagt: »Ah, ich habe nicht gewonnen.«
»Macht es Ihnen etwas aus, nicht zu gewinnen?«
Eine Weile sagt sie nichts. Wir schlendern so weiter, und hinter uns hört man die Geräusche, die das Pferd macht.
»Ja«, sagt sie dann, als habe sie sich das selbst erst eingestehen müssen, »...nicht, weil ein anderer gewinnt. Ich kann mich nur schwer damit abfinden, einmal nicht das Beste gebracht zu haben. Aber um mich das zu fragen, sind Sie ja doch wohl nicht hierhergekommen.«

Sie lacht. Und es kommt mir vor, als lache sie sich jetzt selbst aus.
»Wie war das mit Parnell?« frage ich.
Sie geht weiter, als sei nichts geschehen. Als berühre sie die Frage nicht weiter.
Vielleicht habe ich mich getäuscht.
»Er war ein Held«, sagt sie, nachdem wieder ziemlich viel Zeit vergangen ist.
»In der Zeit, aus der ich komme, gibt es keine Helden.«
Sie wiegt den Kopf und sagt dann:
»Er war ein schöner Mann. Ein Mann, wie er mir gefallen könnte.«
»Und was gefiel Ihnen an ihm ... ich meine, abgesehen davon, daß er gut aussah?«
»Er hat etwas in Bewegung gesetzt«, sagt sie, ohne zu zögern.
»In unserer Zeit«, erzähle ich ihr, »ist Aktion so ein Modewort. Unter jungen Leuten hört man immer wieder, daß sie rufen ›action, action!‹. Und es gab da ein sehr gescheites Mädchen, von empfindlicher Gewissenhaftigkeit, das wurde zur Terroristin in dem Augenblick, als sie ein Muttersöhnchen von einem jungen Mann kennenlernte, der ihr zeigte, wie man ein Autoschloß aufknackt.«
Darauf geht sie nicht ein.
»Vielleicht geht es mehr darum, daß ich ein Mann sein möchte«, sagt sie plötzlich.
»Ich könnte nicht sagen, daß ich mir je gewünscht hätte, eine Frau zu sein.«
»Ha«, sagt sie, »welcher Herr wünscht sich schon, zum Sklaven zu werden.«
»Immerhin könnte es sein, daß einer seiner Pascharolle leid ist.«
»Sie haben schon recht«, sagt sie, »diese Geschichte mit Parnell hat mich sehr beschäftigt. Vielleicht die Affäre mehr noch als der Mann. Was war denn sein Verbrechen? Eine Frau zu lieben, die den Mann, mit dem sie verheiratet war, nicht liebte. Und dieser Mann, ich meine Captain O'Shea ... er liebte ja diese Katherine auch nicht. Man liebt doch nicht einen Menschen, wenn er einem nur Mittel zum Zweck ist, um an eine Erbschaft heranzukommen. Oder? Fürchterlich dieses Besitzrecht über Menschen, das mit der Ehe verbunden ist. Ich würde es nie ertragen. Sie wissen ja, daß mir meine Mutter ständig in den Ohren liegt, ich solle endlich heiraten.

Ich stelle es mir überhaupt nicht erfreulich vor, verheiratet zu sein.«
»Ehe muß ja nicht nur in Besitzrecht bestehen...«
»Aber bedarf es dann für das Zusammenleben zweier Menschen solcher unmenschlichen hochtrabenden Versprechungen und der Einmischung von Kirche und Staat?«
»Vor allem«, sage ich, »hat Ihnen an Parnell sein Stolz gefallen.«
»... und seine Würde«, unterbricht sie mich, »... ja, was ich an der Konvention empörend finde, daß sie die Würde zerstört.«
»Davon steht aber nichts in Ihren Tagebüchern«, erinnere ich sie.
»Wissen Sie nicht, daß Mama manchmal in meine Tagebücher hineinschaut«, antwortet sie. »Sie würde tatsächlich in Ohnmacht fallen, wenn ich ihr so etwas zu lesen bescherte.«

Constanze führt um diese Zeit ein Tagebuch, das erhalten geblieben ist.
Da ist von einer Auseinandersetzung mit den politischen Ereignissen nicht die Rede. Dafür um so mehr von Ritten und Jagdausflügen, vom Fischen, vom Theaterspielen und gelegentlichen Besuchen in London.
In diesen Tagebuchaufzeichnungen begegnet man einer ruhelosen, aber vom leichten, leichtsinnigen Leben dennoch nicht immer ganz überzeugten Constanze:
»Ich will versuchen, etwas von dem, was ich in dieser langen Zeit getan und gedacht habe, festzuhalten. Um damit anzufangen... die Jagd hat großen Spaß gemacht... gesprungen. Die Vorsehung meinte es gut mit uns und brachte uns zur Lunchzeit auf eine Hügelkuppe. Also stieg ich ab und aß meinen Proviant ganz bequem am Waldrand, während die Hunde herumwieselten... der Ball war 1A. Ich traf einen alten Freund...«
Das Tagebuch spiegelt erstaunlich oberflächliche Gedanken für eine junge Frau von nun immerhin schon 24 Jahren. Nur manchmal blitzt so etwas wie Ernst auf, oder der Vorsatz, ihre Identität zu finden und zu behaupten:
»Dienstag, den 19. Januar: Eines jeden Menschen Leben liegt im Gegenwärtigen, das nichts ist als ein Punkt in der Zeit, denn die Vergangenheit ist vorüber und die Zukunft ungewiß.
Donnerstag, den 28. Januar:

Laß die Leute nur reden und sich aufführen, wie's ihnen beliebt. Ich bin ein Smaragd und muß meine Farbe bewahren.«
Ihren Geburtstag verbringt sie mit einem Freund in einem wackligen Boot beim Forellenfischen. Ein Eintrag eine Woche später teilt mit, daß sie früh gern lange im Bett bleibt:
»Halb munter, halb noch im Schlaf und Traum. Der Himmel ist blau, und die Sonne scheint in mein kleines Zimmer. Ich fühle mich so glücklich und entspannt. Ich höre Eves Kanarienvogel in der Ferne singen. Seine Stimme klingt ganz hübsch. Ferne verleiht allem Zauber, selbst diesem mißtönenden Vieh. Nichts ist so schön wie die späten Morgenstunden. Doch nie zufrieden mit mir. Ich muß jetzt aufhören. Mama wütet an der Tür.«
Und im März 1892«
»Ich habe ein Bedürfnis. Frauen scheinen dazu geschaffen, entweder zu bewundern oder sich zu opfern, und ich als Frau verlange nach dem Recht, daß die Natur mir etwas gibt, wofür es sich lohnt zu leben, etwas, wofür es sich lohnen würde zu sterben.«
Das Verhältnis zwischen Mutter und Tochter wird noch gespannter, als Constanze, statt endlich sich unter ihren Verehrern, und derer gibt es genug, einen Ehemann zu wählen, sich ernsthaft mit Zeichnen und Malen zu beschäftigen beginnt.
Skizzen gemacht hat Constanze, seit sie einen Bleistift hat halten können. In den letzten Jahren sind an die tausend Blätter entstanden. Aber wenn sie weiterkommen, wenn sie daraus einen Beruf machen will – und dazu ist sie nun entschlossen –, braucht sie eine gediegene handwerkliche Ausbildung. Mit dem Herumstümpern muß es ein Ende haben.
In ihrem Tagebuch schreibt sie:
»Wenn ich doch nur die Verbindung zu meiner Familie abschneiden könnte und mein eigenes Leben und meinen eigenen Interessen leben. Etwas anderes wünsche ich mir gar nicht. Ich sehe Tageslicht und Freiheit, wenn ich es nur schaffe, meine knausrige Familie dazu zu bewegen, mir etwas Geld zu geben. Die ganze Saison über habe ich 4 Stunden täglich mit Miß Nordgren und Miß Griffin gearbeitet. Ich bin weiter vorangekommen, als ich es mir in meinen wildesten Träumen auszumalen gewagt hatte. Ich habe die Hoffnung, es am Ende doch noch zu etwas zu bringen, wenn, wenn, wenn... Erfolg und Kunst, davor aber steht eine Mauer aus Familienstolz, Geiz und Konvention. Was läßt sich da machen? Wie dem entgehen? Wenn ich nur meiner selbst sicherer wäre und

wüßte, ob ich je Erfolg haben werde und mir einen Namen machen könnte, dann würde ich durchbrennen und von trockenem Brot leben. Aber all dies riskieren und dann zurück müssen, der Nächstenliebe der eigenen Familie überantwortet sein als ein elender Versager, das ist mehr, als ich mit meinem Mut zu ertragen imstande bin. So viele Menschen mit großen Versprechen und noch größeren Hoffnungen enden als Versager im Armenhaus oder ohne etwas zustande gebracht zu haben.«

Lady Gore-Booth hält Constanzes Malen und Zeichnen für ein Faible, das vorbeigehen wird. Das Mädchen ist unausgefüllt. Es langweilt sich. Also unternimmt sie mit ihren beiden Töchtern, Constanze und Eve, und mit einer Freundin, Rachel Mansfield, eine Bildungsreise auf den Kontinent zu den Wagner-Festspielen nach Bayreuth.

Sightseeing in Köln und Mainz und während der Woche in Bayreuth fast jeden Abend in die Oper machen Constanze eher gähnen. In ihren Tagebucheintragungen unterwegs beklagt sie sich, daß sie deswegen nun eine Fuchsjagd versäumt hat. Ein andermal schreibt sie: »...wenn Bildung so langweilig und anstrengend ist, bleibe ich lieber ungebildet.«

Die eigentliche Leidtragende dieser Reise aber ist Lady Gore-Booth gewesen. Ohne männliche Unterstützung – Sir Henry kränkelt – hat sie drei wilde, widerspenstige junge Mädchen hüten müssen. Und ein Mann für Constanze oder Eve ist dabei auch nicht in Sicht gekommen.

Nein, man kann nicht gerade behaupten, daß diese Reise auf den Kontinent ein Erfolg gewesen ist. Kaum heimgekehrt, stürzt sich Constanze sofort wieder auf Kohle und Skizzenblock und geht über Land, um sich in den Hütten der Bauern und Fischer Modelle für ihre Zeichnungen zu suchen.

Endlich setzt sie durch, daß sie Anfang des kommenden Jahres nach London gehen darf.

Am Weihnachtstag schreibt sie ins Tagebuch:

»Ein langer deprimierender Sonntag. Drei Gottesdienste besucht. Nach dem dritten dachte ich genauer über den Himmel nach, und es fiel mir ein, daß die ständigen Kirchen- und Weihnachtslieder doch scheußlich langweilig werden müssen. Warum sind alte Leute so fromm? Werde ich, wenn ich über fünfzig bin, auch einmal Solos in der Kirche singen und mir einbilden, ich hätte den

Sinn meines Lebens verfehlt, wenn die Leute nicht kommen und mir freiwillig zuhören.«
Im übrigen macht es sie nervös, mit welchem Eifer ihre Mutter darauf bedacht ist, ihr Einladungen in die Landhäuser des englischen Adels zu verschaffen. Zu deutlich schimmert auch dabei der Wunsch durch, es möge sich endlich ein Ehemann für die kapriziöse Tochter finden.

Paris und ein Mann

Auf der Kunstschule arbeitet Constanze unter einem älteren Lehrer, Alphonse Legros, der seinerseits wiederum ein Schüler von Ingres gewesen ist. Sie wohnt im Alexandra House, einem Heim für Kunststudentinnen mit einer sehr strikten Hausordnung.
Einmal trifft sie sich mit einem »Cousin«. Die beiden unternehmen einen längeren Ausflug, und sie kommt erst eine Stunde nach jenem Zeitpunkt zurück, an dem die Haustür des Heims unwiderruflich abgeschlossen wird. Sie sieht sich in die unangenehme Situation versetzt, um elf Uhr abends ohne Paß und Gepäck ein Hotelzimmer zu finden. Es dauert drei Stunden, bis es ihr gelingt, und sie ist dabei allen möglichen Anpöbelungen ausgesetzt. Sie hat genug Selbstbewußtsein, damit fertigzuwerden. Was sie empört, ist die sture Regel, daß niemand, der nach zehn Uhr kommt, im Heim eingelassen wird. Sie beschwert sich bei ihrem Vater, und der setzt sich mit dem Stifter des Heimes in Verbindung. Der Direktor des Heimes soll sich schließlich bei Constanze entschuldigen. Sie soll in Gnaden wiederaufgenommen werden. Das lehnt sie ab und bestimmt ihren Vater, ihr ein eigenes Studio zu mieten.
Sie erlebt die Genugtuung, daß nach dem Zwischenfall die Hausordnung im Heim geändert wird. Nun wird die Haustür erst um halb elf abgeschlossen.
Zu Weihnachten 1894 ist sie in London und beherbergt in ihrem Atelier eine hübsche junge Frau mit einem Baby. Sie hat Mutter und Kind auf der Straße gesehen, ist vom Fahrrad abgesprungen und hat ausgerufen:
»Sie sehen einfach unerhört hübsch aus!« Die Frau kommt gerade aus dem Krankenhaus. Dort hat man sie unmittelbar nach der Niederkunft auf die Straße gesetzt. Jetzt weiß sie nicht, wohin. Constanze nimmt sie zusammen mit dem Neugeborenen auf. Das Mädchen füttert sie mit Truthahn und Plumpudding. Zu den Feiertagen haben sie ihr aus Lissadell ein Freßpaket geschickt. Schließlich kleidet sie die junge ledige Mutter noch neu ein und verschafft ihr Arbeit als Modell.

Ein paarmal kommt sie im Laufe dieses Winters 1894 auf 1895 nach Lissadell zurück.
Dabei trifft sie den jungen William Butler Yeats, der bei seinem Onkel in Sligo auf Besuch ist und den der protestantische Pfarrer LeFanu aufgefordert hat, vor den Kindern in dem zu Lissadell gehörenden Schulhaus eine Art Dichterlesung abzuhalten. Über den Vortrag schreibt Yeats an seine Schwester: »Ich sprach im Schulhaus vor einem Publikum von *Orangemen** hauptsächlich über Feengeschichten. Es war eine neue Erfahrung. Ich stellte fest, daß die Kinder nur an den komischen Geschichten ihre Freude hatten. Das Gespür für die Poesie der Feengeschichten ging ihnen ganz und gar ab. Das hielten sie für katholischen Aberglauben, denke ich. Glücklicherweise hatte ich nur humorvolle Geschichten ausgesucht. Die Kinder waren, so glaube ich, sehr aufgeregt. Mr. Jones von Raughley sagte danach, er werde noch eine Lektion halten, die meinen Vortrag auf eine gesunde religiöse Grundlage stelle, denn er fürchte, es seien viele der Kinder mit der Vorstellung heimgegangen, daß Feen tatsächlich existieren.«
Zu seiner Einladung nach Lissadell in die Familie Gore-Booth bringt Yeats eine Manuskriptkopie seines Stückes »Die Gräfin Kathleen« mit. Es ist die Geschichte einer Frau, die ihr ganzes Vermögen und schließlich ihre Seele opfert, damit die Armen von Irland nicht länger Hunger leiden müssen.
Für die Familie Gore-Booth scheint es eine erstaunliche Erfahrung gewesen zu sein, daß Märchen und Sagen etwas mit Kunst zu tun haben sollen. An solchen Geschichten ergötzt sich doch nur das einfache Volk. Sie müssen aber zugeben, daß Yeats diese folkloristischen Motive eindrucksvoll in seine Texte verwebt hat und daß es Freude macht, ihm zuzuhören.
Interessant sind andererseits Yeats' Urteile über die männlichen Mitglieder der Familie Gore-Booth. Von Sir Henry schreibt er, der habe nichts anderes im Kopf als den Nordpol, wo sein erster Offizier zu seiner großen Genugtuung kürzlich verlorengegangen sei, was ihm den sehnlich erwünschten Vorwand dazu geliefert habe, eine Rettungsexpedition dorthin zu unternehmen.
Und von Jossly, dem ältesten der beiden Söhne, heißt es:
»Er ist theoretisch ein Anhänger der ›Home-Rule‹-Gesetzgebung und praktisch eine Art Wohltäter der Menschheit, dem die mit

* Orangemen: Mitglieder einer Vereinigung anglo-irischer Protestanten. – Von *William of Orange,* der Symbolfigur dieser Gruppe.

seinem Reichtum verbundene Verantwortung schwer zu schaffen macht. Er und der Pfarrer LeFanu stecken voller Pläne. Er ist aber, so vermute ich, nicht besonders gescheit und hat nicht allzuviel Willenskraft.«

Die beiden älteren Schwestern, deren Interesse an Kunst Yeats in Briefen immer wieder hervorhebt, scheinen ihn besonders beeindruckt zu haben.

Viele Jahre später, nach dem Zusammenbruch der Osterrebellion, schwemmen aus der Erinnerung die Bilder von Constanze und Eve hoch und fügen sich bei ihm zu einem Gedicht:

The light of evening, Lissadell
Great windows open to the South
Two girls in silk kimonos, both
beautiful, one a gazelle.
But a raving autumn shears
Blossom from the summer's wreath.
The older is condemned to death,
Pardoned drags out lonely years
Conspiring among ignorants.
I know not what the younger dreams
Some vague utopia...*

Im Jahr 1896 regen sich bei Constanze und Eve erste politische Interessen. Sie gründen das, was man heute einen Frauenklub nennen würde. Die Mutter fürchtet vor allem, daß es Gerede geben und ihre Töchter sich lächerlich machen könnten. Sir Henry spricht von einer Mode, die sich bald wieder legen würde, wenn man nichts verbiete.

Constanze präsidiert bei dem ersten Treffen in der alten Schule von Bresaghway und erklärt, Ziel der Vereinigung sei es, in den Frauen Irlands politisches Verantwortungsbewußtsein zu wecken und das Wahlrecht für die Frauen durchzusetzen. Sie wird zur

* Das Abendlicht in Lissadell.
Große Fenster gegen Süden hin.
Zwei Mädchen in Seidenkimonos, beide
sehr schön, eine Gazelle, die eine.
Aber es reißt ein wütender Herbst
die Blüte aus der Girlande des Sommers.
Die Ältere ist zum Tode verurteilt,
begnadigt, schleppt sie sich einsame Jahre dahin,
konspirierend unter Ignoranten.
Ich weiß nicht, was die Jüngere träumt.
Vielleicht eine vage Utopie...

Vorsitzenden, Eve zur Schatzmeisterin, Mabel zur Sekretärin gewählt.

Die »Dublin Women Suffrage Society« (Gesellschaft zur Durchsetzung des Frauenwahlrechts) ist 1874 gegründet worden, hat sich aber nur langsam entwickelt. Der von Constanze gegründete Ableger in Sligo ist erst der dritte in ganz Irland.

Kurz vor Weihnachten halten die Suffragetten, wie die Vorkämpferinnen für das Frauenwahlrecht allgemein genannt werden, eine öffentliche Versammlung in der Nationalen Schule von Drumcliffe ab.

Die Klubmitglieder haben den Raum mit Tannengrün geschmückt und Spruchbänder aufgehängt, auf denen man liest:

Wer sich befreien will, muss etwas unternehmen
Keine Besteuerung ohne Vertretung im Parlament
Freiheit, Gerechtigkeit und Gleichheit

In Sligo und Umgebung fassen die Männer die ganze Sache eigentlich mehr als einen Witz auf, und viele gehen zu der Veranstaltung, um sich zu belustigen. Immerhin wird so der Raum gedrängt voll. Aber nur ein Drittel der Besucher sind Frauen.

Constanze eröffnet die Versammlung um 7.30 Uhr, indem sie zu Taten aufruft:

»Der erste Schritt, um eine politische Reform durchzusetzen, besteht darin, daß man eine Gesellschaft gründet, zu agitieren beginnt und der Regierung klarmacht, daß es da eine Menge Leute gibt, die sich über etwas beklagen und sich auch weiterhin ungehörig aufführen werden, bis die Mißstände abgestellt sind. John Stuart Mill hat schon vor dreißig Jahren gesagt, das einzige überzeugende Argument gegen das Frauenwahlrecht bestehe darin, daß die Frauen selbst es nicht mit genügend Nachdruck und Lärm gefordert hätten.

Schweigen ist ein Übel, mit dem man leicht fertig wird, und je eher wir Lärm zu schlagen beginnen, desto besser.«

Außer Mabel und einigen anderen Frauen wird die Forderung nach dem Frauenwahlrecht auch von einem Touristen männlichen Geschlechts unterstützt, der gerade in dieser Gegend eine Fahrradtour unternimmt.

Dann springt ein Mann auf und ruft:

»Wenn meine Frau erst mal wählen gehen darf, dann kommt sie doch nie wieder zu mir zurück.«

»Sie haben offenbar keine allzu hohe Meinung von Ihrer Frau«, antwortet ihm Constanze.
Dann meldet sich Eve:
»Ich möchte die Frauen aufrufen, dem Beispiel der Farmer von Drumcliffe zu folgen. Trotz allem Widerstand sollten sie darauf bestehen, ihre Dinge selbst in die Hand zu nehmen.«
Dann legt sie ihre eigenen Vorstellungen dar, Prinzipien, die sie während ihres ganzen weiteren Lebens versuchen wird, in die Praxis umzusetzen:
»Jeder von uns, Männer und Frauen, hat außer seinen unmittelbaren Pflichten in der Familie Verpflichtungen gegenüber den Nachbarn und seinem Land und gegenüber der Gesellschaft als Ganzes. Nächstenliebe beginnt daheim, aber sie sollte nicht dort enden.«
Eve wird von da an konsequent den Weg des politischen Engagements gehen.
Bei einem Italienaufenthalt lernt sie Esther Roper kennen. Beide Frauen bleiben ihr ganzes Leben lang in der Frauenrechtsbewegung tätig. 15 Jahre verbringt Eve im Industriegebiet im Norden von London, baut die Gewerkschaft für weibliche Textilarbeiter auf und kämpft in deren Reihen für bessere Arbeits- und Lebensbedingungen dieser Frauen.
Nachdem auf der Versammlung Argumente für und gegen das Frauenwahlrecht ausgetauscht worden sind, verlangt Constanze, daß nun über eine Eingabe an die Regierung zur Einführung des Frauenwahlrechts abgestimmt werden soll.
Wenn man bedenkt, daß die Männer im Publikum in der Mehrzahl sind, ist die Annahme der Resolution einigermaßen erstaunlich.
1897 ist ein Jahr der Erfolge für Constanze. Sie reitet wieder mit den Sligo Harriers, gewinnt ein Rennen am St.-Patricks-Tag in Springfield. Sie fährt zur *season* nach London, bekommt mehrere Heiratsanträge, die sie ablehnt, nimmt als Brautjungfer an der Hochzeit ihres Cousins teil. Sie sieht die *Horseshow* in Dublin. Und, das Wichtigste von allem – es gelingt ihr, die Eltern davon zu überzeugen, daß sie zur Fortsetzung ihres Kunststudiums nach Paris gehen muß.
Wahrscheinlich hätte sie den Eltern die Erlaubnis dazu nie abtrotzen können, wäre nicht jetzt der Vater leidend und führen nicht auch die Eltern zu einer Kur längere Zeit auf den Kontinent.

In Paris hat man so die Tochter noch eher unter den Augen, als wenn sie allein in ihrem Atelier in London hausen würde.
Es gibt in Paris das Studio Rodolphe Julian in der Rue Vivienne, in dem kunstbeflissene junge Damen aus der englischen Gesellschaft traditionsgemäß ihre Ausbildung abschließen.
Im Gegensatz zu der Schule in London sind bei Julian die Studenten nicht nach Geschlechtern getrennt.
George Moore, eine Berühmtheit unter der Boheme der Dubliner Society, hat 1873 bei Julian studiert und seine Eindrücke über die Atmosphäre in dieser Malklasse geschildert:
»In dem Studio waren zwischen 18 und 20 junge Männer, dazu acht oder neun englische Mädchen. Sie saßen im Kreis und zeichneten nach einem Modell. Die Umkehrung aller gesellschaftlichen Normen dort fand ich herrlich. Ich liebte diesen Zustand des Unwirklichen, die Ausnahmesituation, die unser Leben im Studio darstellte. Die Frauen waren jung und interessant und gaben dem Ganzen einen Charme und einen Anflug von Erotik, der gerade dadurch, daß es eben nur ein Anflug war, besonderes Vergnügen bereitete, ganz abgesehen von dem äußeren Aspekt, an dem das Auge Gefallen fand – die Kleider, das aufgesteckte Haar, der Hals, die Ohrringe, die Ärmel offen bis zu den Ellbogen.«
Constanze arbeitet hart. Da sie jeden Morgen mit dem Fahrrad kommt, erhält sie den Spitznamen Velo. Sie geht mit den anderen Studentinnen und Studenten in die Crémerie Leopold Robert, wo man für drei Sous vor sieben Uhr morgens schon frühstücken kann, die Arbeiter in ihren blauen Kitteln hereinkommen und eine Tasse Schokolade trinken.
Im Studio kommt es unter den Studentinnen leicht zu Eifersüchteleien. Constanze wird wegen ihres englischen Akzents aufgezogen, und als es ihr eines Tages zuviel wird, nimmt sie das Mädchen, das seine Zunge an ihr gewetzt hat, schleppt es unter den Wasserhahn und verhilft ihm zu einer Abkühlung.
Im Januar 1899 trifft Constanze den Grafen Casimir Dunin-Markievicz auf einem Studentenball. Der Mann, der sie miteinander bekannt macht, der polnische Schriftsteller Stefan Krzywoszewski, hat in seiner Autobiografie über die näheren Umstände des Zusammentreffens der beiden berichtet:
Krzywoszewski ist an dem bewußten Abend von Casimir zum Essen eingeladen, ehe sie auf den Ball gehen. Die beiden jungen Männer verspeisen ein riesiges Chateaubriand mit Röstkartoffeln

und zahlen dafür jeder zwei Francs. Als er das Fleisch genauer in Augenschein genommen und gekostet hat, beginnt Casimir laut zu wiehern und tut so seine Vermutung über die wahre Herkunft des Bratens kund.
So gestärkt gehen die beiden Freunde auf den Ball. Stefan hat Casimir von ein paar ausgesprochen hübschen ausländischen Studentinnen vorgeschwärmt:
»Etwa gegen zehn Uhr kamen wir in dem Ballsaal an. Es war ein bizarres Bild, alle Klassen und Nationalitäten waren vertreten, und die Kleidung war entsprechend bunt.
Vor mir standen zwei Engländerinnen. Die Ältere war der Typ, den man zehn-, zwanzigmal treffen kann und den man fünf Minuten später schon wieder vergessen hat. Die andere schätzte ich um die zwanzig. Sie hielt sich sehr stolz. Sie war ein lebendig gewordener Rossetti oder Burne-Jones*. Ihr Profil war hinreißend, und sie hatte graublaue Augen. Ihr Ballkleid war ziemlich modisch, sah aber nicht mehr so ganz neu aus. Es bedeckte kaum die mageren Schulterblätter und jene sanften Ebenen, auf denen Männer nach Erhebungen Ausschau halten.
Da sie mich freundlich anschaute, fragte ich sie auf Französisch: ›Madame, tanzen Sie denn nicht?‹
›Ich habe niemanden, der mit mir tanzt. Und allein zu tanzen macht mir keinen Spaß.‹
Ich machte eine Verbeugung, und sie neigte sich leicht gegen meinen Arm hin. Wir stürzten uns in die Menge. Eine kurze Unterhaltung setzte mich über das Herkommen meiner neuen Bekanntschaft ins Bild. Trotz ihrer Frau-von-Welt-Manieren, die typisch für die Pariser Kunststudentinnen waren, merkte ich, daß sie intelligent war und aus guter Familie kam. Kaum hatte die Musik wieder begonnen, da wollte die Engländerin wieder tanzen. In diesem Augenblick kam Markievicz vorbei. Ich hielt ihn an. ›Tanz du mit dieser Dame‹, sagte ich zu ihm, ›sie paßt zu dir in Größe und Haltung.‹
Markievicz nahm sie in den Arm und begann sofort lebhaft in seinem gebrochenen Englisch auf sie einzureden. Sie sahen beide gut aus. Sie fielen auf unter der lebenslustigen, tanzenden Menge.«
Eine Woche später trifft Stefan die beiden wieder, als er vor dem

* Rossetti und Burne: bekannte Künstler der Malerschule der Praeraffaeliten

Café Flore sitzt. Sie haben beide Fahrräder bei sich, sind ausgelassen, vergnügt, reden sich in der zweiten Person an, necken sich und sind offensichtlich voll und ganz mit sich selbst beschäftigt.
Casimir Dunin-Markievicz ist ein großer schöner Mann, jemand, der leicht Eindruck auf Frauen macht, warmherzig, lebenslustig, unkonventionell. Constanze ist jetzt 31 Jahre. Er ist sechs Jahre jünger als sie. In ihrem Lebenslauf gibt es gewisse Parallelen. Casimir stammt aus einer Familie des polnischen Landadels, die in der Umgebung von Kiew große Güter besitzt. Sie kann ihren Stammbaum bis ins 12. Jahrhundert zurückverfolgen bis auf einen Peter Dunin, den Dänen, der in Polen siedelte. Casimir ist auf dem Gut Zywotowka aufgewachsen. Er hat in Charkow das Staatliche Gymnasium besucht und zunächst an der Universität Kiew Jura studiert. Dann hat er sich gegen seine Familie aufgelehnt, die von seinem Kunststudium nichts hat hören wollen.
Er ist mit seiner Jugendliebe, Jadwiga Splawa Neyman, einer Musikstudentin, nach Paris gegangen. Sie haben in einem Dachzimmer in der Rue Bonaparte im Quartier Latin gelebt. 1896 wird ihr erstes Kind Stanislaw geboren; ein zweiter Sohn folgt gut ein Jahr später. Da Jadwiga krank ist und die Eheleute sich auseinandergelebt haben, kehrt sie mit den beiden Kindern in die Ukraine zurück. Kurz darauf stirbt sie an Schwindsucht. Das zweite Kind überlebt die Mutter nur um wenige Monate. Der älteste Sohn Stanislaw bleibt bei den Eltern seiner Mutter. Casimir aber setzt sein Studium in Paris fort.
Er wird sich zu einem begabten und erstaunlich erfolgreichen Porträtmaler im Akademiestil entwickeln. Aber er ist auch ein sehr schlagfertiger Mann, der über Pomp und falsche Würde gern seine Witze reißt. Als ihn beispielsweise einmal ein steinreicher Schiffsreeder zu einem Maskenball einlädt und von ihm wissen will, in was für einem Kostüm er denn kommen werde, antwortet Casimir:
»Wahrscheinlich als Ozeandampfer... werd' mir wahrscheinlich meinen Hintern einfach rot anmalen.«
Constanze und Casimir nehmen ihre Kunst ernst. Aber daneben finden sie dennoch Zeit zu langen Fahrradtouren ins Seinetal.
Und es kommt zu einem Duell im Bois de Vincennes, als ein Franzose auf einem Maskenball eine abschätzige Bemerkung über Constanze macht. Casimir geht unverletzt aus dem Zweikampf

hervor. Das Duell ist mit schweren Säbeln ausgetragen worden, und er ist ein sehr guter Fechter.
Was Constanze vor allem an ihm liebt, faßt sie in einem Brief an Eve zusammen:
»Er erweckt in mir den Wunsch, etwas zu tun.«
Für jeden, der die beiden kennt, ist von Anfang an klar, daß sie sich heiraten werden.
Sie sitzen im »Flore«, gehen auf Studentenbälle, radeln im Morgengrauen durch den Bois du Boulogne, und wenn kein Geld mehr da ist, geht Casimir nachts im Depot Straßenbahnwagen waschen.
Weihnachten 1899 verbringt Constanze in der Schweiz mit ihrer Mutter und ihrem kranken Vater, der am 13. Januar 1900 in St. Moritz an einer Grippe stirbt.
Constanze begleitet ihre Mutter heim nach Lissadell und kehrt vorläufig nicht mehr nach Paris zurück. Die Familie hat ihre Verlobung mit Casimir gebilligt. Die Eltern und die Geschwister sind nach und nach alle in Paris gewesen, um den Bräutigam in Augenschein zu nehmen.
Gewisse Untertöne der Mißbilligung in den Äußerungen von Lady Gore-Booth sind nicht zu überhören. Ein Witwer mit Kind, ein polnischer Barbar! Aber auch die Mutter ist realistisch genug, sich damit zu trösten, daß dieser Mann besser sei als gar kein Mann.
Hingegen sind alle Freunde und Bekannten begeistert von dem riesigen polnischen Grafen, der im Mai zur Besprechung der Hochzeitsvorbereitungen nach Lissadell kommt, Porträts aller Mitglieder des Haushalts im Eßzimmer auf die Wände malt und sich als ein guter Geschichtenerzähler erweist. Geschichten und Anekdoten umschwirren ihn, und ein paar wird dieser oder jener auch noch selbst dazuerfunden haben.
Wegen des noch nicht allzu lange zurückliegenden Todes des Brautvaters wird es nur eine kleine Hochzeit, mit nur vier Brautjungfern und nur 50 Gästen. Die kirchliche Trauung findet in der Parish Church in London statt, die standesamtliche Trauung auf der russischen Botschaft und auf einem englischen Standesamt.
Der Bräutigam trägt die Uniform der Russischen Hofgarde, die Braut ein weißes Satinkleid und eine Schleppe aus alten Brüsseler Spitzen, die mit Silberschnur eingefaßt sind.
Nach der Trauung gibt Lady Gore-Booth einen Empfang am Devonshire Place. Am Nachmittag brechen Graf und Gräfin Mar-

kievicz – dies ist Constanzes neuer Titel und Name als Ehefrau – zu einer Hochzeitsreise auf den Kontinent auf. Sie werden mit großem Gefolge zum Bahnhof geleitet und in den Zug gesetzt, steigen aber an der ersten Station hinter London wieder aus und kommen noch einmal zurück. Nun, um mit Bohemefreunden, die aus Paris herübergekommen sind, eine Nacht hindurch wild zu feiern.
Einen regnerischen Herbst und einen strengen Winter verbringt Constanze auf dem Gut ihrer Schwiegereltern in der Nähe von Kiew. Polen erinnert sie in vielem an Irland, obwohl die Armut überall noch mehr ins Auge springt.
Die Straßen sind schlecht, und noch nie hat sie in ihrem Leben so gefroren.
Casimir und sie reiten und jagen, wann immer es möglich ist. Sie malen, besuchen Bauern. Geben Gesellschaften und werden zu Gesellschaften eingeladen.
An einem schönen Herbsttag fahren sie 25 Meilen, um Stanislaw, Casimirs Sohn aus erster Ehe, der jetzt knapp fünf Jahre alt ist, abzuholen. Er ist ein dünner, schmächtiger Junge mit goldblonden Haaren. Seine neue Mutter erscheint ihm wie ein Wesen aus einer anderen Welt.
»Sie war groß, schlank, sehr schön, mit einer Krone weicher, goldbrauner Haare und umspielt von den Strahlen einer südlichen Sonne.«
Bald findet er, sie sei ebenso liebenswert und freundlich wie schön.
Zu dieser Zeit malt Casimir eines seiner besten Ölbilder. Es heißt *Der Wehrpflichtige*. Es stellt einen jungen Bauern dar, der in einer fast leeren Hütte an einem Tisch sitzt.
Im Frühjahr 1901 gehen Casimir und Constanze für ein paar Monate nach Paris. Ein Freund Casimirs malt Madame in Lebensgröße. Das Bild ist heute in der National Gallery in Dublin ausgestellt.
Der Maler gibt Constanze ein ziemlich ernstes, slawisches Aussehen. »Sie wirkt wie eine Heldin aus einem Tschechow-Stück, die sich nach Moskau sehnt«, urteilt Jacqueline Van Vorris und fügt hinzu:
»Wie so viele Frauen, deren sich rasch verändernde Gesichtszüge und schnelle Bewegungen wichtiger Teil ihrer Persönlichkeit sind, so war es auch bei Constanze außerordentlich schwierig, den

wahren Reiz ihrer Schönheit mit dem Pinsel oder mit der Kamera einzufangen. Auf zwei formellen Porträts gibt ihr die Eleganz ihrer Kleider den Ausdruck einer selbstbewußten Schönheit, aber bei keinem ist ihre Grazie und ihre Vitalität mit eingefangen.«

Constanze ist schwanger in diesem Frühling. Sie entschließt sich, zur Geburt des Kindes nach Lissadell zu gehen, »in ihr eigenes Land«, wie es in einem Brief heißt.

Sie verbringt einen ruhigen Sommer mit Spaziergängen, mit Malen und Lesen.

Am 14. November 1902 wird ihr erstes und einziges Kind, eine Tochter, geboren. Sie wird auf den Namen Maeve getauft.

Natürlich spielt bei der Namenswahl eine Rolle, daß der von Lissadell aus sichtbare Knocknarea auf seiner Spitze das Grab der legendären Königin trägt. Aber eine andere Erinnerung ist bei der Namenswahl womöglich noch entscheidender gewesen. Constanze hat im Jahr zuvor in Dublin ein Stück mit einer Hauptperson dieses Namens gesehen. Diese Heldin auf der Bühne hat sich zu entscheiden zwischen dem englischen Materialismus und einem natürlichen Idealismus, der als die Wesensart Irlands dargestllt wird.

Zweifellos hat Constanze sich gewünscht, ihre Tochter möge einmal von ebendiesem natürlichen Idealismus erfüllt sein.

Die beiden nächsten Jahre verbringt das junge Paar teils auf Lissadell, teils in der Ukraine. Es gibt eine Äußerung von Constanze gegenüber einer sehr guten Freundin, aus der hervorgeht, daß sie sehr bald zu der Ansicht gelangt ist, Schwangerschaft und Kindererziehung seien eigentlich recht lästige Begleiterscheinungen der Ehe. Auf jeden Fall will sie nicht noch mehr Kinder.

Für sie ist Mutterschaft jedenfalls nicht der Gipfelpunkt weiblicher Existenz oder Inhalt des Lebens. Für sie ist die Tatsache, daß sie eine Tochter zur Welt gebracht hat, nur eine Lebenserfahrung unter anderem gewesen, wie es auch Grund gibt anzunehmen, daß die sexuelle Seite der Ehe nie besonders wichtig gewesen ist.

Warum das so war, darüber hat sie zu niemandem gesprochen. Es wäre die Frage, ob es überhaupt jemanden gab, mit dem sie darüber sprechen konnte.

Casimir dürfte für solche Eigenart weder allzuviel Verständnis aufgebracht haben, noch hatte er sich gewiß lange darüber aufgehalten.

Daß Frauen Launen hatten, war er aus seiner ersten Ehe gewohnt.

Mochten sie. Wenn Constanze kein allzu großes Vergnügen dabei empfand, mit ihm zu schlafen, so war das ein Problem, mit dem sie fertig werden mußte. Bei all seinem Charme hatte Casimir einen kräftig ausgeprägten Egoismus. Gewiß gab es für ihn hin und wieder andere Frauen. Er war ein schöner und temperamentvoller Mann.

Kameradschaftsehe war damals ein Stichwort, das noch neu war. Auf die Beziehung zwischen Constanze und ihm traf es gewiß in einem ganz besonderen Sinn zu.

Die Bindung zwischen ihnen, die durchaus Verantwortungsbewußtsein und Vorlieben für die Eigenschaften des anderen einschloß und die man sich auch nicht als ein tolerantes Aneinandervorbeileben vorstellen darf, beruhte letztlich darauf, daß es außer Sex genug gab, woran man gemeinsam seinen Spaß hatte. Constanze ist von Anfang an nicht gewillt, sich in Kinderzimmer und Küche einsperren zu lassen. Maeve wird zunächst vorübergehend, später vollständig der Obhut von Lady Gore-Booth in Lissadell anvertraut.

Auffällig ist hingegen, daß Constanze über lange Jahre hin Stanislaw bei sich behält, überhaupt letztlich zu ihm eine viel engere Beziehung entwickelt als zu ihrer leiblichen Tochter.

Als im Herbst 1903 Constanze und Casimir mit 24 Kisten voller Möbel, dem Dienstmädchen Josefine und einem dem Militärdienst entrissenen jungen Russen Janko, der eine Weile als ihr Butler fungieren wird, in Dublin eintreffen und ein Haus im Vorort Rathgar beziehen, ist auch Stanislaw aus der Ukraine mit herübergekommen.

Es gibt nur Vermutungen darüber, warum das Verhältnis zum Stiefsohn offenbar inniger und unproblematischer ist. Sie sind abzuleiten aus einer Bemerkung, die Constanze einmal gegenüber einer Bekannten macht. Sie sagt:

»Mit Jungen läßt sich doch einfach viel mehr anfangen!«

Boheme in Dublin

Dublin ist eine Stadt, in der man stets spürt, daß das offene Land und das Meer nicht weit sind.
Eine Stunde zu Fuß, mit dem Fahrrad oder zu Pferd – Autos sind damals noch selten –, und man ist aus der Stadt heraus, an den langen Sandstränden der Liffeymündung, in den Wicklow-Bergen oder auf der felsigen Halbinsel Howth mit ihren Haselnußgebüschen, Eichenwäldchen und Rhododendronhängen.
Wenn man über die Dächer dieser Stadt hinsieht, tauchen entweder am Horizont grüne Hügel oder Möwen auf, die kreischend über der Bucht oder der Liffey kreuzen.
Der Phoenix Park mit seinen großen Eichen und Kastanienbäumen reicht bis fast in die Stadt hinein. Auf dem anderen Ufer der Liffey ist St. Stephen's Green, ein kleiner intimer Park vor den Haustüren des Shelbourn Hotels und des University Clubs. Nicht weit davon liegt Merrion Square mit seinen rötlichen Backsteinhäusern – damals die Wohngegend der Vornehmen und Reichen.
Dublin ist eine Stadt, die durch den Fluß geprägt wird, der sich durch sie zieht – die Liffey.
Dublin ist eine Stadt, in der die wichtigsten öffentlichen Gebäude wie das Hauptpostamt, das Zollhaus, die Four Courts, Trinity College, die National Gallery und das Castle nur einen kurzen Spaziergang weit voneinander entfernt liegen.
Eine kleine intime Stadt, überschaubar. Unter den Bürgern und Künstlern kennt jeder jeden.
Die rasch zunehmende Arbeiterschaft mit ihren elenden Löhnen und ihren katastrophalen Wohnhöhlen wird vom gehobenen Bürgertum und vom Adel noch geflissentlich übersehen. Lange wird das nicht mehr möglich sein.
Es ist Sitte im Dublin der bürgerlichen Gesellschaft, daß man seine Freunde und Bekannten an einem bestimmten Abend in der Woche empfängt.
Die Boheme trifft sich an jedem Sonntagabend bei AE, einem Mann, der eigentlich George Russell heißt und sich zusammen mit Sir Horace Plunkett um das landwirtschaftliche Genossenschafts-

wesen verdient gemacht hat. Mit AE zeichnet er seine Aufsätze in der von ihm geleiteten Zeitschrift *The Irish Homestead.* Aber Russell ist weit mehr als ein Landwirtschaftsexperte und Zeitungsherausgeber. Er ist Poet, Maler, Politiker, Schauspieler, Mystiker in einer Person. Jeder Bereich des öffentlichen und kulturellen Lebens interessiert ihn. Er hat hochfliegende Ideale, aber er kann auch sehr praktisch sein. Jenes Bonmot »Wir glauben an Feen, aber wir handeln mit Schweinen« – auf ihn trifft es zu.

Es gibt Freunde, die beschreiben ihn als engelsguten Anarchisten, dessen riesiger Körper in Gewändern aus braunem Tweed steckt, mit wildwucherndem Bart und wehender Mähne.

Seine ihm treu ergebene Frau Violet schenkt Tee und Kaffee aus, aber wenn man seinen Salon betritt, mag man zu seinen Füßen ein rothaariges Mädchen kauern sehen. Das ist Susan Mitchell, eine junge Lyrikerin, die er fördert.

Auf den Tischen liegen die neuesten Gedichtbände und Romane auf. An den Wänden hängen die Bilder der Jungen, Wilden, über die man spricht oder sprechen sollte.

In diesem Salon wird vorgelesen, gestritten, diskutiert, es werden Pläne besprochen, Anthologien und Ausstellungen verabredet und hin und wieder verfällt AE in seine generösen, Anregungen in der Art eines warmen Regens ausschüttenden Monologe. In AEs Haus treffen Constanze und Casimir Yeats und seine Muse Maud Gonne.

Er – schwarzhaarig, bleich, mit melancholischem Blick; sie – Schauspielerin, leidenschaftlich engagiert im Kampf gegen die Austreibungen, als die schönste Frau Irlands bewundert und umschwärmt von dem Dichter, der ihr viele seiner frühen Gedichte widmet und ihr in zwei seiner wichtigsten Stücke die Hauptrolle gewissermaßen auf den Leib schreibt.

Sie hingegen hält ihn immer auf Distanz, ermutigt ihn... aber nicht ganz, schützt vor, wenn er sie mit Beschlag belegen, sie heiraten will, Irland brauche sie. In Wahrheit ist sie in eine dramatische Affäre mit einem französischen Diplomaten verwickelt, dessen Kind sie in aller Heimlichkeit zur Welt bringt – es stirbt kurz nach der Geburt –, bis sie endlich, mehr aus Mitleid denn aus großer Liebe, eine Ehe mit einem zur Trunksucht neigenden irischen Patrioten eingeht. Die Verbindung endet in jeder Beziehung unglücklich. Der Mann, John Mac Bride, mißhandelt sie häufig. Sie haben eine Tochter und einen Sohn. Sie trennen sich. Mac Bride ist

unter den Männern, die während des Osteraufstandes hingerichtet werden.
AE hat die Markieviczs gleich, nachdem sie in Dublin eingetroffen sind, dazu eingeladen, sich an einer Kunstausstellung zu beteiligen, die in der Leinster Lecture Hall stattfindet. Constanze stellt 27 Gemälde aus, Casimir 24, fast alles polnische Motive, Porträts und Landschaften. Auch im Jahr darauf beschicken Constanze, Casimir und Russell wieder gemeinsam eine Ausstellung. Diesmal steht sie unter dem Motto »Bilder aus zwei Landschaften«. Gemeint sind damit die Ukraine und der Westen von Irland.
Constanze ist mit 70 Bildern vertreten, die sie zum Teil auf dem Gut ihrer Schwiegereltern, zum Teil in Lissadell gemalt hat.
Wichtiger noch als die Malerei ist im Dublin zu Anfang unseres Jahrhunderts das Theaterleben, zumal viele der damals aufgeführten Stücke auch politische Anspielungen enthalten oder an die unterdrückte Geschichte des gälischen Irlands und seiner Rebellen erinnern.
Schon 1902 ist Yeats' *Cathleen ni Houlihan* aufgeführt worden. Dieses Volksstück erzählt die Geschichte eines Bauernjungen, Michael Gillane, der 1778 am Vorabend seiner Hochzeit von einer geheimnisvollen alten Frau, die manchmal aber auch jung und schön erscheint, von daheim fort und in die Reihen der sich zu einem Aufstand sammelnden Rebellen gelockt wird.
Die weibliche Hauptrolle der Cathleen, die als Symbolgestalt für das »ewige Irland« steht, muß von Maude Gonne außerordentlich überzeugend verkörpert worden sein.
Die Inszenierung des Stückes versuchte, durch ein einfaches Bühnenbild und durch eine besondere Sprechweise der Schauspieler, die Welt der gälischen Bauern lebendig werden zu lassen, was offenbar hervorragend gelang.
An den Abenden der ersten drei Aufführungen in der St. Theresa Hall Anfang April 1902 war das Theater bis auf den letzten Platz besetzt gewesen, und zwar bestand das Publikum in seiner Mehrzahl aus Arbeitern und kleinen Leuten. Dies war die Geburtsstunde des Irischen National-Theaters, das von Yeats, seiner Gönnerin Lady Gregory und dem jungen, schon damals schwerkranken Dramatiker John Millington Synge gegründet wurde und im Abbey-Theater eine Heimstatt fand...
Die politische Bedeutung, die man damals dem Theater als Instrument kulturpolitischer Propaganda zuwies, geht aus einer Äuße-

rung des Sozialisten und Arbeiterführers James Connolly hervor, der 1903 schreibt: »Wir brauchen ein National-Theater, nicht um unserer nationalen Eitelkeit zu frönen, sondern zunächst einmal, um überhaupt einen vernünftigen Nationalstolz wiederherzustellen.«

Für eine ganze Weile bewegen sich die Markieviczs in all den verschiedenen Gruppen und Cliquen der bürgerlichen und höfischen Gesellschaft Dublins. Sie sind mit dem Abbey-Theater durch ihre Freundschaft mit Yeats verbunden. Casimir bricht immer häufiger zu ausgedehnten Sauftouren und Parties mit Malern, Schauspielern und Lebenskünstlern auf, von denen es in Dublin nicht wenige gibt. Zusammen mit Constanze sieht man ihn auf den Empfängen und Bällen im »Castle«, wo er unter dem angloirischen Adel Auftraggeber für Porträts sucht und findet. An einem dieser Abende kommt es zu einem Zwischenfall, der Constanze noch lange nachgeht. Sie fahren mit einer Kutsche, wie das damals üblich ist, von ihrer Wohnung zum Schloß. Ein kleines Kind, das bettelt, streckt plötzlich seine Hand zum Kutschenfenster hinein. Aber dann ist das Kind wie geblendet vom Anblick der Frau, die es in dem Gefährt sieht. Diese Dame im großen Abendkleid, behängt mit Schmuck, einen Reifen mit Diamanten im Haar, kommt dem Kind vor wie eine Königin. Es vergißt aus Erstaunen über diese märchenhafte Erscheinung sein Sprüchlein herzusagen. Die Kutsche rollt weiter. Constanze beugt sich aus dem Fenster und sieht, wie die wütende Mutter das Kind ohrfeigt, weil es vergessen hat, zu betteln.

Das wichtigste politische Ereignis des Jahres 1903 ist die Verabschiedung des Landgesetzes, dessen Entwurf von einem Verwandten von Lady Gore-Booth stammt. Von allen politischen Fragen steht Constanze das Problem der Pachtbauern, das sie aus Lissadell kennt, am nächsten.

Das Landgesetz sieht einen Bonus des Staates vor, der die Großgrundbesitzer veranlassen soll, an ihre Pächter zu verkaufen.

Das war gut gemeint, aber in der Praxis ergeben sich große Probleme:

Die reichen Grundbesitzer haben kein Interesse daran, zu verkaufen, auf dem Landbesitz der weniger wohlhabenden liegen Hypotheken, die den Verkauf schwierig werden lassen.

Trotzdem leitet diese Maßnahme das Ende der Ära des Großgrundbesitzes in Irland ein. Immer mehr Pachtbauern kommen von nun an zu Grund und Boden, und Irland wird, wie Frankreich auch, zu einem Land kleiner Bauernhöfe.

Wenn Constanze versucht mit ihrem Mann über Politik zu diskutieren, winkt er ab. Nicht, daß er gegen das Landgesetz wäre, weil er selbst aus einer Familie von Großgrundbesitzern stammt – es interessiert ihn nicht. Er findet Politik banal, unerfreulich, nicht der Aufregung wert.

Es ist auch nicht so, daß er daran Anstoß nehmen würde, daß Constanze als Frau sich für derartiges interessiert. Dazu ist Casimir zu liberal, zu großzügig.

Langsam stellt sich nur jetzt heraus, daß die beiden Eheleute außer gemeinsamen auch unterschiedliche Interessen haben.

Casimir liebt ein leichtes, gutes Leben, eine Männerrunde mit Schnaps und Bier.

Seine Trinkgenossen sind Martin Murphy, ein Bühnenbildner und Schreiner aus dem größten Revuetheater der Stadt, und Dubrowsky, ein kleiner polnischer Schneider.

Die drei werden bald zu stadtbekannten Figuren des Dubliner Nachtlebens.

Casimir engagiert einen erstklassigen Fechtmeister für die Dubliner Boheme.

Er arrangiert den Empfang der berühmten Ballettänzerin Pawlowna in Dublin, holt sie zusammen mit Martin Murphy in Kingstown ab, ruft ihr, als sie über die Gangway herunterkommt, »ztradswite« zu, küßt sie auf beide Wangen und hat auch dafür gesorgt, daß sie in ihrer Garderobe auf einem Stück ungebleichtem Leinen einen Krug mit Wasser, ein Stück Brot und eine Schale Salz vorfindet.

Casi ist jemand, der verspielt, charmant, tänzelnd und manchmal auch schwankend dahinlebt.

Constanze ist ernsthaft, bohrend. Immer häufiger gehen sie ihre eigenen Wege. Das Zeichnen und Malen ist noch etwas, das sie zusammenhält. Doch mehr und mehr verschieben sich Casimirs Interessen von der Porträtmalerei, die er eigentlich nur noch als bequeme Einnahmequelle betrachtet, zum Theater. Zuerst beteiligen sie sich beide an Amateurvorstellungen in ihrem Bekanntenkreis: Sketchs, Salonkomödien, Satiren, Revuen. Hier ist Casimir ganz in seinem Element. Er spielt, malt Kulissen, denkt sich Kostüme aus, erfindet Gags. Schließlich gründet er selbst eine Theatergesellschaft, beginnt Stücke zu schreiben: Boulevard-Ko-

mödien, patriotische Melodramen, ganz nach dem Geschmack des Dubliner Publikums. Und immer glänzt Constanze bei diesen Aufführungen. Es fällt schwer zu beurteilen, ob sie tatsächlich eine gute Schauspielerin gewesen ist oder ob nicht vielmehr Zuschauer wie Kritiker von ihrer attraktiven Erscheinung sich blenden ließen.
Wenn sie hin und wieder dazu kommt, nachzudenken, erscheint ihr dieses Leben zwischen Empfängen im »Castle«, Diskussionen in AEs Salon und Auftritten in Theaterstücken hohl und oberflächlich, verspielt und dekadent. Sie murmelt einen Vers von Dowson:

Es ist nicht viel an dem, was jetzt uns wichtig:
Liebe und Leben und Brot und Wein.
Wenn einst uns ruft allmächtig,
ein anderes Sein.
Denn von dem Traum, der uns umfangen,
kommen ans Licht wir kaum,
denn wir sind bald es müde und verlangen
nach neuem Traum.

Nicht, daß sie sich auf die Nerven fielen, sich zankten. Nicht, daß der eine dem anderen wegen so unterschiedlicher Interessen und Vorlieben Vorwürfe machen würde. Casimir hat sich eine unerhört großzügig-noble Art angewöhnt, die ein Zusammenleben ohne Streit und mit Spielraum für sie beide möglich, ja sogar angenehm möglich macht.
Aber wenn sie daran denkt, daß sie um die vierzig ist, erschrickt sie, und wieder einmal fragt sie sich, ob denn das alles sei, was das Leben für eine Frau bereithalte. Zorn über die Welt des »Castle« steigt in ihr auf. Sie vermag nicht genau zu sagen, warum. Einmal, als ein Bekannter fragt, wie es ihr auf dem Empfang, auf dem sie gerade herumstehen, gefalle, erwidert sie plötzlich ganz unbeherrscht:
»Am liebsten würde ich das ›Castle‹ niederbrennen!«
Im Sommer 1906 – Casi ist wieder einmal in die Ukraine gereist – verkriecht sie sich in eine kleine, nur aus zwei Zimmern bestehende Cottage nahe dem Dorf Balally, die Bekannten von ihr gehört – ein einsamer Fleck im Grünen, das Kilmashogue-Gebirge im Rükken. Nach Osten schaut man über die Bucht von Dublin hinüber nach Howth, und ganz in der Ferne sieht man die winzige Insel Ireland's Eye.

Sie fängt wieder an zu malen, hat Zeit zum Nachdenken. Stasko, ihr Stiefsohn, der bei ihr ist, klettert in den Felsen herum, badet in den Bergbächen. Sie wird eine beliebte Gestalt unter den Kindern in dieser Gegend. Immer, wenn sie mit dem Fahrrad kommt, oft vor sich noch die Leinwand balancierend, hat sie die Taschen voller Süßigkeiten und teilt großzügig davon aus. Hier in der Hütte hängt ein Bild des irischen Politikers Arthur Griffith, dessen vor ein paar Jahren gegründete Sinn Fein Partei* in letzter Zeit mehr und mehr von sich reden macht. Diese Partei propagiert die wirtschaftliche und politische Unabhängigkeit Irlands. Sie fordert den Aufbau eigenständiger Industrien in Irland und ruft die Leute dazu auf, »irisch zu kaufen«. Sie will erreichen, daß die irischen Parlamentsabgeordneten nicht länger im Parlament von Westminster in London sitzen, sondern daß Irland wieder ein eigenes Parlament in Dublin erhält.

Dieser Griffith hat gute Gründe auf seiner Seite. Das lernt sie begreifen, als sie in ihrem Refugium in alten Nummern des *United Irishman*, des *Peasant* und der Zeitschrift *Sinn Fein* blättert. Dieser Griffith scheint ernst, entschlossen, unerbittlich. Bezeichnend ist für ihn der Satz:

»Laßt uns dafür sorgen, daß England seine rechte Hand von Irlands Kehle und seine Linke aus Irlands Taschen nimmt!«

In diesem Sommer, in alten Zeitschriften blätternd und schmökernd, entdeckt Constanze die irische Geschichte. Sie entdeckt, daß diese Geschichte über weite Epochen hin die Geschichte der Unterdrückung eines Volkes durch ein anderes ist. Und indem sie sich mit der Geschichte Irlands befaßt, entdeckt sie die Aufgabe ihres Lebens.

Eine Hütte oberhalb von Dublin kenne ich auch, wenngleich heute dort draußen mehr Villen stehen als Hütten. Ich weiß, wie es riecht auf dem Weg vor der Hütte im Sommer, wenn gerade einer der kurzen Regenschauer niedergegangen ist und alle Dinge scharf in ihren Konturen dastehen und nahe gerückt scheinen: der Wald im Rücken, die Felsen in der Schlucht und die vielen Dächer der Stadt unten vor der weiten Bucht.

Ich weiß, wie die Halbinsel Howth aus der Ferne aussieht, nämlich

* Sinn Fein Partei: von Arthur Griffith gegründete Bewegung, aus der später eine Partei hervorging, die für die Unabhängigkeit Irlands eintrat.

etwa wie die versteinerte Sphinx, die ihren Kopf auf die Pfoten gelegt hat.
Ich weiß, wie ein Torffeuer riecht, nämlich beizend nach Teer und zugleich weich, wie das Aroma von Blättern, Nebel und verfaulten Blüten.
Und warum soll ich nicht in die Hütte ohne weiteres eintreten und mich neben sie ans Feuer setzen?
Diesmal beginne ich das Gespräch ziemlich direkt.
»Sie wollen also in die Politik?« frage ich sie.
Sie nickt.
»Immer noch süchtig auf Aktion?« frage ich.
»Sie sind auch schon einmal vorsichtiger mit mir umgegangen«, sagt sie und hebt die Brauen.
So sieht sie ziemlich hochmütig aus, aber ich mag das.
Ich betrachte sie in ihrer Körperlichkeit. Sie ist immer noch schlank und sportlich. Die Gesichtszüge sind etwas schärfer geworden. Sie hat schön ziselierte Handknöchel.
Wenn ich mich daran erinnere, daß es ihr eigentlich keinen Spaß macht, eine Frau zu sein, empfinde ich ein leises Bedauern.
Ich könnte mich sehr gut in die Frau, die sie ist, verlieben.
»In meiner Zeit«, erzähle ich ihr, »nennt man das ›Selbstverwirklichung‹. Es grassiert geradezu als Seuche unter den Frauen, die Zeit und Geld genug haben. Es klingt so bedeutsam und ist außerordentlich als Begründung für den Fall, daß man in den Lebensumständen, in die man geraten ist, zu ersticken droht und den ganzen Krempel einfach hinschmeißen möchte.«
»Sie halten nicht viel davon, oder?«
»Nicht von der Mode.«
»Und wie weiß man, ob es nun nur modisch ist oder nicht?«
»Ich glaube, man kann es wissen. Natürlich ist es anstrengend, nicht bequem. Man entdeckt Dinge, die einem ganz und gar nicht gefallen.«
»Wie Sie wissen, mag ich Anstrengungen.«
Eine ganze Weile schweigen wir und schauen ins Feuer. Vor einem Feuer zu sitzen und in die Flammen zu starren, hat etwas ungemein Beruhigendes.
»Es ist in der Tat nicht so einfach, jemandem verständlich zu machen, was in den letzten vier, fünf Tagen mit mir vor sich gegangen ist«, beginnt sie, »ich war allein mit mir... ja freilich, Stasko war auch mit hier... aber ich war doch allein. Und es gefiel

mir, allein zu sein. Ich konnte mir plötzlich nicht mehr ausweichen. Ich mußte mir eingestehen, daß ich bei allem, was ich getan habe, bisher immer nur...ich meine, es war nie ganz ernst...reiten, malen, die Bälle im ›Castle‹. Das kann doch nicht alles sein. Und dann las ich, was in diesen Heften steht. Haben Sie gewußt, daß die Briten Irland über zwei-, dreihundert Jahre hin wie eine Kolonie behandelt haben? Natürlich haben Sie es gewußt. Jeder hat es offenbar gewußt, außer mir. Ich kam mir sehr töricht vor. Wenn man sich das vorstellt:
Solange die Strafgesetze galten, durften in diesem Land, das ein katholisches Land ist, Katholiken nicht mal ein Pferd besitzen? Die Leute durften ihre Sprache nicht sprechen. Sie durften ihren Glauben nicht praktizieren. Sie durften verhungern, und sie durften auswandern. Ich muß Ihnen sagen: Ich schäme mich. Ich schäme mich, eine Engländerin zu sein. Begreifen Sie das?«
»Es hat Zeiten gegeben, in denen habe ich mich, mit vielleicht noch mehr Grund dazu, geschämt, ein Deutscher zu sein. Aber dann habe ich jemanden sagen gehört, daß man sich das Volk, die Nation, in die man hineingeboren wird, ja nicht aussuche...«
»Was die Schande nicht geringer werden läßt...man darf das nicht hinnehmen. Man muß dagegen ankämpfen.«
»Dagegen habe ich nichts einzuwenden«, höre ich mich sagen, »ich frage nur: kann man für ein Volk kämpfen, für eine ganze Nation? Kämpft man nicht immer nur für sich selbst...gegen das, was einem aus einer höchst individuellen Eigenart unerträglich erscheint?«
»Ach hören Sie auf«, fährt sie mich an, »Sie sind heute gräßlich. Bei allem finden Sie ein Haar in der Suppe. Sie nehmen mir meine ganze schöne Begeisterung. Ich brauche ein bißchen Begeisterung. Ich werde alt, und ich habe noch gar nichts getan.«
»Sie wollen Ihr Land loswerden«, sage ich, »Ihre Nationalität. Ja...vielleicht. Aber Ihre Klasse werden Sie nie loswerden.«
»Was soll das heißen...Klasse?«
»Ich meine, daß Sie aus einer Adelsfamilie kommen...«
»Pah, *fiddlesticks*. Glauben Sie wirklich an so etwas? Sie enttäuschen mich. Ich bin schon ein bißchen alt, aber ich habe noch eine Menge Energie. Man muß rebellieren. Man darf nie aufhören zu rebellieren. Ich will mich einfach auf die Seite derer schlagen, die rebellieren.«
Ich sage nichts.

Ich starre ins Feuer.
Sie ist aufgestanden, geht nervös auf und ab.
»Es ist eine Aufgabe. Es macht doch einen Sinn? Oder?«
Ich sage nichts. Ich komme einfach vom Feuer nicht los.
»Sie sollen mir antworten...«
»Sie dürfen nur nicht meinen, Sie würden da keine Enttäuschungen erleben.«
»Und dann als Frau...«, sagt sie, »ja, ja, ich weiß.« Es tritt eine Pause ein.
»Wie verrückt«, fügt sie hinzu, »sich gar nicht als Frau zu empfinden und dennoch allen Vorurteilen unterworfen zu sein, die gegenüber Frauen bestehen.«
Sie bleibt neben mir stehen, und einen langen Augenblick beobachtet auch sie das Feuer.
»Wie verrückt auch«, sagt sie, »immer davon auszugehen, alles müsse einen Sinn geben. Wenn nun überhaupt nichts einen Sinn gäbe?«
»Auch dann werden Sie tun, was Sie sich vorgenommen haben. Sie ertragen die Langweile nicht.«
»Ja«, sagt sie, »Langweile gehört mit zum Schlimmsten. Langweile und Routine. Begreifen Sie das?«
»Nur zu gut«, sage ich.

Sinn Fein

»Kurz darauf«, so erinnert sich Constanze, »wollte es der Zufall, daß mir bei einem der Sonntagabende im Haus AEs Mr. Griffith über den Weg lief.
Ich sagte ihm ganz offen, mir sei bisher nicht klar gewesen, daß es Männer in Irland gebe, deren Prinzipien es nicht erlaubten, den Treueeid auf einen ausländischen König zu leisten, dessen Macht zu Fall zu bringen sie sich eigentlich vorgenommen hatten.«
Griffith nimmt diese Erklärung sehr kühl entgegen. Er rät ihr, der Gälischen Liga beizutreten, einer Vereinigung, die sich mit der Wiederbelebung der gälischen Sprache beschäftigt.
Später wird ihr klar, daß Griffith sie für einen *agent provocateur* oder für einen Spitzel des »Castle« hält.
Es ist auch um diese Zeit, daß Constanzes Köchin und Haushälterin, Ellen Banks, sich Sorgen zu machen beginnt, weil, wie sie es ausdrückt, Constanze nicht mehr das Leben einer Dame führt und sehr närrisch mit ihrem Geld umgeht. Kein Bettler klopft an der Haustür, ohne von ihr manchmal fürstliche Gaben zu bekommen. Dem Herrn Grafen sei das gewiß nicht recht, meint die Köchin dazu und kritisiert auch, daß Constanze sich zu wenig um ihren Haushalt kümmert. Daraufhin erhält sie zur Antwort:
»Das Leben ist zu kurz, um sich über dererlei aufzuregen.«
Im Herbst sind Maeve und Stasko bei ihr. Sie läßt sie auf die Apfelbäume im Garten klettern, um Äpfel zu schütteln, und ist völlig ungerührt, wenn sich Maeve dabei ihr gutes Seidenkleid zerreißt oder Stasko mit seiner Bluse an einem Ast hängenbleibt.
Als es noch einmal heiß wird, erlaubt sie Stasko und AEs Sohn, nackt im Garten herumzutollen und verhilft ihnen mit einem Strahl aus dem Gartenschlauch zu einer Abkühlung.
Die Proteste der Nachbarn nimmt sie mit völligem Gleichmut entgegen.
Es dauert nach diesem Sommer, in dem sie irische Geschichte studiert und mit Griffith geredet hat, noch eine ganze Weile, bis sie im Lager der Rebellen Fuß gefaßt hat.
Griffiths Reaktion hat ihr klargemacht, daß da zwei Welten sind.

Es ist nicht nur die Frage, ob *sie* ihre Welt verlassen und aufgeben will, es ist auch die Frage, ob die andere Welt bereit ist, sie aufzunehmen. Sie ist eine vornehme Dame.
Es scheint, daß sie im März des Jahres 1908 zum letzten Mal einen Ball im »Castle« besucht hat, den Ball am St.-Patricks-Tag, wo sie mit Casi irische Reels tanzte.
Kurz nach jenem Sonntagabend bei AE, an dem sie dem brillanten, vorsichtigen und schweigsamen Parteiführer der Sinn Fein begegnet ist, trifft sie Bulmer Hobson, einen Quäker, der in Belfast geboren ist. Er war Handlungsreisender für Tee, hat dann ein kleines Vermögen geerbt, seither lebt er nur noch für die Sache Irlands.
Er vertraut Constanze oder gibt jedenfalls vor, ihr zu vertrauen. Er gehört dem Vorstand von Sinn Fein an. Durch ihn tritt sie der Ortsgruppe der Partei in Drumconda bei, welcher auch ein etwas mürrischer junger Eisenbahnarbeiter angehört, Sean O'Casey, der später zu einem der besten irischen Dramatiker und zu einem freilich manche Dinge recht einseitig schildernden Chronisten des Irlands dieser Jahre werden wird.
Auf einer politischen Kundgebung in der Rotunda, die Constanze besucht, wird sie von Helena Molony angesprochen, die nach Rekruten für die Frauenorganisation »Töchter von Erin« Ausschau hält. Die Frauenorganisation »Töchter von Erin« ist an einem Ostersonntag des Jahres 1900 von Maud Gonne spontan gegründet worden. An diesem Tag ist Maud nach Dublin gekommen, entschlossen, selbständig zu leben und politisch zu arbeiten. Sie hat feststellen müssen, daß die »Keltische Literarische Gesellschaft«, eine der vielen gälischen Tarnorganisationen, in denen sich die Agitation für die Unabhängigkeit Irlands in diesen Jahren abspielt, keine Frauen aufnimmt. Sofort hat sie daraufhin einen Frauenclub gegründet, dessen ausgemachte Ziele es sind, »die völlige Unabhängigkeit Irlands wiederherzustellen, Frauen zum Studium der gälischen Sprache zu ermuntern, irische Literatur, Kunst und Musik zu pflegen und dem Einfluß der englischen Kultur in jeder Weise entgegenzuwirken.« Die »Töchter« erregen zunächst dadurch beträchtliches Aufsehen, daß sie während des Besuchs der Königin Viktoria in Dublin eben an dem Tag, an dem die Monarchin arme Kinder zu einer Speisung einladen will, selbst zu einer solchen Speisung einladen. Sie haben 20000 Kinder zu Gast, die Königin muß sich mit 500 zufriedengeben.

Noch viele Jahre später kommen immer wieder gesetze Männer und Frauen zu Maud Gonne, schütteln ihr die Hand und erklären:
»Ich war auch eines von jenen patriotischen Kindern auf Ihrer Party beim Besuch der Königin Viktoria.«
Helena Molony, eine Schülerin von Maud Gonne und Schauspielerin im Abbey-Theater, fordert Constanze auf, zu einer der Versammlungen der »Töchter« zu kommen. Alle sind dann aber doch etwas schockiert, als die Neuangeworbene eines Abends in großem Abendkleid und kurzer Schleppe, ein Pelzcape um die Schultern und mit Diamanten im Haar erscheint. Es hilft wenig, daß Constanze mit schöner Unbekümmertheit ihre nassen Straßenschuhe auszieht und sie vor das offene Feuer zum Trocknen stellt.
Den Frauen hat es doch etwas den Atem verschlagen, und die Atmosphäre bleibt etwas mißtrauisch-gedämpft. Überall wollen erst Mißtrauen und Zweifel, daß sie ins Lager der Rebellen gehören soll, abgebaut werden.
Constanze verläßt die Veranstaltung mit Helena Molony. Auf dem Weg zur Tram kümmert sich Constanze in ihrer üblichen unachtsamen Art nicht weiter darum, daß ihre Schleppe durch den Straßenschmutz schleift. Als ihre Begleiterin sie darauf aufmerksam macht, rafft sie die Schleppe hoch und meint:
»Was soll's! Ich werde in nächster Zeit ohnehin nicht dazu kommen, modische Kleider zu tragen.«
Als die »Töchter« ein neues Frauenmagazin herausgeben, übernimmt sie die für eine englischsprachige Zeitung unerläßliche Gartenspalte.
Doch sie gibt bald zu verstehen, daß sie nicht gewillt ist, sich nur in die Frauenarbeit abschieben zu lassen.
Schon im nächsten Jahr schlägt sie ihr Mentor Bulmer Hobson, der Vizepräsident von Sinn Fein ist, für den jährlich stattfindenden Parteitag als Kandidatin von Drumcliffe vor. Sie erhält dieses Mandat – sehr zum Mißvergnügen von Griffith, der ihr immer noch nicht so recht über den Weg traut. Auf dem Parteitag wird sie mit 24 Stimmen in das »Resident Executive Council« gewählt.
Bulmer Hobson ist es auch, der sich systematsich ihrer politischen Bildung annimmt, ihr Bücher leiht und sie mit den Feinheiten und Tricks vertraut macht, die man kennen muß, wenn man in einer Organisation und ihren Komitees mitarbeiten und sich durchset-

zen will. Wie sie sich unter den Sinn Feinern ausnimmt, hat einer der Rebellen, Desmond Ryan, beschrieben: »Sean O'Casey sitzt schweigend hinten im Saal während des Vortrags, eine störrisch-grimmige Gestalt, in Arbeiterkleidung, denn er ist zu dieser Zeit bei der Eisenbahn beschäftigt... Er spricht ernst und sehr fließend und wortgewandt in Irisch, holt dann zu einer wütenden republikanischen Predigt auf Englisch aus, offen heraus und kraftvoll. Biblisch in der Diktion mit blendenden Spritzern von Rhetorik und kompromißlosen Ausfällen gegen die Engländer... Madame de Markievicz saß in der Mitte des Raumes, nachdenklich und schön, mit einem kostbaren Spitzenkragen um die Schultern, jederzeit bereit zu explodieren und unglaublich blutrünstig-wilde Empfindungen zum Vortrag oder zur Debatte beizusteuern... sie war eine sehr couragierte Frau, die mit allen ihren Freunden und engeren Bekannten gebrochen hatte, um sich einer damals doch noch recht obskuren Bewegung anzuschließen.«

1908 fährt Constanze für kurze Zeit nach Manchester, um ihre Schwester Eve und deren Freundin, Miß Esther Roper, bei der politischen Agitation zu unterstürzen. Die Schwester lebt nun schon seit elf Jahren in dieser Stadt.

Eve arbeitet dort in der Gewerkschaftsbewegung. Viele der in der Baumwollindustrie Beschäftigten sind Frauen. In den Baumwollfabriken sind die ersten weiblichen Gewerkschaften gegründet worden. Von Anfang an ist Manchester ein Zentrum der Bewegung für das Frauenwahlrecht gewesen.

»Es war unvermeidlich«, schreibt Miß Roper, »daß beide Bewegungen zusammengeführt wurden. Wir machten sehr direkt und persönlich die Erfahrung, daß alle Pläne einer industriellen oder sozialen Reform von der politischen Macht derer, die sie unterstützen, abhängen.« Die intensive politische Arbeit hindert Eve nicht daran, weiter Gedichte zu schreiben. Verse, in denen sich ihre politische Überzeugung ausspricht:

> The workman leaning on his spade,
> or the tramp resting in the shade,
> the navy who the roadways mend:
> These are our comrades, our friends.*

* Der Arbeiter, der sich auf seinen Spaten stützt,
Der Landstreicher, der im Schatten rastet,
Der Straßenbauarbeiter, der die Menge ausbessert:
Sie sind unsere Kameraden, unsere Freunde.

Dann aber auch wieder ganz anders gestimmte Gedichte, zarte Naturlyrik, mit der sie sich einen Ehrenplatz unter den Dichtern des »Keltischen Zwielichts« erobert. So jenes Sehnsuchtsgedicht, das heute in vielen irischen Schulbüchern steht:

At Clitheroe throug the sunset hour
My soul was far away:
I saw Ben Bulben's rose and fire
Shining afar o'er Sligo Bay...*

Später wird Eve dabei helfen, ein gewerkschaftliches Bildungswesen aufzubauen. Sie wird Mitherausgeber einer Zeitung für Arbeiterinnen werden. Während des Ersten Weltkrieges hat sie vor englischen Gerichten Wehrdienstverweigerer vertreten.
Ein junger Mann, der sie als Literatin kennenlernte, schreibt über sie:
»Man muß nicht meinen, daß Pazifismus bei ihr hieß, dem Bösen nachgeben...sie glaubte an Mut *und* an den Frieden. Als ich sie kennenlernte, begriff ich bald, wie tiefgreifend ihre Überzeugung war, wie sie ihre Gedanken und ihre Gefühle durchdrangen und daß sie den Mut hatte, Schwierigkeiten und Probleme des täglichen Lebens von diesem Gesichtspunkt her zu entscheiden.«
Auch in der Fürsorge für die Besiegten des Osteraufstandes hat Eve, ohne großes Aufsehen davon zu machen, viel geleistet.
Eve hat, wenngleich aus anderen Gründen, mit ihrer Familie, mit der Gesellschaftsschicht, aus der sie kommt, gebrochen. Nun, da sich bei Constanze politisches und soziales Bewußtsein regt, verbindet dies die Schwestern zunehmend enger miteinander.
Jetzt, in Manchester 1908, schlagen sich die Schwestern für die Rechte der Bardamen. Die Regierung hat ein neues Gesetz für den Alkoholausschank vorgelegt, das es Frauen verbietet, hinter einer Theke oder an einem Zapfhahn zu stehen.
Im Wahlkampf machen die Suffragetten lautstark von sich reden und fordern den Kandidaten der Konservativen, Winston Churchill, heraus.
Die Textilarbeiterinnen entsenden eine Delegation zu Churchill, die ihn auffordert, sich für die Zurücknahme des neuen Schankgesetzes einzusetzen. Er lehnt ab.

* In Clitheroe bei Sonnenuntergang
war meine Seele anderswo:
Ich sah Ben Bulbens Rose und Feuer
leuchten über der Sligo-Bucht...

Constanze fährt bei einer Wahlversammlung unter freiem Himmel in einem mit vier Pferden bespannten offenen Wagen vor. Ein Mann aus der Menge ruft: »Können Sie denn überhaupt ein Mittagessen kochen?«
Darauf sie: »Na klar, aber können Sie einen Wagen mit vier Pferden kutschieren?«
Winston Churchill verliert diese Nachwahl.
Constanze, in Dublin zurück, zeichnet die Titelseite für die neue Zeitschrift der »Töchter«. Eine Jeanne d'Arc-ähnliche Gestalt. Nicht sehr originell. Schmunzeln muß man hingegen, wenn man ihre Gartenspalte liest. Das Unkraut steht für die Engländer, die Blumen, Vögel, Bäume für das versklavte Irland. Wenn man diesen Trick, Parallelen zu ziehen, erst mal heraus hat, wittert man hinter jedem Rosenbusch noch einen finsteren Briten.
Im März 1909 liest Constanze in einer Tageszeitung davon, daß der Vizekönig eine Anzahl von »Boy-Scout«-Brigaden ins Leben gerufen habe. Vor einer solchen Jugendgruppe hat der Lord Lieutenant in Clontarf sogar eine Rede gehalten.
Die Meldung macht sie wütend. »Nun wollen uns die Briten auch noch die Jugend abspenstig machen«, sagt sie zu ihrem Mentor Hobson.
Sie ist entschlossen, eine irische Jugendorganisation zu gründen, die Fianna heißen soll.
Sie spricht mit Griffith. Der winkt ab. Er kann sie immer noch nicht leiden, und sie ist ihm inzwischen in der Organisation, die er beherrschen möchte, ziemlich weit nach oben gerückt.
Aber so leicht läßt sie sich jetzt schon nicht mehr abspeisen.
Sie spricht in den nächsten Monaten auf verschiedenen Versammlungen von Sinn Fein und wirbt für ihren Plan. Sie unterhält sich mit Helena Molony darüber. Die erste Schwierigkeit besteht vor allem darin, daß sie keine 20 Jungen in diesem Alter kennt. Ein Lehrer muß her. Er wird aufgetan und heißt Mr. O'Neill. Auch er hält die vornehme Dame für eine Abgesandte des »Castle«.
Constanze muß wieder einmal all ihre Überzeugungskraft aufwenden, um ihn vom Gegenteil zu überzeugen. Schließlich vermittelt er ihr acht Jungen, die sie zu sich ins Haus einlädt. Der Trupp bekommt vorläufig den Namen »Ritter vom Roten Zweig«.
Helena Molony, einige männliche Mitglieder von Sinn Fein und sie bringen den Jungen Signalübermittlung mit Flaggen und Fährtensuchen bei. Aufregend genug für Stadtkinder aus den ärmsten

Vierteln von Dublin. Casi, das Whiskyglas in der Hand, macht vom Fenster aus spöttische Bemerkungen, während sich der Trupp im Garten einer Art Fitness-Training unterzieht.
Neuerdings nennt er Constanze »meine treibende Landmine«.
An das erste Lager mit den Jungen wird sie noch lange denken: »Wir wußten so gut wie nichts von Camping, aber das spielte keine Rolle. Irgend jemand gab mir großzügigerweise ein kleines Gartenzelt, und ich kaufte ein Scout-Zelt. Die Fitzgerald-Jungen stellten ein Pony und einen Karren zur Verfügung, was seit jenen frühesten Tagen der Fianna viele gute Dienste geleistet hat. Wir beluden den Karren mit Zelten, Teppichen, Kissen, Lebensmitteln, Bratpfannen und Büchern, und ab ging's in die Dubliner Gebirge – Miß Molony, ich und sechs der Jungen... Nach langen Stunden des Stoßens und Ziehens, Anhebens, Ausruhens und wieder Schiebens erreichten wir das letzte Tor am Ende des Weges. Ein paar Minuten noch, und wir befanden uns in einem Tal, knieten uns auf weichen grünen Rasen und badeten unsere staubigen Gesichter in einem kleinen Bach. Wir schlürften einen köstlichen Tee, holten die Gedichtbände und die Zeichenstifte heraus und verbrachten einen herrlich faulen Abend. Das Zwielicht erinnerte uns daran, daß wir die Dinge für die Nacht richten mußten. Wir fingen damit an, das Zelt an einem grasbewachsenen Abhang, der zum Bach hinunter abfiel, aufzuschlagen. Es dauerte sehr lange. Ein Zelt aufzubauen, kann eine schwierige Sache sein, wenn man keine Ahnung davon hat. Wenn man in der Dunkelheit über eine der Schnüre stolpert, reißt man den Pflock wieder heraus, und das Zelt stürzt ein. Der Pflock fliegt fort, und die nächste Arbeit besteht dann darin, die Marmelade und die Decken voneinander zu trennen...
Wir wachten sehr zeitig auf, und es war ein heller schöner Morgen. Die Sonne schien lustig durch die Zeltplanen. Zeitig wie wir auf waren – die Jungen waren noch zeitiger auf, und man war schon dabei, mit Gedichten von W. B. Yeats etwas für sein Gemüt zu tun. Die anderen putzten ihre Schuhe und waren schon fertig zum Frühstück. Ich wunderte mich nicht länger, daß sie so frisch aussahen, als ich meine Seife und mein Handtuch fand – ein brauner tropfender Lumpen, um eine klebrige Masse gewickelt. Es war das einzige Handtuch im Lager. Nach langer Erfahrung bin ich zu dem Schluß gekommen, daß das einzige, wovon man bestimmt sicher sein kann, daß es Jungen in ein Lager mitnehmen, Schuhcreme ist.

Nach dem Frühstück gingen die Jungen zur Messe. Wir richteten unsere Sachen und machten uns dann bequem und wollten lesen. Plötzlich prasselten schwere Regentropfen auf das Zelt. Rasch rafften wir all die Decken, Mäntel, Teppiche und Kissen zusammen, die wir draußen zum Trocknen in die Sonne gelegt hatten. Wir stapelten sie zu einem gemütlichen Nest auf, in dem wir den Elementen zu trotzen gedachten. Aber der Sturm fuhr auf uns nieder. Donner krachte, und Blitze durchzuckten den Regen. Die Jungen kamen zurückgerannt – und dann – o Schreck –, wir hatten vergessen, rund um das Zelt einen Graben anzulegen, und das Zelt stand schräg am Hang. Das Wasser durchbrach den spärlichen Wall rings um das Bodentuch, und bald war unser gemütliches Nest ein nasser Schwamm.
Glücklicherweise hörte der Regen ebenso plötzlich auf, wie er begonnen hatte. Die Sonne kam heraus, und wir konnten unsere Sachen trocknen. Als die Sonne unterging, übernahmen wir ihr Geschäft, wir zündeten den Primus-Kocher an und hielten die klammen Decken davor und sahen zu, wie nach und nach der Dampf weniger wurde. Immerhin schliefen die Jungen in dieser Nacht in trockenen Decken, und keiner von ihnen holte sich eine Erkältung.«

Unterdessen versucht sie andere Anhänger von Sinn Fein unverdrossen für ihre Idee zu interessieren. Den ganzen Sommer über gibt es in Dublin Versammlungen unter freiem Himmel, und auf den meisten tritt sie als Rednerin auf. Wenn sie auf die Jugendorganisation zu sprechen kommt, findet sie wenig Widerhall.
Der springende Punkt war der: Sinn Fein war dafür, keine Abgeordneten ins englische Parlament zu entsenden. Sinn Fein war für den Ausbau von Industrie und Handel von Irland. Aber Sinn Fein ist auch entschieden gegen jede Art von Gewaltanwendung. Und natürlich hat sie keinen Hehl daraus gemacht, wie sie sich die weitere Entwicklung einer solchen Jugendorganisation vorstellt.
Nun gibt es allerdings eine andere Organisation, die in dieser Frage realistischer denkt, und das ist die geheime »Irisch Republikanische Bruderschaft«. Sie hat fast alle nationalistischen Organisationen unterwandert, zieht hinter den Kulissen die Fäden. Eines ihrer Mitglieder bei Sinn Fein ist Bulmer Hobson.
Constanze gesteht sich ein: die »Ritter vom Roten Zweig« sind ein falscher Anfang gewesen. Sie hat nicht genügend Erfahrung im

Umgang mit Jungen gehabt, um allein eine solche Jugendorganisation aufbauen zu können.
Aber Hobson hat ähnliches schon in Belfast versucht. Er hat mit dieser Gruppe Sport getrieben, Gälisch gelernt, irische Geschichte durchgenommen.
Hobson ist bereit, ihr jetzt beim Aufbau ihrer Jugendorganisation zu helfen. Sie soll Fianna na Eireann heißen, nach jener Truppe im alten Irland, die die Insel beschützte.
Constanze spendiert die zehn Shilling wöchentlich, die notwendig sind, um einen Versammlungsraum zu mieten.
Über mangelnden Zulauf können sich Hobson, Helena Molony und sie nicht beklagen, aber während man über die Ziele der Fianna diskutiert, steht plötzlich ein Junge auf und sagt:
»Ich denke, diese Organisation befürwortet physische Gewalt! Ja, was wollen denn dann die beiden Frauen hier. Für die ist das viel zu gefährlich. Die stören hier nur.«
Erst, als Bulmer Hobson erklärt hat, wer auf die Idee gekommen ist, die Fianna zu gründen, und wem man es zu verdanken hat, daß man die Saalmiete hat bezahlen können, gibt sich der Junge zufrieden.
Constanze ist mehr denn je dazu entschlossen, aus der Fianna eine Art vormilitärische Organisation zu machen.
Natürlich zucken die meisten Leute bei der Vorstellung, daß diese Kinder zu Soldaten ausgebildet werden sollen, zunächst einmal zusammen.
»Aber wir werden kämpfen müssen«, sagt Constanze, »oder meinen Sie etwa, die Engländer werden freiwillig aus Irland abziehen.«
Nun ja...
Aber wenn diese Überlegung stimmt, dann darf man nicht nur, dann muß man diese Jungen schießen lehren. Sie weiß: dieser Kampf, der kommt, kommen muß, wird furchtbar werden.
Sie macht sich da keine Illusionen.
Alle Rebellionen in Irland waren mörderisch.
Aber je besser diese Jungen schießen können, desto größer werden ihre Chancen sein zu überleben, desto größer auch die Chancen, daß endlich einmal eine Rebellion nicht scheitert.
Was den Besitz von Schußwaffen angeht, so gibt es da eine Lücke im Gesetz.
Ein Hauseigentümer darf auf seinem eigenen Grundstück Waffen tragen und sie auch benutzen.

Constanze kauft Gewehre und Pistolen.
Sie lehrt Helena Molony schießen.
Dann zeigen sie beide den Jungen, wie man ein Gewehr und eine Pistole handhabt.
Fuchsteufelswild wird sie eigentlich nur einmal, nämlich als sie sieht, daß einer der Jungen leichtsinnig mit der Waffe herumfuchtelt. Die Entschuldigung »sie ist ja nicht geladen«, läßt sie nicht gelten. Da setzt es eine Moralpredigt und Vorhaltungen über Disziplin.
Sie entwirft ein Abzeichen für die Fianna. In rascher Folge entstehen weitere Gruppen in und außerhalb Dublins.
Der Versuch, auch Mädchengruppen zu gründen, scheitert wieder daran, daß die meisten Jungen erklären, Kämpfen sei Männersache und keine Mädchen dulden wollen.
In diesem Punkt ist sie bereit, vorläufig nachzugeben. Sie ist ohnehin der Meinung, daß die volle Gleichberechtigung der Frau erst dann möglich sein wird, wenn Irland seine nationale Unabhängigkeit erkämpft hat. Hingegen versäumt sie nicht, in ihren Geschichtslektionen den Jungen immer wieder vor Augen zu halten, daß es in der Vergangenheit zahlreiche Frauen gegeben hat, die sich als Individuen und Patrioten hervorgetan haben.

Theater und eine Kommune

Neben Constanzes politischen Interessen und Tätigkeiten läuft noch ein anderes Leben. Sie beschäftigt sich mit Casimirs Theaterprojekten und tritt immer wieder in seinen Stücken auf.
Er hat inzwischen die »Independent Dramatic Company« gegründet und sein erstes abendfüllendes Stück *Der Dilettant* geschrieben, in dem sie die Hauptrolle spielt.
Bei den Proben kommt es zwischen der Schauspielerin Constanze und dem Regisseur Casimir oft zu lautstarken Auftritten.
Lady Alathea hat im Stück ihrem Ehemann an einer bestimmten Stelle zu gestehen, sie liebe einen anderen. Constanze gibt die Szene mit Leidenschaft. Casi aber möchte, daß man sie ganz ruhig und kühl spielt. Eine Weile streiten sie sich. Schließlich wirft er ihr an den Kopf:
»Constanze, du siehst das wirklich völlig falsch. Als meine erste Frau mich verlassen hat, kam sie ganz ruhig in mein Zimmer und sagte zu mir, ohne die Stimme zu heben: ›Casimir, ich verlasse dich jetzt. Ich liebe einen anderen.‹«
Graf Markievicz entwickelt sich immer mehr zu dem, was man in Irland und England *quite a character* nennt. Einmal beispielsweise besucht er einen Empfang, auf dem nur Kaffee und Tee gereicht werden.
Er wird zusehends unruhiger. Plötzlich stößt er Constanze an und sagt so laut, daß es für keinen der Umstehenden zu überhören ist:
»Aber Liebes, nun sag ihnen doch bitte, daß ich trinke!«
Ein andermal erscheint er auf einem Kostümfest der »Dublin School of Arts« als französischer Revolutionär in einem offenen Hemd, unter dem eine blutbefleckte Brust hervorleuchtet.
Der Direktor der Schule eilt herbei.
Er eröffnet Casimir, in einem solchen Aufzug könne er unmöglich an dem Ball teilnehmen.
Constanze merkt, daß ernsthafter Ärger droht. Also bietet sie an, Casis Hemdenbrust mit einer Sicherheitsnadel zu schließen. Der Direktor aber findet, damit sei dem Anstand nicht hinreichend

Genüge getan. Er besteht weiter darauf, Casi solle den Ball verlassen.
Die Studenten werden aufmerksam und mischen sich ein. Einer von ihnen bittet die Kapelle, die Musik einen Augenblick zu unterbrechen.
Dann fordert er das Publikum auf, darüber zu entscheiden, ob der französische Revolutionär den Saal verlassen solle oder der Direktor.
Natürlich wird Casi stürmisch aufgefordert zu bleiben.
Andererseits wird an manchen Szenen seiner Stücke klar, daß der Graf doch vielleicht nicht nur der oberflächliche Possenreißer ist, als der er sich auszugeben versucht.
Casimirs erfolgreichstes Stück *Die Erinnerung an den Toten* wird im April 1909 im Abbey-Theater aufgeführt. Das Thema dürfte mehr nach Constanzes Geschmack gewesen sein. Für Casi stellt es einen Bruch mit den Formen des Boulevard-Theaters dar, die er bisher benutzt hat.
Die Handlung spielt während des Aufstandes im Jahre 1798. Die Heldin Nora (eine Rolle, die Constanze wie auf den Leib geschrieben ist) hat zwei Verehrer, einen hitzköpfigen nationalistischen Redner und einen kühl-vorsichtigen Militanten. Nora heiratet letzteren. Er heißt Dermot und zieht sie ins Vertrauen, ehe er fortgeht, um sich den Franzosen anzuschließen.
Er kehrt nicht zurück. Statt dessen erscheint ein französischer Offizier auf der Flucht, der nach Donegal will. Nora bietet sich ihm als Führer an. Unterwegs, durch einen jener Zufälle, wie er einem Autor dieser Zeit erlaubt war, trifft sie ihren Mann, der den Offizier auf dem Rest des Weges begleitet. Dermot verschwindet. Er gerät in den Verdacht, ein Verräter zu sein, aber endlich kehrt er als entflohener Gefangener zurück. An seiner Leiche schwört seine Frau, ihr Kind zu einem guten Rebellen zu erziehen.
Es war eindeutig ein propagandistisches Stück, mit einer ziemlich wirren Handlung, wurde aber von Publikum und Kritik gut aufgenommen.
Das ist wohl vor allem Constanzes Verdienst, der die Rolle der Nora die Möglichkeit gibt, eigene Emotionen darzustellen. Die Presse schreibt, sie habe »mit Charme, Ernsthaftigkeit und Sensibilität eine jungenhafte Patriotin verkörpert«. Oder: »Gräfin Markievicz gab eine gewinnende Nora Doyl, bei der die Mischung von

weiblicher Zärtlichkeit und Liebe betont wurde, ohne die Empfindungen von Pflicht und Patriotismus außer acht zu lassen.«
Die Markieviczs sind inzwischen umgezogen. Sie haben in Rathgar ein billigeres Haus gefunden. Stallungen und das Malstudio, das sie an ihr erstes Haus in Dublin hatten anbauen lassen, sind jetzt überflüssig.
Kaum ist dieser Umzug bewerkstelligt, da stürzt sich Constanze in ein Experiment, dessen Ausgang ihre Freunde teils mit Schmunzeln, teils mit Stirnrunzeln abwarten.
Bulmer Hobson hat Constanze einen Artikel über einen jungen Mann geliehen, der dem anglo-irischen Grundbesitzer Arthur Vandeleur geholfen hat, sein heruntergewirtschaftetes Gut in Ralahine im County Clare in eine landwirtschaftliche Genossenschaft umzuwandeln, an deren Erträgen Grundbesitzer und Pächter gleichermaßen beteiligt sein sollten. Zuerst ist alles gutgegangen. Man hat sogar einen bescheidenen Gewinn erwirtschaftet. Nach drei Jahren produziert das vorher stark vernachlässigte Gut auf seinen 618 *acres* 6000 *stones** Weizen, 3000 *stones* Gerste, dazu Hafer, Butter, Schweine- und Rindfleisch. Dann erfährt eines Morgens die Gemeinde aus der Zeitung, daß der Grundbesitzer geflohen ist. Er hat sein gesamtes Vermögen am Spieltisch verloren. Ein entfernter Cousin erwirkt einen Pfändungsbefehl gegen das Gut. Das Gericht lehnt es ab, die Rechte der Kommune an dem Besitz anzuerkennen. Der Assistent des Gutsbesitzers gerät an den Rand eines Nervenzusammenbruchs, zwei Töchter des Gutsherrn sterben an TB.
Obwohl dieses Experiment ein so unglückliches Ende genommen hat, ist Constanze sofort davon fasziniert. Es wird zum Hauptgesprächsgegenstand zwischen ihr, Helena Molony und Bulmer Hobson.
Warum nicht selbst eine solche Kommune gründen?
Dann hätte die Fianna ein Heim. Die Jungen könnten dort arbeiten. Man könnte die Kurse dort veranstalten.
Helena Molony, die die Jüngste in der Runde ist, wendet ein, daran sei gar nicht zu denken. Schließlich habe niemand von ihnen Geld oder Landbesitz. Aber Constanze versteift sich mehr und mehr auf das Projekt.
Sie habe doch 350 Pfund persönliche Einkünfte im Jahr.

* stones: 1 stone = 6,3504 kg

Außerdem: das sei eine günstige Gelegenheit, alle Brücken zur vornehmen Gesellschaft endgültig abzubrechen.
Und sie schwelgt in Träumen von einer Republik der Jungen für die Fianna, von der Kernzelle einer neuen irischen Gesellschaft. Sie kann sehr überschwenglich werden, wenn sie sich für so etwas begeistert.
Sie verliert dann leicht den Boden unter den Füßen. Von Bulmer Hobson stammt der schon etwas realistischere Plan, eine Gartenbau-Kooperative einzurichten.
Helena Molony bietet, unterdessen von der Begeisterung der anderen angesteckt, an, eine gewisse Geldsumme zuzuschießen. Sie hat geringe Ersparnisse.
Als Gartenbaufachmann wird ein junger Mann angeheuert, der eben sein Examen an der Landwirtschaftsschule in Glasnevin abgelegt hat.
Jetzt gilt es nur noch, ein Haus zu finden. Nun, leerstehende und halb aufgegebene Häuser und Grundstücke gibt es damals in Irland in Hülle und Fülle.
Das Haus, das sie endlich für ihr Kommunen-Experiment auswählen, liegt an der Straße Dublin–Malahide.
Es ist ein in seiner Fassade hübsch wirkendes Georgian House aus dem 18. Jahrhundert, mit zwölf Schlafräumen im ersten Stock, einem Hof mit Stallungen, sieben *acres* Land, einem großen, von einer hohen Mauer umgebenen Garten. Die Gegend ist ruhig, ländlich. Es ist nicht allzuweit nach Dublin.
Die einzig offene Frage scheint, wie Constanze, ihre Freunde und die Fianna-Mitglieder mit der örtlichen Bevölkerung auskommen werden, und ob man Jungen, die in der Großstadt aufgewachsen sind, zu ähnlichem Arbeitseifer anstacheln kann wie arbeitslose Landarbeiter im County Clare, zu deren Nutzen die Ralahine-Kommune seinerzeit gegründet worden ist.
Der Umzug findet im Juli statt, also zu einer Jahreszeit, zu der sich das Landleben meist in den schönsten Farben malt.
Constanzes Hoffnungen sind hochgespannt. Die Ernüchterung läßt nicht lange auf sich warten.
Es erweist sich als schwierig, auf dem lange brachgelegenen Land Erträge zu erzielen, mit denen man wenigstens die Mitglieder der Kommune ernähren könnte.
Außerdem wird bald klar, sobald die ersten kühleren Tage kommen, daß das Haus weit baufälliger ist, als man zunächst ange-

nommen hat. Es zieht ständig. Es sind zu wenig Möbel vorhanden. Durch die Jungen ergeben sich weitere Schwierigkeiten. Alles, was ihnen im weiteren Umkreis des Hauses in die Hände fällt, ob es sich um Eier oder Hennen handelt, annektieren sie mit schöner Selbstverständlichkeit, und Helena und Constanze müssen dann die Bauern beruhigen, die sich bei ihnen beklagen kommen.
Stasko, der aus den Sommerferien in die Stadtwohnung seiner Eltern zurückkommt, sagt man dort, seine Mutter sei irgendwo raus aufs Land nach Raheny gezogen.
Im Spätherbst kommt Casimir von einem längeren Besuch aus der Ukraine zurück. Sein Auftauchen löst die erste ernsthaftere Krise aus. In seiner lässig untertreibenden Art erzählt er über seinen ersten Besuch in der Kommune:
»Ich hatte die größte Mühe, das Haus überhaupt zu finden, und als ich es schließlich gefunden hatte, schickte ich den Kutscher fort. Ich gehe zu dem Haus hin, das am Ende einer Allee liegt, und alles ist dunkel und still. Ich klopfe und klopfe – kein Laut. Ich gehe um das Haus herum, klopfe und rufe nach Constanze. Plötzlich steckt irgendwo ein Rotzlümmel den Kopf vor und fragt: ›Wer issn da?‹ Ich sage: ›Ich möchte die Gräfin Markievicz sprechen.‹ Er verschwindet, und ich warte. Wieder nichts.
Wieder klopfe ich und rufe ›Constanze!‹ Ein anderes Fenster geht auf, und ein anderer Rotzlümmel steckt den Kopf heraus. Wieder heißt es: ›Wer issn da?‹ Ich sage wieder mein Sprüchlein her: Ich sei der Graf Markievicz. Ich möchte die Gräfin Markievicz sprechen. Ich höre Gemurmel und Gerenne. Schließlich wird die Tür geöffnet. Es ist stockdunkel, aber ich erkenne Constanze. ›Es ist ziemlich dunkel, Constanze‹, sage ich. ›Wir haben nur eine Lampe‹, sagt sie, ›und die braucht der Gärtner zum Lesen.‹ Wir gehen ins Wohnzimmer. Da sitzt der Gärtner. Er hat die Beine auf den Kaminsims gelegt und raucht irgendein stinkendes Kraut. Er steht nicht einmal auf, als ich das Zimmer betrete. Ich sage: ›Ich bin hungrig. Kann ich etwas zu essen haben?‹ Wieder Geflüster und Gerenne, während ich mich mit dem Gärtner unterhalte. Schließlich bringen sie mir kaltes Fleisch, Butter und Brot. So bin ich in mein Haus heimgekehrt.«
Casi ist vor allem nicht bereit hinzunehmen, daß plötzlich Helena Molony und der Gärtner Donald Hannigan fest mit zum Haushalt gehören sollen. Er zieht sich in den Art Club zurück und gibt dort grollend immer tollere Geschichten zum besten. Er kommt wieder

hinaus aufs Land. Er schilt Constanze eine Närrin. Er beginnt Streit mit dem Gärtner, macht ihm Vorhaltungen, daß keine Einnahmen da sind. So ginge das nicht weiter. Voller Verzweiflung fällt der Gärtner einen schönen alten Baum und verkauft das Holz für 30 Shilling in Dublin.

Casi versichert sich der Hilfe von AE, um das ganze Kommune-Projekt zu torpedieren.

Die Tischgespräche in Raheny werden zu hochpeinlichen Verhören über Kosten und Erträge, Gewinne und Verluste. Zunächst weigert sich Constanze, solche Vorhaltungen allzu ernst zu nehmen. Schließlich macht Bulmer Hobson ihr klar, daß Ausharren einer Sisyphosarbeit gleichkommen würde. Der Gärtner geht. Hobson sucht sich eine Anstellung als Journalist und verschwindet nach Belfast. Constanze fleht Helena Molony an, doch mit ihr zusammen wenigstens so lange durchzuhalten, bis der auf drei Jahre abgeschlossene Mietvertrag ausläuft. 100 Pfund hat sie als Abschlagzahlung im voraus entrichten müssen. Verstrichen sind davon drei Monate.

Es kommt zu peinlichen Diskussionen über die finanziellen Verpflichtungen, die auf die einzelnen Mitglieder der Kommune zukommen werden.

Schließlich sind alle froh, daß sie insgesamt nur 220 Pfund aufbringen müssen. Lehrgeld genug.

Im Juli 1911 zieht Constanze in eine möblierte Wohnung in der Lower Mount Street. Dort bleibt sie bis 1912 und wechselt dann nach Surrey House, das zu einem berüchtigten Hornissennest der Rebellen wird.

Während das Kommunen-Experiment mit einem Fiasko endet, ist Casimir als Theaterproduzent und Stückeschreiber recht erfolgreich. Die *Erinnerung an den Toten* wird in fünf Städten in der Provinz aufgeführt und schließlich im Queens-Theater in Dublin wiederholt.

Unterdessen macht Constanze in der Politik weitere ernüchternde Erfahrungen.

Mißtrauen, Eifersüchteleien, Gezänk, Intrigen hat es gewiß nicht nur in den politischen Parteien und Organisationen Irlands gegeben, aber sie sind hier wegen des irischen Hangs zum Individualismus doch wohl besonders ausgeprägt. Die Geheimniskrämerei, zu der man sich genötigt sieht, die Tatsache, daß es in vielen irischen Familien englische Vorfahren gibt, ein Hang zur Großspurigkeit und zur Ehrpußlichkeit bei vielen Iren tun ein übriges.

Keiner ist vor Anschuldigungen und vor der Verdächtigung, ein Verräter zu sein, sicher.

Selbst Maud Gonne wird von einem Schmieren-Journalisten einmal beschuldigt, im Sold des »Castle« zu stehen. Griffith, der den Mann dafür mit einer Reitgerte gezüchtigt hat, geht frohen Mutes über diese Tat ins Gefängnis.

Hier kommen die Tücken eines im Nationalismus wurzelnden Denkens zum Vorschein, die noch lange das politische Bewußtsein der Menschen in diesem Land unheilvoll belasten werden. Auch Constanze ist nicht ganz frei davon. Auch sie wird es fertigbringen, Griffith einmal vorzuhalten, sein Großvater stamme ja immerhin auch aus Wales.

Der Besuch eines Königs

Der Staatsbesuch des neugekrönten Königs Georg V. und der Königin Mary im Sommer 1911 bringt Constanze endlich die Art von Publizität, die es ihren Freunden und Feinden klarmacht, daß ihr politisches Engagement mehr ist als nur eine Laune.
Die verschiedenen irischen Organisationen haben sich lange mit der Frage beschäftigt, wie sie auf den Staatsbesuch reagieren sollen.
Es ist ein Komitee gegründet worden, in dem die verschiedenen Parteien, Gruppen und Organisationen vertreten sind. Hier trifft Constanze zum erstenmal Padraic Pearse, einen idealistisch gesinnten Lehrer, der die Internatsschule St. Enda unterhält und später in der Bewegung der Rebellen eine führende Rolle spielen wird.
Das offizielle Programm der anglo-irischen Behörden sieht vor, daß man den Zug des Königs an der historischen Stadtgrenze empfangen und dem König die Stadtschlüssel übergeben werde. Dies ist natürlich in den Augen der irischen Nationalisten eine Unterwerfungsgeste, der unbedingt durch eine Demonstration vor der Bevölkerung ihre Einstellung entgegengesetzt werden muß.
Die Fianna besitzt eine kleine, altmodische Handpresse, auf der entsprechend Flugblätter abgezogen werden. Ihr Text lautet: »Heute besucht ein weiterer englischer Monarch Irland. Wann wird Irland seine Legislative wiedererhalten, was zu den Grundrechten eines jeden Volkes gehört? Niemals! Jedenfalls so lange nicht, wie irische Männer und Frauen in den Straßen von Dublin dem König von England zujubeln und zu jenen gekrochen kommen, die sie unterdrücken und ausrauben. Gott schütze Irland!«
Diese Agitation ist wenigstens insofern erfolgreich, als die Stadtverwaltung die Übergabe des Stadtschlüssels absagt.
Weit gehen unter den Mitgliedern des Komitees die Meinungen darüber auseinander, wie man protestieren solle.
O'Rahilly, Rebell von echtem Schrot und Korn und gälisches Original, attackiert seinen Freund Griffith. »Wenn wir ständig auf Würde bestehen«, murrt er, »wird bald vor lauter Würde von uns nichts mehr übrig sein.«

Er hat den Einfall, ein riesiges Spruchband anzufertigen, auf dem stehen soll:
Noch bist du nicht erobert, teures Land!
Das Transparent soll in der Grafton Street, durch die der König anfahren wird, ausgespannt werden.
Erstaunlicherweise genehmigt die Stadtverwaltung das Aufstellen von zwei Masten, wahrscheinlich, weil sich einfach niemand vorstellen kann, jemand werde die Unverschämtheit besitzen, in der Innenstadt anti-englische Plakate aufzuhängen.
Die Stangen werden bei strömendem Regen in das Straßenpflaster gerammt. Am Tag vor Ankunft des Königs wird das Spruchband entrollt. Natürlich wird es, sobald sich die Polizisten die Inschrift einmal genau durchgelesen und bedacht haben, auf der Stelle entfernt, aber ein paar hundert Leute haben es immerhin auch zu Gesicht bekommen.
Im übrigen protestieren und demonstrieren dann die Rebellen, wo immer das Königspaar geht und steht. Nur schade, daß Anhänger und Gegner sich in der Masse ziemlich ähnlich werden. Eine Versammlung findet gleich am ersten Abend statt, als der König und die Königin im Schloß speisen.
Constanze beschreibt ihre Eindrücke so:
»Es war schon dunkel, ein schöner Abend, und die Fackeln warfen ein orangerotes Licht, das die Erregung, die sich in den Mienen spiegelte, noch betonte. Das alte Parlamentsgebäude hob sich gewaltig und geheimnisvoll aus den Rauchschwaden. Sean Mac Dermott richtete sich im Wagen auf. Sein weißes Gesicht stand hoch über dem Glühen der Fackeln. Er sah aus wie ein blasser Stern vor dem tiefgründigen Himmel, übermüdet und erschöpft, mit tief eingefallenen Augen... die Menge wurde plötzlich ganz still, gefangengenommen von seiner Erscheinung und dem, was er sagte.
Als er sprach, schwankte seine Stimme zuerst etwas. Leidenschaftlich forderte er das Volk von Dublin inmitten all dieser Fahnen und angesichts dieses pompösen Umzuges auf, an jene Männer zu denken, die für Irland gefallen waren.
Er erinnerte an Robert Emmet, der so oft durch diese Straßen ging und der kaum eine Meile entfernt, in der Thomas Street, für Irland sein Leben ließ.
Er zählte all die Märtyrer und Rebellen auf, die für die Freiheit des Landes gefallen waren. Die Namen gruben sich ein in die Herzen

der Leute. Verschüttete Erinnerungen wurden wieder lebendig, und bald gab es keinen mehr, der nicht Tränen in den Augen gehabt hätte.«

Eine Orgie an chauvinistischem Nationalismus muß das gewesen sein. Das spürt man allein schon aus dem Bericht.

Nach der Rede Mac Dermotts öffnet Constanze ein großes Paket, das eine englische Fahne enthält, die die Rebellen von dem Flaggenstock auf dem Rasen vor Leinster House entwendet haben.

Sie schneidet sie in zwei Teile und will die Stücke mit Streichhölzern anstecken.

Sie macht sich nicht klar, daß das Fahnentuch nicht so leicht Feuer fängt. Streichholz um Streichholz flammt auf.

Die Fahne will und will nicht brennen.

Ein Polizist taucht auf. Er will Constanze festnehmen. Ein Mann greift den Polizisten an. Er wird festgenommen.

Constanze hat sich das Fahnentuch inzwischen um den Leib gewickelt.

Ein Polizist bekommt einen Zipfel des Fahnentuches zu fassen. Es entsteht ein Gerangel um die Fahne. Schließlich läßt der Polizist los und begnügt sich damit, den festgenommenen Demonstranten fortzuschleppen.

Constanze denkt nicht daran, aufzugeben. Sie bittet einen Jungen, Paraffin zu besorgen.

Damit gelingt es schließlich, die Fahne in Brand zu stecken. Allerdings kohlt das Fahnentuch nur an. Unterdessen hat sich Helena Molony fortgeschlichen, um Steine aufzusammeln. Mit ihnen will sie die bunten Lämpchen des Straßenschmucks einwerfen.

Constanze läßt sich dazu anfeuern, mit einem Kutschwagen durch eine Polizeiabsperrung zu rasen.

Helena Molony wird, nachdem sie das sechste oder siebente bunte Lämpchen zertrümmert hat, festgenommen. Nach beträchtlichen Schwierigkeiten – die Polizei will, da es sich um eine Frau handelt, keine Kaution annehmen – gelingt es Constanze, die Freundin gegen zwei Uhr nachts aus der Zelle freizubekommen.

Sie erzählt:

»Dublin schlief. Die alten grauen Häuser standen ruhig und gelassen in dem tintigen Zwielicht. Flackernde Fackeln, angreifende Polizisten und die hysterisch brüllende Menge schienen wie ein böser Traum, der fortgewischt war. Friede lag in der Luft.

Wir gingen zu den Quais hinunter und schauten über den schimmernden Fluß, hinüber zum Hauptzollamt mit seiner stattlichen Kuppel.
Während des Sommers stirbt der Tag in Irland nie ganz. Die verborgene Sonne schlüpft über den Pol zum Ort ihrer Wiederauferstehung im Osten, und die kühlen Nebel fangen ihre Strahlen und tauchen die Welt in blasse Regenbogentinten.
Das ist Irlands Stunde der Schönheit, wenn aller Schmutz und alle Traurigkeit abfällt... faule Seemöwen liegen wie Perlen auf dem goldenen Wasser, aufgehellt von Kräuselungen in schwachem Blau und Mauve...«
Sie sind hungrig und erschöpft. Sie kommen an einen Kaffeestand bei Beresford Place auf der anderen Seite des Flusses. Dort brennt noch Licht. Zuerst hält der Mann, der dort verkauft, sie für Prostituierte und will sie nicht bedienen. Dann erkennt er Helena Molony. Er weiß, sie ist Schauspielerin.
»Ach so«, sagt er, »Sie kommen jetzt erst von der Arbeit.« Er entschuldigt sich, daß er sie nicht gleich erkannt hat. Er tischt ihnen alles auf, was sich in seiner Bude findet.
Im Gegensatz zu den »Töchtern Irlands«, unter denen – jedenfalls behauptet das Constanze – die Meinung vorherrscht, man müsse Aufsehen erregen, hat sich Griffith bei Sinn Fein mit seiner Forderung nach würdevollem Protest durchsetzen können.
Der Tag des Staatsbesuches ist zum Feiertag erklärt worden. Die Arbeit ruht. Die Kinder müssen nicht zur Schule.
Eine große Gruppe von Mitgliedern von Sinn Fein pilgern, um Griffith geschart, an diesem Tag nach Bodenstown, zum Grab von Wolf Tone, wo Griffith eine patriotische Rede hält.
Auch Bulmer Hobson, der von Belfast angereist ist, hat sich dem Ausflug nach Bodenstown angeschlossen. Nicht so Constanze. Sie ist darauf aus, dem König klarzumachen, daß es in Dublin Leute gibt, die ihn zur Hölle wünschen.
»Die Frechsten von uns verteilen sich unter das Trinity College, dem Stützpunkt der Unionisten, innerhalb der Umzäunung, wo man Tribünen und Bänke aufgeschlagen hatte. Ich stand an der Ecke Nassau Street zusammen mit einem jungen Mann. Die meisten Leute schwenkten Union Jacks und waren englandfreundlich eingestellt. Wir hatten eine schwarze Flagge, und sobald wir hörten, daß der Zug mit dem Königspaar näher kam, rollten wir sie auf und begannen, unsere Flugblätter zu verteilen. Wir hatten

den Zeitpunkt sehr gut gewählt. Gerade als der erste Wagen vorbeikam, begann der Tumult. Es war aber ziemlich zahm. Ein wütender alter Herr drosch mit dem Stecken auf mich ein, an dem seine Fahne festgemacht war, aber mein Rücken hält schon einiges aus, und fast zerbrach er sich seinen Stock dabei.«

Dem König scheinen solche Störungsversuche kaum aufgefallen zu sein. Man hört, was man hören will. Von Bord seiner Jacht aus Hollyhead schickt er ein Dankestelegramm an den Vizekönig, in dem es heißt, die Jubelrufe seines irischen Volkes klängen ihm noch in den Ohren.

Der Besuch des Königs ist vorbei.

Die Vertreter der Stadtverwaltung gratulieren sich, daß alles doch recht glimpflich abgelaufen ist. Helena Molony wird vor ein Polizeigericht gestellt. Sie ist angeklagt, eine Schaufensterscheibe eingeworfen zu haben, hinter der ein Bild des Königs gestanden hat.

Sie wird zu einer Strafe von 40 Shilling oder einem Monat Haft verurteilt.

Sie zieht es vor, die Gefängnisstrafe abzusitzen.

Die erste Frau in Irland, die wegen eines politischen Vergehens ins Gefängnis kommt.

Nach 14 Tagen wird sie – sehr zu ihrem eigenen Verdruß – schon auf freien Fuß gesetzt.

Jemand hat die Geldstrafe für sie bezahlt.

Miß Molony erklärt vor der Presse, sie habe den Oberbürgermeister von Dublin in Verdacht, aber später stellt sich heraus, daß es Anna Parnell, die Schwester des Politikers, gewesen ist. Ihr ist es darum zu tun, daß Miß Molony ihre Arbeit an einem Buch über die Land-Liga der Frauen abschließen kann.

Am Sonntag, dem 6. August 1911, kommen Helena Molony und Mr. Mac Ardle – man erinnert sich: jener Mann aus der Menge, den die Polizei bei der Rauferei um eine Fahne festgenommen hat – aus dem Gefängnis.

Zu ihren Ehren veranstaltet die Sozialistische Partei Irlands auf dem Beresford Place eine Kundgebung.

Die Redner werden von einem Lastwagen herab sprechen.

Constanze berichtet:

»Wir saßen auf dem Lastwagen und sahen auf die sich ruhig und diszipliniert verhaltende Menge hin. Die dunklen Gestalten der Polizisten tauchten unheilverkündend hier und dort auf.

Miß Molony sprach, als die Polizei an etwas, das sie sagte, Anstoß nahm und die Plattform räumen ließ. Ich stand von dem Tisch auf, an dem ich mir Notizen gemacht hatte.
Ein Polizist, der vor dem Lastwagen stand, packte mich am Fußgelenk. Ich stieß ihn zurück, aber ein anderer überwältigte mich von hinten. Er mußte von der anderen Seite her auf das Verdeck des Lastwagens geklettert sein. Er hob mich hoch und warf mich dem Polizisten in die Arme, der unten stand. Dieser fing mich glücklicherweise auf, so daß mir nichts passierte. Ich war noch nie in meinem Leben so überrascht. Ich erinnere mich nur noch an das Aufblitzen der weißen Schlagstöcke und an die in Panik davonstürmende Menschenmenge.
Ein paar meiner Freundinnen hielten tapfer aus und sprachen mit mir, während ich von zwei riesigen Polizisten quer über den Beresford Place zur Wache in der Store Street abgeschleppt wurde.
Einer meiner kleinen Fianna-Jungen folgte uns auf dem Weg dorthin, und er trat wie wild gegen die gewaltigen Beine meiner Wächter und schrie immerfort:
›Ah, diese Teufel, diese Schinder!‹
Miß Molony und ich trafen uns auf der Polizeiwache wieder.
Wir waren die einzigen, die man festgenommen hatte.«

Constanze wird beschuldigt, mit Sand und Kieselsteinen nach den Polizisten geworfen zu haben.
Sie bleibt dabei, sie habe sich völlig ruhig Notizen gemacht.
Den ganzen Tag über werden Helena und sie auf der Wache festgehalten, die draußen von johlenden Menschen umringt ist. Manchmal schickt man ihnen Lebensmittel, Früchte und Blumen herein.
Griffith, der gern feststellen lassen möchte, daß das Vorgehen der Polizei dem verfassungsmäßig verbürgten Recht der Redefreiheit zuwiderläuft, überredet die beiden Frauen, sich durch Rechtsanwälte verteidigen zu lassen.
Constanze bedauert später, sich darauf eingelassen zu haben:
»Rechtsanwälte sind immer so eifrig bestrebt, den Fall zu gewinnen. Sie haben oft eine andere politische Ansicht als man selbst und neigen dazu, der Polizei, den Behörden und absurden Gesetzen viel zuviel Achtung entgegenzubringen.«
Helena und Constanze werden im Sinn der gegen sie erhobenen

Anklage für schuldig befunden. Es wird aber kein Urteil gesprochen. Nach Constanzes Meinung hat eine hochgestellte Persönlichkeit eingegriffen.
Eine Gefängnisstrafe, die die beiden Frauen verbüßen würden, wäre die beste Reklame für die Sache der Rebellen.
Constanzes Äußerungen aus diesen Tagen ist anzumerken: sie ist froh, daß nun jeder weiß, in welchem Lager sie steht.
Weniger glücklich ist Casimir. Von nun an wird sich niemand mehr, der im »Castle« verkehrt, bei ihm porträtieren lassen.
Diese Aufträge waren eine sichere Einnahmequelle. Zum Teufel mit der Politik!
Er hat vorgehabt, in diesem Sommer mit Stasko wieder in die Ukraine zu reisen.
Nun hört er, daß für jedes Jahr, das sein Sohn im Ausland verbracht hat, eine Strafe von vier Pfund zu zahlen wäre. Vorerst bleibt er in Dublin.
Maeve lebt jetzt ständig bei ihrer Großmutter und ihrem Onkel in Lissadell.
Es gibt Bekannte und Verwandte, die sich darüber entrüsten, daß sich Constanze so wenig um ihre Tochter kümmert.
Bei kurzen Besuchen in Lissadell gibt es häufig Spannungen zwischen Mutter und Tochter, und wenn Constanze dann wieder abfährt, sagt Maeve:
»Nun, das wäre wieder einmal geschafft. Jetzt muß sie wieder für ein Jahr nicht mehr an mich denken.«
Gegenüber all diesen Vorwürfen zeigt sich Constanze ziemlich unberührt. Einer Freundin sagt sie:
»Man kann einem Kind ein solches Leben, wie ich es führe, nicht zumuten. Wenn ich mich außerhalb der bürgerlichen Gesellschaft stelle, so heißt das doch noch lange nicht, daß ich mir für sie diesen Schritt auch wünsche.«
Aber es gibt auch andere Äußerungen, die vielleicht der Wahrheit noch näherkommen: sie wisse wohl, daß sie als Mutter versagt habe, aber sie wisse auch, das lasse sich nun einmal nicht ändern.

Im Lager der Sozialisten

Dies ist der vielleicht erstaunlichste Sprung im Leben dieser Frau. Eine Gräfin, Ehefrau eines ukrainischen Landadligen, Tochter eines anglo-irischen Großgrundbesitzers, wird Sozialistin.
Man kann gewiß darüber streiten, ob Constanze selbst die Feststellung und Festlegung, die mit diesem Satz getroffen wird, gebilligt hätte.
Tatsache aber ist, daß ihr Weg sie nun an die Seite jenes Mannes führt, der vielleicht der einzig moderne und realistisch denkende Politiker unter den irischen Rebellen gewesen ist: James Connolly.
Daß sich Constanze um das Jahr 1910/11 der Gewerkschaftsbewegung und einer proletarischen Partei anschließt, dafür gibt es, wie für die meisten Entscheidungen im Leben eines Menschen, nicht nur einen Grund, sondern eine ganze Handvoll Gründe.
Die Not der Dubliner Arbeiter muß sie von dem Zeitpunkt an, da sie durch ihre Tätigkeit bei den »Töchtern Irlands« und bei der Fianna häufiger mit Menschen aus der Unterschicht in Berührung kam, sehr bewegt haben.
Für jemanden, der auf dem Land aufgewachsen ist, hat sich die Not in den städtischen Slums von Dublin besonders bedrückend dargestellt.
Bewunderung für die Persönlichkeit der beiden Männer, die die Organisationen der irischen Arbeiterschaft anführten – zunächst für Jim Larkin, später für dessen Nachfolger James Connolly –, mag hinzugekommen sein.
Eine gewisse Trotzreaktion gegenüber ihrer eigenen Klasse dürfte eine Rolle gespielt haben.
Wichtiger aber scheint dies:
Bei Sinn Fein, jener Organisation, in deren Reihen sie ihre ersten praktischen politischen Erfahrungen macht, stößt sie von vornherein nicht nur deswegen auf Mißtrauen und Ablehnung, weil sie aus dem Adel und aus der anglo-irischen Bevölkerungsgruppe kommt. In weit stärkerem Maße spielt bei dem Mißtrauen, das man ihr entgegenbringt, der Umstand eine Rolle, daß sie eine Frau ist und

als Frau auch Ansprüche auf einen Platz in der Führungsspitze der Organisation geltend macht.
Daß Frauen politische Interessen zeigen, daß sie ihre patriotischen Gefühle zu Sinn Fein treiben, das mochte ja noch angehen. Ihnen Entscheidungsgewalt in politischen Grundsatzfragen einzuräumen, empfinden hingegen Männer wie Griffith, und nicht nur er, entschieden als zu viel verlangt.
Mögen solche Voruteile bei den Sozialisten anderer Länder, beispielsweise bei denen des Deutschen Kaiserreiches durchaus auch vorhanden gewesen sein, in der Sozialistischen Partei Irlands haben sie nicht bestanden, jedenfalls nicht bei deren Gründer, James Connolly.
Ein erster Kontakt mit den Sozialisten kommt dadurch zustande, daß Constanze in einer Zeitung liest, der Gewerkschaftsführer Jim Larkin habe erklärt, daß Arbeit in Irland nicht länger von England aus kontrolliert werden dürfe. In der Tat sieht es zu dieser Zeit so aus, daß die wenigen in Irland bestehenden Gewerkschaftsgruppen von England aus dirigiert werden. Aber immerhin gehört ja Irland auch zu England.
Recht naiv begeistert sich Constanze an Larkins Forderung. Dies wiederum bringt sie dazu, eine Versammlung zu besuchen, auf der Larkin spricht.
»Als ich dort saß und ihm zuhörte, wurde mir klar, daß etwas geschah, was mir nie zuvor begegnet war. Es war eine archaische Kraft, einer Naturgewalt ähnlich. Ein Tornado, eine vom Sturm angetriebene Welle, der Einbruch des Frühlings, der Atem des Herbstes, all dies schien in der Kraft dessen, der da sprach, versammelt. Es war, als ob seine Persönlichkeit jede Emotion, jeden Schmerz, jede Freude, die die Menschen da in der Menge selbst gespürt hatten, auffinge, in sich aufnehme und wieder zurückwerfe. Die große elementare Macht, die in jeder Menge steckt, war in seine Natur für immer eingegangen... und diese Kraft veränderte magisch das Leben der Arbeiter und die gesamte Konstellation der Gewerkschaftsbewegung in Irland.
Er zwang ihr sein eigenes Selbstvertrauen und seine Selbstachtung auf... von diesem Tag an betrachtete ich Larkin als meinen Freund.«
Wie sehen nun die Lebensbedingungen der Arbeiterschaft in Dublin aus, von denen Constanze sagt, sie seien durch diesen Mann auf geradezu magische Weise verändert worden.

Wenn ein Offizier 1912 aus Dublin an seinen Vater schreibt, »das Leben ist gut hier«, so gilt das für die Angehörigen seiner britischen Armee.
Es gilt auch für die Angehörigen der Ober- und Mittelschicht, die in den eleganten Wohngegenden um Merrion Square und Fitzwilliam's Square, vor allem aber in den Vororten, bis hinaus nach Clontarf, Drumcondra und Cloncliffe wohnen.
1911 ist Dublin eine Stadt mit 400 000 Einwohnern. Das Dublin dieser Jahre wird von vielen Zeitgenossen als lässig, glücklich, reich und angenehm gepriesen. Typisch ist ein Satz eines gewissen William Dawson, der 1912 in dem Buch *My Dublin Year* schreibt:
»Man nennt euer Leben glücklich und lässig. Schämt euch doch nicht dieser Bezeichnung. Im 20. Jahrhundert ist es doch wahrlich eine gute Sache, überhaupt noch glücklich zu leben.«
Aber in dieser schönen, glücklichen Stadt hausen die Armen und das Proletariat wie Ungeziefer hinter einer prächtigen Tapete.
Das durchschnittliche Einkommen einer Arbeiterfamilie in diesen Jahren beträgt 18 Shilling in der Woche.
Das allein besagt wenig. Man muß es in Beziehung setzen zu den Lebenshaltungskosten einer solchen Familie. Und die sehen in etwa so aus:

Miete		2	6	
Heizung/Licht		2	0	
Brot		4	0	
Tee		0	9	
Zucker		0	8	
Milch		0	6	
Butter/Margarine		1	6	
Kartoffeln/Gemüse		1	0	
Fleisch, Fisch		2	0	
Insgesamt:	Shilling:	14	11	Pence

Von den 18 Shilling bleiben also 3 Shilling und 1 Pence für alle weiteren Ausgaben übrig.
In vielen Fällen bleiben aber die Einnahmen sogar noch unter dieser Durchschnittssumme. Dann nämlich, wenn jemand aus der Familie arbeitslos wird.
Die Wohnverhältnisse der Armen von Dublin sind katastrophal.

Arbeiter und Arbeitslose leben zumeist in jenen alten, im 18. Jahrhundert entstandenen *Georgian houses*, die den Wohlhabenden und Reichen zu unbequem und altmodisch geworden sind und deswegen von ihnen aufgegeben wurden.
Spekulanten haben sie aufgekauft und in Mietskasernen umgewandelt.
Als 1913 in der Church Street zwei solcher Häuser einstürzen und sieben Menschen, in der Mehrzahl Kinder, unter den Schuttmassen den Tod finden, stellt sich heraus, daß in den 16 Zimmern der oberen Stockwerke nicht weniger als zehn Familien gehaust haben.
Wasser gibt es an einem einzigen Wasserhahn auf dem Hinterhof. Auf dem Hof befinden sich auch die Toiletten für alle Mietparteien, sofern sie nicht in die Keller eingebaut sind, wo es kaum Licht und keine Entlüftung gibt.
Das Dasein der Frauen in diesen Familien ist besonders hart.
Ein Mädchen aus einer solchen Mietskaserne muß einfach rasch erwachsen werden.
In dem Alter, in dem die Töchter der wohlhabenden Leute in den Vororten dem Sport und den Vergnügungen nachgehen, muß ein Mädchen aus einer Arbeiterfamilie meist schon die Rolle der Mutter für die jüngeren Geschwister übernehmen oder geht selbst schon zur Arbeit. Nach einer offiziellen Statistik wohnen zu dieser Zeit in Dublin 22701 Menschen in Häusern der »dritten Klasse«, in denen ein menschenwürdiges Leben nicht möglich ist. Dort sieht es dann etwa so aus:
»Das eine Zimmer maß zehn Quadratfuß, daran grenzte ein Kabuff, es enthielt absolut keine Möbel. Die Familie von neun Köpfen, darunter sieben Kinder, schliefen auf dem Fußboden, auf dem nicht einmal Stroh genug für eine Katze lag.«
»In den Mieträumen findet man meist an dem gewöhnlichen Platz in der Ecke keine Bettstatt, statt dessen findet man dort meist ein Lager aus Lumpen, bei dem wir meist uns nicht getrauten, die Bewohner zu fragen, ob es ihnen als Schlafgelegenheit diene.«
Soweit der Bericht einer Kommission, die nach der Einsturzkatastrophe die Wohnverhältnisse in den Slums untersucht.
In dem gleichen Bericht wird auch festgestellt, daß die meisten der dort wohnenden Familien in Notzeiten ihre wenigen Wertgegenstände ins Pfandhaus bringen. Es gibt viele Familien, die sich überhaupt nur dadurch einigermaßen über Wasser halten können,

daß sie gegen Mitte der Woche ein Möbelstück verpfänden, sich so Bargeld beschaffen und am Wochenende, wenn es Lohn gibt, die Pfänder wieder auslösen.
Die meisten Industriestädte auf der Britischen Insel und auf dem Kontinent bieten zu dieser Zeit ein ziemlich einheitliches Bild: eine Skyline mit unzähligen Fabrikschornsteinen und einer ständig über dem Ort hängenden Rauchwolke.
Dieses Bild trifft nicht zu auf Dublin.
Für viele seiner Bürger und für manchen Besucher macht das Fehlen von Schwerindustrie den besonderen Reiz dieser Stadt aus.
Andererseits führt genau diese Eigenart zusammen mit dem Umstand, daß ein ständiger Zustrom von Arbeitskräften aus den ländlichen Gegenden in die Hauptstadt herrscht, zu der hohen Rate an Arbeitslosen, die meist bei 20 Prozent liegt.
Nicht viel besser dran sind die 25 000 ungelernten Arbeiter in der Stadt. Sie lassen sich jederzeit durch neu einzustellende Arbeitskräfte ersetzen, was zu einer rücksichtslosen Lohndrückerei führt. Sie haben weder das Selbstvertrauen noch die Möglichkeiten eines Facharbeiters.
Deswegen können Gewerkschaften in Dublin über lange Zeit hin schwer oder gar nicht Fuß fassen.
Die Arbeitgeber, in der Mehrzahl noch dazu Firmen, die sich in englischem Besitz befinden, diktieren rücksichtslos nicht nur die Löhne, sondern auch die Arbeitszeit.
So in etwa sieht die Lage aus, die James Larkin vorfindet, als er 1907 als Funktionär einer britischen Gewerkschaft, der »National Union of Dock Labourers«, nach Dublin kommt.
Für die nächsten sieben Jahre ist er einer der Hauptfaktoren im politischen und sozialen Leben dieser Stadt.
Er macht sich viele Freunde, aber auch leidenschaftliche Feinde.
Sean O'Casey hat über ihn geschrieben:
»Und Gott hatte Mitleid mit dem abgearbeiteten Volk und schickte einen neuen Mann in seine Mitte, und sein Name war Larkin.«
Für einen katholischen Priester aber stellt sich seine Persönlichkeit ganz anders dar.
Er urteilt über den Volkstribun und Gewerkschaftsführer:
»Der Antichrist ist in unsere Stadt gekommen!«
»In einem Kellerraum in der Townsend Street, mit einer Kerze in

einer Flasche, einer Blechkanne voll Tee und einer Semmel zum Bankett wurde hier die militante Kirche auf Erden, genannt ›Irish Transport and General Works Union‹, gegründet.«
Hauptsächlich durch Larkins große persönliche Anziehungskraft gewinnt die Gewerkschaft trotz der schwierigen Bedingungen rasch an Mitgliedern. Seine unerhörte Fähigkeit als Redner und sein so leidenschaftlicher und keine persönlichen Opfer scheuender Einsatz macht ihn zum Helden des Dubliner Proletariats.
Viele der älteren Gewerkschaftsgruppen, besonders die in Belfast und Cork, liegen mit der neuen Organisation in bitterem Streit, weil diese mit liebgewordenen Gewohnheiten und Regeln gebrochen hat. Aber auch Leute, die Larkin wohlgesinnt sind, bedauern manchmal sein stürmisches Temperament, seine brüsken Entscheidungen, seine grausamen Beleidigungen. Jene Kundgebung an einem glühendheißen Oktobersonntag des Jahres 1910, zu der Constanze, noch von der Kommune aus, mit dem Fahrrad nach Dublin kommt, wird veranstaltet, um Larkin willkommen zu heißen, der gerade nach einer Gefängnisstrafe von drei Monaten wieder auf freiem Fuß ist.
Zu dieser Strafe ist er verurteilt worden, weil er in Cork Mitgliederbeiträge kassiert hat, die die englische Transportarbeitergewerkschaft für sich beansprucht.
Ist Larkin der Volkstribun der zu stärkerem Einfluß gelangenden Gewerkschaftsbewegung, so muß James Connolly vor allem als der Theoretiker und kühle realistische Planer im Lager der Sozialisten vorgestellt werden.
Geboren 1868 als Sohn irischer Eltern in den Slums von Edinburgh, ist auch er von früh an durch die harte Schule der englischen Gewerkschaftsbewegung gegangen und hat zunächst als Organisator in Schottland und dann in Dublin gearbeitet. 1890 veröffentlicht er seinen ersten bedeutenderen politischen Aufsatz »Irland den Iren«. Er greift das »Home-Rule«-Konzept mit der Begründung an, es werde lediglich dazu führen, daß eine irische Mittelklasse die Bauern und Arbeiter ausbeute.
Er kritisiert die Konzeption bäuerlicher, zu Genossenschaften zusammengeschlossener Kleinbetriebe, wie sie Plunkett, AE und auch Josslyn Gore-Booth anstreben und erklärt: »Die Tage der kleinen Bauern und der kleinen Kapitalisten sind vorbei.«
Statt dessen schlägt er eine Veranstaltung der Landwirtschaft vor.

1896 schon hat er die »Irische Sozialistische Partei« gegründet. Er hofft darauf im Kampf für die Unabhängigkeit eine Allianz zwischen Sozialisten und demokratisch orientierten Nationalisten zustande zu bringen. Da er aber von jenen Blättern, die für die »Home-Rule«-Lösung eintreten, immer heftiger angegriffen wird, beschließt er eine eigene Zeitung zu gründen. Sie heißt *The Worker's Republic.* Er setzt, druckt und vertreibt sie eigenhändig gewissermaßen, was allerdings dazu führt, daß an ein regelmäßiges Erscheinen zunächst nicht zu denken ist.
Mit seinen englischen Gesinnungsgenossen, den Fabiern, gerät Connolly in Streit, weil er die englische Politik in Südafrika kritisiert und sich für das Völker- und Menschenrecht der Buren einsetzt.
Er kandidiert im Wood-Quai-Viertel von Dublin für die Sozialisten. Die katholischen Priester brandmarken ihn von der Kanzel herab als antichristlich und drohen jedem, der ihn wählt, die Exkommunikation an. Er gewinnt zwar die Wahl nicht, aber er vereinigt auf sich mehr Stimmen als je ein Kandidat der Linken zuvor.
Zwischen August 1902 und Januar 1903 geht er zum ersten Mal nach Amerika. 1903 stellt er sich im Wood-Quai-Viertel wiederum zur Wahl und wird wiederum geschlagen. Jetzt geht er sieben Jahre nach Amerika und kehrt erst im Juli 1910 nach Dublin zurück, nicht zuletzt, um die Protestaktionen gegen Larkins Gefängnisstrafe zu organisieren. Nachdem Larkin frei ist, wird Connolly Organisator der neuen irischen Gewerkschaft in Belfast, ein besonders schwieriges Arbeitsgebiet, weil in dieser Stadt, selbst unter den Arbeitern, soweit diese Protestanten sind, die Bindungen nach England hinüber besonders eng sind. 1912 faßt Connolly die verschiedenen Splittergruppen der Sozialdemokraten und Sozialisten in Irland nach einem Treffen in Dublin zu der »Independent Labour Party of Ireland« zusammen. Zum Programmpunkt dieser Partei gehört das Frauenwahlrecht.
Gegen Ende des Jahres 1912 kandidiert Connolly für einen Sitz im Stadtrat von Belfast. Der Wahlkreis, in dem er aufgestellt ist, ist die Wohngegend vieler Gewerkschaftsmitglieder.
Es ist interessant, daß sein Wahlprogramm einerseits aus einem Katalog punktueller praktischer Verbesserungen für die Arbeiterschaft, wie beispielsweise die Garantie eines Mindestlohns von *sixpence*, besteht, daß er sich aber andererseits klar und offen zu

einer sozialistischen Gesellschaftsordnung bekennt, die seiner Vorstellung nach durch eine immer weiter zunehmende Macht der Arbeiterschaft erreicht werden soll. Er tritt für die nationale Unabhängigkeit Irlands ein und befürwortet – Taktik oder Gesinnungswandel? – die »Home Rule«. Auch jetzt wieder fordert er gleiche Rechte für Männer und Frauen, vor allem aber das Wahlrecht für Frauen.

Zwar wählen die meisten Katholiken, Nationalisten, Sozialisten und Gewerkschaftsmitglieder Connolly, wenn auch manche finden, seine Forderung nach dem Frauenwahlrecht gehe zu weit. Andere fragen sich, wie sich »Home Rule« mit seinen Vorstellungen vom Sozialismus verträgt. Es gibt jedoch im Wahlkreis genügend Protestanten, Unionisten und Orangemen. Connolly verliert die Wahl mit 905 zu 1523 Stimmen.

Im Januar 1912 erringt Jim Larkin in Dublin einen durchschlagenden Erfolg: Er wird in den Stadtrat gewählt.

Da er zuvor aber einmal nach dem Strafrecht verurteilt worden ist und im Gefängnis gesessen hat, kann er sein Mandat nicht antreten.

Aufgebracht über diese Entscheidung widmet er sich nun mit noch größerem Eifer der Werbung für seine Gewerkschaft.

Er gewinnt die Stauer im Hafen als Gewerkschaftsmitglieder. Er sorgt dafür, daß die Tagelöhner und Gelegenheitsarbeiter sich gewerkschaftlich organisieren. Er macht sogar Pläne zur Aufnahme der Landarbeiter im County Dublin. Seine Schwester gründet die »Gewerkschaft der weiblichen Arbeiter«. Die Mitgliederzahlen der Gewerkschaft in Dublin steigen sprunghaft an.

1911 sind etwas weniger als 4000 organisiert, 1912 sind es schon gegen 8000, 1913 werden es 14000. Es ist klar, daß diese Tendenz den Arbeitgebern in Dublin ein Dorn im Auge sein muß, und der Zeitpunkt, an dem es zwischen ihnen und der Gewerkschaftsführung zu einem Konflikt kommen muß, ist absehbar. Wie Constanze in ihrem Bericht über die erste Begegnung vorausgesagt hat, sind Larkin und sie Freunde geworden. Sehr bald stellt ihr Larkin Räume im Hauptquartier der I. T. W. U. am Beresford Place für die Zusammenkünfte ihrer Jugendgruppen der »Fianna« zur Verfügung. Später zieht die »Fianna« mit der Gewerkschaft in die »Liberty Hall« am Liffey-Ufer neben dem Hauptzollamt um.

Im September 1911 spricht Constanze auf einer Versammlung der neu gegründeten »Women Worker's Union«. Ebenfalls auf der

Rednerliste steht Mrs. Sheehy-Skeffington, eine aktive Suffragette, mit der sie inzwischen bekannt geworden ist und die sich für jede Organisation interessiert, die willens ist, für die Gleichberechtigung der Frau einzutreten. Eine Allianz zwischen Frauenrechtlerinnen, Sozialisten und Gewerkschaftern zeichnet sich immer deutlicher ab.

Im Juli 1912 kommt der englische Premierminister Asquith zu einem Besuch nach Dublin. Er gilt als einer der entschiedensten Gegner des Frauenwahlrechts, andererseits war er ein Freund Parnells.

Die Suffragetten empfangen ihn schon mit ihren Parolen im Hafen von Kingstown.

Als er dann mit dem damaligen Parteiführer der »Irischen Parlamentspartei«, Redmond, begleitet von einem Fackelzug durch die Straßen der Stadt zieht, werfen die Frauen Tausende von kleinen Zetteln mit der Aufschrift VOTE FOR WOMEN aus den Fenstern der höheren Stockwerke.

Als sie dann auch noch mit Transparenten in die Nähe des Saales vorzudringen versuchen, in dem der englische Premier eine Rede hält, werden sie von einer aufgebrachten Menschenmenge angegriffen.

Treibende Kraft unter den Gegnern der Suffragetten ist der »Ancient Order of Hibernians«, eine konservativ-nationalistische Vereinigung.

An diesem Tag sieht sich jede Frau bedroht, die zufällig auf der Straße ist. Viele Frauen müssen vorübergehend in Geschäften und Hausfluren Zuflucht suchen.

Natürlich ist Constanze bei den Demonstrationen in vorderster Reihe mit dabei. Sie wird auch verletzt. Als nach einer Rede von Asquith im Theatre Royal das Publikum den Saal verläßt, zündet die Frauenrechtlerin Mary Leigh die Vorhänge einer Loge an und wirft einen brennenden Stuhl in den Orchestergraben. Ihre Freundin Glady Evans hat unterdessen eine Handtasche voll Schwarzpulver gezündet und einen Teppich in Brand gesteckt. Es explodieren in dem Theater noch mehrere von den Frauen selbst hergestellte Benzinbomben. Menschen kommen nicht zu Schaden.

In der Verhandlung über den Fall erklärt Richter Madden, es müsse ein Urteil gefällt werden, das abschreckende Wirkung habe. Die beiden Frauen werden zu fünf Jahren Zwangsarbeit verurteilt...

Im August setzt sich Constanze gegen den Widerstand von Sinn Fein und der Irisch Republikanischen Bruderschaft mit ihrem Plan durch, auch Mädchengruppen der Fianna zu gründen. Aber im Präsidum der Fianna selbst, dem sie ja auch angehört, versuchen ihre Gegner die Verwirklichung der entsprechenden Beschlüsse zu verschleppen.
Es ist James Connolly, der in Belfast die Gründung der ersten dieser Mädchengruppen durchsetzen hilft. Verständlicherweise trägt ihm das die besonderen Sympathien von Constanze ein. Ihm ist es auch zu verdanken, daß sich in den Fabriken von Belfast schon im November 1911 eine Gewerkschaft der Textilarbeiterinnen gebildet hat.
Als in Dublin die Frauenrechtlerinnen weiteren Schikanen ausgesetzt sind, reist er aus Belfast an, um auf einer ihrer Kundgebungen klarzumachen, daß das Grundrecht der Redefreiheit auch für Frauen gelten sollte.
Inzwischen sind Graf und Gräfin Markievicz wieder einmal umgezogen, und zwar in das Surrey House an der Leinster Road im Vorort Rathmine.
Der Name dieses Hauses wird bald zu einem Stichwort für Gastfreundschaft und Rebellion. Es steht den Jungen der Fianna immer offen. Constanze beherbergt hier Rebellen aller Schattierungen: Freunde aus den Reihen der Sozialisten und Gewerkschaften, Journalisten und Leute, die eben aus dem Gefängnis kommen und dringend etwas Ruhe und Pflege brauchen. Etwas zu essen, Tee und interessante Gespräche gibt es in Surrey House immer. Im Keller steht eine Handpresse, die fast laufend Plakate und Flugblätter ausspeit.
Einige der Fianna-Jungen gehören gewissermaßen zum Inventar des Hauses. Deswegen nennt man sie auch »die Surrey Clique«. So verwandelt sich der gräfliche Wohnsitz immer mehr in ein Nest des Widerstands, von außen überwacht von Detektiven der Engländer und innen bewacht von den Jungen der Fianna.

Die Armen und Madame

James Larkin, Constanzes neuer Freund, hat unter den Unternehmern von Dublin einen Gegenspieler gefunden. Er heißt William Martin Murphy und ist 1845 in Bantry im County Cork geboren. Schon der Vater besitzt eine große Baufirma. Er stirbt, als William 19 Jahre alt ist. Der junge Mann übernimmt das Familienunternehmen und führt es zu Wachstum und Blüte. Murphy hat ein natürliches Talent für die Welt des Handels. Er macht immer größere Geschäfte zwischen London und Afrika. Anfang 1900 ist er der angesehenste Unternehmer Irlands. Sein Kapital steckt allerdings weniger in Industrie-Unternehmen als in Handelsfirmen und Dienstleistungsbetrieben. Er ist am größten Warenhaus, am größten Hotel Dublins, an einer der wichtigsten irischen Zeitungen und an der Straßenbahngesellschaft von Dublin beteiligt.
Murphy besitzt große Autorität. Er ist die treibende Kraft hinter dem Zusammenschluß der Unternehmer von Dublin zur »Employer's Federation«, in der Absprachen zu einem gemeinsamen Vorgehen gegenüber den Gewerkschaften getroffen werden.
Obwohl Murphy behauptet, er sei für das Bestehen von Gewerkschaften, bestreitet er jedem das Recht, der I.T.G.W.U. (»Irish Transport & General Workers Union«) beizutreten.
In seinem Privatleben ist Murphy eher zurückhaltend. Er segelt gern mit seiner Yacht vor der Küste von Cork. Er beteiligt sich aber kaum an gesellschaftlichen Ereignissen in Dublin. Die vornehme Gesellschaft sieht ihn deswegen etwas über die Schulter an. Persönlich ist er durchaus auch zu Wohltaten bereit.
Murphy ist ein entschiedener Anhänger der »Home-Rule«-Lösung, ohne daß er diese seine persönliche Meinung weiter publik machen würde. Unternehmerkollegen, die ihre Arbeiter besonders schlecht behandeln, kritisiert er und erklärt, sie würden so nur Larkin in die Hände arbeiten.
Murphy ist ein starker, lässiger Mann, reich, wohltätig, gerecht, fähig, ein loyaler Freund und ein gefährlicher Feind.
Aber zwischen ihm und Larkin, der Murphy wegen seiner Polemik gegen die Gewerkschaft den niederträchtigsten und gemeinsten

Lumpen genannt hat, der je dieses Land beschmutzt hat, muß es zum Zusammenstoß kommen.

In diesem Jahr 1913 hat Larkin fast alle ungelernten Arbeiter dazu veranlassen können, seiner Gewerkschaft beizutreten. Eine Ausnahme machen lediglich die Bauarbeiter, die Arbeiter der städtischen Betriebe und die Arbeiter in der Brauerei Guinness, die so gut bezahlt werden und zahlreiche Sondervergünstigungen genießen.

Auch die Angestellten und Arbeiter der Dubliner Straßenbahn-Gesellschaft, deren Generaldirektor William Murphy heißt, sind nicht gewerkschaftlich organisiert.

Hier herrscht eine besonders bösartige Praktik.

Es gibt hier festangestellte und Gelegenheitsarbeiter. Sobald einer der festangestellten Arbeiter zu spät kommt oder wegen Krankheit fehlen muß, wird er an das Ende der Liste der Gelegenheitsarbeiter gesetzt. Einer der Gelegenheitsarbeiter wird für ihn fest angestellt.

Wenn man von diesem Vorgehen weiß, ist es nicht ganz unverständlich, wenn man hört, daß Larkin Murphy einen »Oktopus von Industriellen« oder einen »blutsaugerischen Vampir« nennt. Andererseits werden solche Methoden von anderen Unternehmern in Dublin als »ganz normal« angesehen.

Eine ungefähre Vorstellung davon, welche Arbeitsbedingungen gang und gäbe sind, kann man sich machen, wenn man weiß, daß beispielsweise die Dubliner Fuhrleute 112 Stunden in der Woche arbeiten.

Murphy verbietet den Arbeitern und Angestellten der Verkehrsbetriebe, in die Gewerkschaft einzutreten. Wenn von einem Mann die Mitgliedschaft bekannt wird, kündigt ihm Murphy und stellt dafür einen Gelegenheitsarbeiter ein.

Larkin antwortet mit einem Streikaufruf an die Straßenbahnarbeiter in der Woche der *Horseshow*.

Etwa tausend Schaffner und Fahrer treten in den Ausstand; die Mehrzahl aber, die erst kurz der Gewerkschaft angehören oder überhaupt noch nicht organisiert sind, setzt ihre Arbeit fort.

Larkin versucht Murphy zu treffen, indem er die Zeitungsjungen des *Irish Independent*, eines Blattes, das auch Murphy gehört, zu organisieren versucht. Murphy schließt alle Arbeiter der Lieferabteilung aus, die der Gewerkschaft beigetreten sind.

Larkin läßt die Firma Eason, den Zeitungsgroßhändler Dublins,

bestreiken, weil sie Murphys Zeitungen ausliefert. Die Dockarbeiter weigern sich, Waren auszuladen, die für Eason bestimmt sind.
Murphy beruft eine Versammlung des Unternehmerverbandes für den 29. August 1913 ein. 400 Unternehmer einigen sich darauf, alle Gewerkschaftsmitglieder unter ihren Arbeitern und Angestellten auszusperren.
Zu den Ausgesperrten gehören schließlich die Kohlenschipper, die Bauarbeiter, ja selbst die Landarbeiter der großen Güter im County Dublin. 25 000 Männer sind von den Kampfmaßnahmen der Unternehmer betroffen.
Arthur Griffith, dem schon lange Larkins wachsende Popularität ein Dorn im Auge ist, erklärt:
»Die Folgen des Larkismus sind Väter ohne Arbeit, traurige Familien und hungrige Kinder, sind zerbrechende Familien. Nicht der Kapitalist, sondern die Politik von Larkin hat die Preise für Lebensmittel so in die Höhe getrieben, daß die Ärmsten in einem Zustand des Fastverhungerns leben. Der Fluch der Frauen komme auf das Haupt dieses Mannes.«
Unnötig zu sagen, daß Constanze ganz anderer Meinung ist.
Am 28. August werden Larkin und vier seiner Kollegen unter der Anklage der üblen Nachrede und der Verschwörung verhaftet. Sie stellen Kaution und kommen danach wieder auf freien Fuß. Noch am selben Tag spricht Larkin auf Beresford Place vor einer großen Menschenmenge. Er ruft seinen Anhängern zu:
»Mit eurer Zustimmung verbrenne ich hier eine Proklamation des Königs ... das Volk kann Könige machen, Völker können Könige stürzen ... ich erkenne kein Gesetz an außer dem Gesetz des Volkes. Wir werden einen neuen Meßwert der Unzufriedenheit und ein neues Kampfgeschrei einführen in Irland.«
Nach dieser Rede wird abermals Haftbefehl gegen ihn erlassen. Larkin befindet sich in der Liberty Hall, als er davon erfährt. Zu diesem Zeitpunkt muß er schon in recht engem Kontakt mit Constanze gestanden haben. Jetzt ist er jedenfalls davon überzeugt, daß er in ihrem Haus vor dem Zugriff der Polizei am sichersten ist.
Er möchte sich wenigstens so lange der Verhaftung entziehen, bis er auf der für den nächsten Tag geplanten Massenkundgebung in der O'Connor Street gesprochen hat. »Ich werde zur Stelle sein, komme was wolle«, hat er seinen Anhängern zugerufen.

Larkin wird nach Surrey House geschafft. An diesem Abend kehrt Casimir von einer Reise nach Rußland heim. Constanze holt ihn auf dem Bahnhof ab. Eine Begrüßungsparty, die eigentlich im Art Club stattfinden soll, wird nach Surrey House verlegt, um durch die vielen Gäste die dort ausgeschwärmten Detektive abzulenken.
Am nächsten Morgen verkleidet Constanze, assistiert von Helena Molony, Larkin in einen würdigen alten Herrn mit Bart. Casi muß seinen Frack und seinen Zylinder dazu herleihen. Nellie Gifford, die als Haushaltungslehrerin im County Meath arbeitet und in Dublin nicht allzu bekannt ist, soll als Nichte des alten Herrn auftreten.
Da Larkin sich durch seinen Liverpool-Akzent schon nach ein paar Sätzen verraten würde, wird man erklären, der alte Herr sei stocktaub, und Nellie wird es übernehmen, jeweils für ihn zu sprechen. Am Sonntag fährt der Wagen mit Larkin am Imperial Hotel in der O'Connor Street vor. Das Hotel gehört Murphy. Auf der Straße hat sich eine große Menschenmenge versammelt in der Hoffnung, Larkin werde sein Versprechen wahr machen und trotz Haftbefehl zu ihnen reden.
Die Stadtbehörden haben eine große Anzahl Polizisten aufgeboten. Die Polizei ist auf die Gewerkschafter nicht gut zu sprechen, weil es bei dem Versuch, Arbeitswilligen den Weg zu den Straßenbahnwagen frei zu machen, häufig zu Schlägereien gekommen ist. Larkin gelangt ohne Schwierigkeiten in das Hotel. Er geht die Treppe hinauf, in den Eßsaal. Er öffnet eine Glastür, tritt auf einen kleinen Balkon und beginnt seine Rede. Zuerst erkennt selbst die Menge ihn nicht. Als er sich nach und nach seiner Maskerade entledigt, jubeln die Leute auf.
Die Polizei stürmt ins Hotel, um Larkin zu verhaften. John Brennan, die Schwester von Nellie Gifford und Constanze sind dem Wagen von Larkin gefolgt. Als die Menge die Gräfin erkennt, kommen Zurufe, sie solle auch eine Rede halten. Sie springt auf: »Three Cheers for Larkin«, ruft sie.
Jetzt greift die Polizei an. Es kommt zu einem Handgemenge. Constanze wird von einem Polizisten an den Armen gepackt. Casi hat seine Tabakspfeife in die Hosentasche gesteckt. Es sieht aus, als habe er da einen verborgenen Revolver.
»Ein Schritt weiter«, raunt er dem Polizisten zu, »und Sie sind ein toter Mann.«

Die Polizisten greifen zu ihren Schlagstöcken. Bald ist das Straßenpflaster übersät von zusammengeschlagenen Menschen, die sich vor Schmerzen krümmen.
Die Polizei versucht, eine Seitenstraße zu räumen, und wird dort mit einem Hagel von Steinen und Flaschen empfangen. Frauen mit aufgelösten Haaren tun sich bei den Tätlichkeiten gegenüber den Beamten besonders hervor.
Andererseits schlägt die Polizei blindwütig auf Menschen ein, die überhaupt nichts mit der Demonstration zu tun haben, sondern aus der Messe heimgehen.
Graf Markievicz, dessen Sympathien durchaus nicht unbedingt auf seiten der Demonstranten liegen, berichtet:
»Es gab zunächst keine Anzeichen von Aufregung oder etwa den Versuch, Larkin zu befreien. Es gab nicht einmal den Versuch von Hausfriedensbuch oder dergleichen, als die Polizei wild und grausam mit ihren Knüppeln dreinzuschlagen begann – ein Umstand, der in einem demokratischen Land wohl seinesgleichen sucht. Verglichen werden kann das nur mit den Ereignissen am Blutigen Sonntag in St. Petersburg. Scharen wohlgenährter städtischer Polizisten machten in Dublin Jagd auf eine Handvoll Männer, Frauen und Kinder, die um ihr Leben liefen.
An der Ecke Prince Street sah ich einen gewaltigen Polizisten, der einen jungen Mann mit einem Schlag zu Boden schickte und, als der junge Mann blutend am Boden lag, weiter auf ihn einschlug und ihn trat. Und es war nicht etwa nur dieser eine Polizist, der sich so aufführte. Kollegen von ihm standen dabei, taten mit und lachten.
Ich sah Menschen blutend und bewußtlos am Boden liegen...es war Irlands Blutiger Sonntag. Fotos, die von Pressevertretern gemacht worden sind, werden beweisen, daß ich die Wahrheit gesprochen habe. Ich habe sofort James Dougherty (den für Irland zuständigen Staatssekretär der britischen Regierung) aufgesucht und ihm meine Beobachtungen geschildert. Ich halte es für meine Pflicht, die ausländische Presse zu informieren.
Kein Mensch kann zu dem, was ich gesehen habe, schweigen. Die Öffentlichkeit sollte auf einer Untersuchung beharren.«
433 Zivilisten müssen an diesem Wochenende in Krankenhäusern behandelt werden. Ungefähr 45 Polizisten werden verletzt. Am Sonntag stirbt James Nolan, der am Samstagabend auf dem Weg zur Liberty Hall von der Polizei niedergeschlagen worden ist. Sein

Begräbnis am Mittwoch wird zu einer großen Demonstration der Arbeiter. Elftausend Menschen folgen dem Sarg nach Glasnevin. Viele der Männer, Frauen und Kinder haben verbundene Köpfe. Unter den prominenten Bürgern befinden sich der Oberbürgermeister von Dublin, Keir Hardie (ein Sympathisant der Suffragettenbewegung), Constanze, Peter und Delia Larkin (Geschwister von Jim) und Helena Molony.
Am folgenden Tag stirbt John Byrne. Dies ist der zweite Todesfall, der direkt mit dem Schlagstockangriff der Polizei in Zusammenhang steht. Am Tag vor James Nolans Beerdigung ist ein weiterer Arbeiter gestorben. Er kommt um beim Einsturz eines Mietshauses, in dem er mit seiner Familie lebt. Mit schöner Regelmäßigkeit stürzen in diesen Jahren Mietshäuser in den Armenvierteln ein. Eines der Opfer ist ein siebzehnjähriger Junge, Eugene Salmon, dem es beim Einsturz der zwei Häuser in der Church Street, bei dem es fünf Tote gibt, gelingt, sechs Familienmitglieder zu bergen, ehe er selbst bei dem Versuch, das letzte seiner Geschwister auch noch herauszuholen, in den Trümmern umkommt.
Er ist Mitglied der Gewerkschaft und von seiner Arbeit in der Jakobs-Keksfabrik ausgesperrt. Er gilt als ein weiterer Märtyrer der Gier der Unternehmer und Hausbesitzer. In Liberty Hall wird ein schwarzes Transparent aufgezogen, das die Inschrift trägt:
ZUM GEDENKEN AN UNSERE ERMORDETEN BRÜDER.
Larkin befindet sich im Gefängnis, desgleichen James Connolly, der zu den Demonstrationen nach Dublin gekommen ist.
Er verlangt, man solle ihm eine irische Grammatik in die Zelle schicken und bittet einen Freund, seine Hotelrechnung noch zu bezahlen. An seine Frau in Belfast schreibt er, sie möge bitte den Kindern genau erklären, was vorgefallen sei.
»Ich werde noch oft ins Gefängnis müssen und vielleicht sogar an den Galgen, bis die Freiheit gewonnen ist.« Am Sonntag, dem 7. September, tritt Connolly in Hungerstreik.
Inzwischen hat es sich herumgesprochen, daß die Stadtverwaltung ein großes Paket Aktien der Straßenbahngesellschaft besitzt. Am siebenten Tag seines Hungerstreiks wird Connolly von seiner Frau und seiner Tochter besucht. Sie sind über seinen Zustand besorgt. Der Vizekönig ordnet Connollys Entlassung an. Er wird in einem Wagen des Vizekönigs in Constanzes Haus gebracht. Dort pflegen ihn Constanze und ihre Freundin, Kathleen Lynn, bis er wieder in der Lage ist, nach Belfast zu reisen. Larkin wird am 12. September

gegen Kaution auf freien Fuß gesetzt. Er reist umgehend nach England, um dort Unterstützung für die Ausgesperrten zusammenzubringen. Connolly kommt nach Dublin, um in Larkins Abwesenheit die Streikleitung zu übernehmen. Wenn er sich nun in Dublin aufhält, wohnt er gewöhnlich im Surrey House und zahlt dafür Constanze zehn Shilling in der Woche.
Geld und Lebensmittel treffen aus England ein und werden von den verschiedenen Arbeiterorganisationen verteilt. Aber die englischen Gewerkschaftsführer lehnen es entschieden ab, die Mitglieder ihrer Organisationen zu Sympathiestreiks für die Iren aufzurufen.

Eine ziemlich schäbige Theatergarderobe. Es ist nicht nach einer Vorstellung. Es ist nach einer Probe. Es ist ein altes, ziemlich heruntergekommenes Gebäude, in dem ich mich befinde. In der Ferne hört man Stimmen, die hallen. Zurufe unter den Arbeitern, die mit Umbauten auf der Bühne beschäftigt sind.
Constanze ist gerade dabei, sich abzuschminken.
»Es ist aus«, sagt sie, als sie mich im Spiegel sieht.
»Was ist aus?« frage ich sie und komme näher.
Sie dreht sich auf dem Hocker um, beugt sich vornüber. Das Gesicht zum Boden gewandt, spricht sie.
»Sie wollen nicht, daß ich auftrete.«
»Wer will das nicht?«
»Mr. Ashley...!«
»Wer, in aller Welt, ist Mr. Ashley?«
»Er und Casi waren die Direktoren der Theatergesellschaft.«
»Und die Begründung?«
»Das ist es ja eben: Sie sagen, weil ich mich bei der Gewerkschaft engagiert hätte, sei ich untragbar. Aber ich glaube das nicht. Ich glaube nicht, daß dies der wahre Grund ist.«
»Und was ist der wahre Grund?«
»Ich bin ihnen zu alt geworden für die Bühne.«
»Unsinn.«
»Doch...ich bin sicher. Ich habe zu viele Falten im Gesicht. Ich habe...«
»Sie sind ja eitel.« Ich sage das ganz erstaunt.
»Natürlich bin ich eitel. Sie sind auch eitel. Jeder Mensch ist eitel. Casi ist wunderbar fair. Er ist von seinem Direktorenposten

zurückgetreten, als sie mir erklärt haben, ich sei untragbar. Aber...«

»Was aber?«

»Ich mag es, daß er so fair ist.«

»Ich hätte von ihm nichts anderes erwartet.«

»Ja natürlich, aber er ist ein Mensch mit einem besonders ausgeprägten Sinn für Fairneß, und das mag ich an ihm.«

Ich begreife nicht, warum sie die Fairneß ihres Ehemanns plötzlich so betont. Ich begreife manches nicht. In meinen Augen ist das Ganze nichts als eine tvpische Theaterintrige.

»Nun gut«, sage ich, »es sind eben schlechte Zeiten, um Theater zu spielen.«

Sie richtet sich auf, sitzt jetzt sehr gerade auf diesem Hocker. Natürlich ist sie älter geworden. Aber sie wirkt nicht alt. Was für wunderbar ernsthafte Augen sie doch hat.

»Ich habe jetzt erst gemerkt, wie sehr ich das Theaterspielen brauche«, sagt sie, »wie schön es ist, sich zu verkleiden, eine andere Person zu werden, bewundert zu werden, weil man einem Menschen, den es in Wirklichkeit gar nicht gibt, Leben verleiht. Ich bin vielleicht nie eine gute Schauspielerin gewesen, aber ich habe das Theater geliebt...mehr geliebt, als ich dachte. Ich habe auch Casi mehr geliebt, als ich dachte. Wissen Sie: einmal, für ein paar Monate, war ich in ihn verliebt. Ich bildete mir ein, er entspräche meinem Wunschbild von einem Mann, aber nach ein paar Jahren wußte ich, daß ich mich getäuscht hatte...und er wußte es auch. Und beide wußten wir natürlich auch, daß es töricht ist, an ein solches Wunschbild zu glauben. Aber er war immer fair. Er hatte immer Humor, selbst wenn ich die Pest war, und ich hatte...wie soll ich Ihnen das erklären...er schützte mich, vor mir selbst, vor den Gemeinheiten, denen man ausgesetzt ist, wenn man so verrückt ist wie ich. Und nun wird es ihn nicht mehr geben.«

»Wie...?«

Ich sehe sie an. Ich denke: sie lassen sich scheiden. Irgendwann mußte das ja kommen. Sie werden sich scheiden lassen in aller Fairneß. Aber sie sagt: »Casi geht weg aus Dublin. Er geht als Kriegsberichterstatter nach Albanien.«

»Ach so«, sage ich, »na, dann ist doch alles halb so schlimm!«

»Es ist schlimm. Ich muß ihn gehen lassen. Das ist das Leben, das er sich wünscht. Das weiß ich. Ich muß ihn gehen lassen, und ich brauche ihn.«

»Für wie lange wird er gehen?«
»Er sagt: für ein paar Monate. Aber ich weiß: wenn er in Dublin sein Theater nicht mehr hat, kommt er nicht zurück. Ich verstehe das. Aber es macht mich traurig.«
Jetzt bedauere ich es, daß ich mich geschämt habe, ihr ein paar Blumen mitzubringen, als ich mich entschloß, sie in ihrer Garderobe aufzusuchen. Bloß weil es andere auch tun, habe ich es unterlassen. Und sie hätte eine Freude sehr nötig gehabt.

Ein anderes politisches Problem schwelt weiter und gewinnt von nun an immer mehr an Bedeutung: die Frage um das Inkrafttreten des sogenannten »Home-Rule«-Gesetzes.
Würde es im britischen Parlament verabschiedet und in Kraft gesetzt, so erhielte Irland eine eigene Volksvertretung und eine eigene Regierung.
Lediglich die Außenpolitik, das Militärwesen und einige andere Bereiche verblieben in der Entscheidungsgewalt Englands. Beide Länder wären zudem durch ein gemeinsames Staatsoberhaupt, den englisch-irischen König, miteinander verbunden. Die Protestanten in der nördlichen Provinz Irlands, in Ulster, haben von jeher gegen das »Home-Rule«-Gesetz opponiert.
Solange in England die Konservative Partei die Regierung bildete, haben sie nichts zu fürchten gehabt. 1910 ist eine Änderung eingetreten. Die Liberalen, von jeher Vorkämpfer für die »Home-Rule«-Lösung, sind wieder an die Regierung gelangt.
Die Möglichkeit, daß nach Verabschiedung des »Home-Rule«-Gesetzes das protestantische, tratitionsgemäß enger mit England verbundene Ulster unter die Herrschaft des katholischen Südens geraten könnte, droht damit Wirklichkeit zu werden.
Das führt zu einer Reorganisation der Ulster-Unionisten. An ihre Spitze berufen sie Edmund Carson, einen reichen Rechtsanwalt, der vor allem durch die Art und Weise, wie er 1895 Oscar Wilde in dem berüchtigten Homosexualitätsprozeß ins Kreuzverhör genommen hat, bekannt geworden ist. Das ganze Jahr 1912 haben im Süden und Norden Demonstrationen von Anhängern und Gegnern des »Home-Rule«-Gesetzes stattgefunden.
Im Norden gründen die Unionisten eine Vereinigung, die sich schwört, »einander beizustehen und für uns und unsere Kinder auf der Staatsbürgerschaft des Vereinigten Königreichs zu beharren

und die gegenwärtige Verschwörung zur Errichtung eines ›Home-Rule‹-Parlaments in Irland zu zerschlagen«.
Am Ulster-Tag im September 1912 fassen 22000 Männer und 23000 Frauen eine Proklamation mit ähnlichem Inhalt ab.
Im September 1913 nun kommt es in Ulster sogar zur Bildung einer provisorischen Regierung und zur Aufstellung von Streitkräften, der »Ulster Volunteers«. Die gesetzliche Handhabe dazu bietet eine Verordnung, die es den Stadtverordneten in zwei Verwaltungsbezirken ermöglicht, die Durchführung militärischer Übungen anzuordnen.
Im Gegenzug treffen sich in Dublin im November 1913 alle für die Unabhängigkeit eintretenden Verbände und Organisationen, nämlich Sinn Fein, die Gälische Liga, der Gälische Sportbund, die Irische Republikanische Bruderschaft, die Irische Transport- und Allgemeine Arbeiter-Gewerkschaft. Die Initiative geht von einer Person aus, die bisher nur in der Gälischen Liga eine Rolle gespielt hat, von Professor Eoin McNeill, der an der National-Universität Geschichte lehrt. Mit ihm zusammen arbeiten Padraic Pearse, Lehrer, Dichter, Idealist und hochgestimmter Nationalist, und Sean MacDiarmade, der von der Irisch Republikanischen Bruderschaft beauftragt ist, auf den Milizverband, dessen Aufstellung bei dieser Versammlung beschlossen wird, ein wachsames Auge zu werfen. Er erhält den Namen »Irish Volunteers« und ist von Anfang an dazu gedacht, die Unabhängigkeit Irlands unter Umständen mit Waffengewalt zu erkämpfen.
Daß die Engländer die Aufstellung einer solchen Formation dulden, ist nur durch die noch weit militanteren Aktivitäten der Unionisten im Norden verständlich. Die britische Regierung setzt auf das Gleichgewicht der Kräfte.
Und noch eine militärische Organisation wird während der Monate des Streiks in Dublin gegründet: die Irische Bürger-Armee (»Irish Citizen Army«).
Die Anregung geht von einem gewissen Captain James White aus, der auf einer Gewerkschaftsversammlung vorschlägt, mit Arbeitslosen zu exerzieren und eine Art Selbstschutzkorps gegen die Übergriffe der Polizei zu bilden.
White ist ein ehemaliger englischer Offizier, der seine Regierung wegen ihrer Haltung im Krieg gegen die Buren in Südafrika kritisiert hat.

Durch AE ist er für die Sache der irischen Arbeiter begeistert worden.
White ist ein ziemlich cholerischer Mann, aber ein erfahrener Soldat, der die Ausbildung der Männer selbst in die Hand nimmt und Geld für ihre Ausrüstung ausgibt.
Madame ist eine der ersten Frauen, die der Bürger-Armee beitritt.
Die Organistaion erhält nicht zuletzt deswegen starken Zulauf, weil die Universitätsbehörden von Tritity es den Studenten untersagen, diesem Verband anzugehören.
Sinn Fein und die »Volunteers« stehen der Bürger-Armee skeptisch bis ablehnend gegenüber.
Connolly aber erkennt, daß sich hier eine auf die Sache der Arbeiterschaft und der Gewerkschaften eingeschworene Truppe schaffen läßt, die, gut diszipliniert und ausgebildet, einen erheblichen Machtfaktor darstellen kann, wenn nach der anzustrebenden Unabhängigkeit über die Gesellschaftsform Irlands entschieden werden wird.
Er weiß, daß dann die Nationalisten, mit denen man ein Stück des Weges zusammengehen kann, bestimmt nichts von einer »Arbeiterrepublik« werden wissen wollen, wie sie ihm vorschwebt.
Connolly hat übrigens zeit seines Lebens nie einen Hehl daraus gemacht, daß er ein Sozialist war, der in marxistischen Kategorien dachte und plante. Und er war von daher auch Realist genug, um zu wissen, daß derjenige den Sieg davonträgt, der die stärkeren Bataillone besitzt.
In der Begegnung mit Connolly hat sich übrigens bei Constanze viel von dem allzu überschwenglichen und gefühlsbetonten Idealismus abgebaut, den sie noch in den ersten Jahren ihrer politischen Betätigung an den Tag legt.
Im übrigen drängt man nun auch bei Sinn Fein auf einen weiteren Ausbau der Volunteers und auf deren Bewaffnung.
»Die öffentliche Meinung«, heißt es in einer Denkschrift, »ist entschieden für die Bewegung, und wenn jene, die sie ins Leben gerufen haben, nun noch einen Rekrutierungs- und Bewaffnungsplan ausarbeiten und ausführen, werden wir noch vor dem Frühjahr eine wirksame Streitmacht besitzen. Exerzieren ist Sport und Pfadfinderspiel gleichzeitig. Das Wesentliche für einen Volunteer ist, ein Gewehr zu besitzen, und an zweiter Stelle einen Schieß-

stand, und dies sind die wichtigsten Dinge, um die man sich in der neuen Organisation wird kümmern müssen.«

Es ist Constanzes Arbeit während der schweren Wintermonate des Jahres 1913/14, die ihr unter den Armen von Dublin den Ehrennamen »Madame« einträgt.

Für sie ist es ganz selbstverständlich, daß man sich auch der Familien der streikenden Arbeiter annehmen müsse. Constanze und Larkins Schwester, Delia, sind es, die ein ganzes System von Unterstützungs- und Hilfsaktionen aufbauen und leiten.

Lebensmittelpakete werden gepackt. Wenn die Männer in Liberty Hall hereinschauen, um ihre schmalen Streikgelder abzuholen, können sie sie mitnehmen.

Aber Constanze, die neben all ihren anderen Verpflichtungen auch noch unzählige Besuche bei armen Familien macht, in Stadtvierteln, die keine »Dame« betreten würde, stellt fest, daß die Hausfrauen nichts essen und die geringen Rationen ihren Kindern und Männern zustecken. Da richtet sie eine Suppenküche in Liberty Hall ein. Besondere Gerichte werden für Schwangere und stillende Mütter zubereitet.

Den Teller nahrhafte Suppe, den es den ganzen Winter über gibt, das bedeutet – Überlebenshilfe für Tausende, und eben diese Tausende sind es, die diese Tat »Madame« nie vergessen werden.

Sie erbettelt Schinkenknochen im Fleischgroßhandel. Die streikenden Arbeiterinnen aus der Jacobs-Keksfabrik schaffen es Tag für Tag, Tonnen von Kartoffeln zu schälen.

Constanze steht hinter den großen Kesseln mit dampfender Suppe und teilt aus.

Draußen auf der Uferstraße stehen oft lange Menschenschlangen.

Einmal wird ein Junge unter den Wartenden entdeckt, dessen Vater angeblich ein Streikbrecher ist. Die Frauen zischen: »Hau ab, Kleiner. Soll dir doch dein verfluchter Vater von Streikbrecher etwas zu essen geben!«

Madame mischt sich ein: »Hier wird kein Kind Streikbrecher genannt. Was kann denn der Junge dafür, wie sich sein Vater verhält.«

Und dann wendet sie sich an das Kind: »Wenn du mal groß bist, wirst du's schon recht machen, was. So und nun geh und hol dir deine Suppe.«

In einer Schürze aus Sackleinwand, eine Zigarette an der Unterlippe festgeklebt, mit hohlen Wangen, so bleibt sie den Arbeiterfrauen in Erinnerung.
Immer muß sich jemand bereithalten, der rasch zu ihren Anwälten laufen kann, die ihr Büro am Ormonds Quai haben... Geld holen, wenn wieder einmal zusätzlich Lebensmittel für »Härtefälle« gekauft werden müssen. Am 7. Oktober veröffentlicht AE in der *Irish Times* einen offenen Brief an die Unternehmer von Dublin. Er lautet:
»Meine Herren!
Ich richte an Sie, die Aristokraten der Industrie und des Handels, in dieser Stadt diese Warnung, weil Sie wie alle Aristokraten aus lang geübter Autorität blind geworden sind, weil Sie sich nicht klarmachen, daß Sie und Ihre Klasse mit jeder Ihrer Handlungen Tag für Tag von jenen gerichtet werden, die die Macht haben, die gesamte soziale Ordnung umzustürzen und deren Ruhelosigkeit und Armut unsere Zivilisation wie einen Sumpf wackeln läßt.
Sie machen sich offenbar nicht klar, daß Sie mit der Einstellung, Sie könnten in Ihren Betrieben machen, was Ihnen beliebt, auf die Dauer nicht weit kommen werden.«
AE bezichtigt die Unternehmer, unkultiviert zu sein und es an Bürgersinn und Großzügigkeit fehlen zu lassen: »Sie haben es zugelassen, daß die Armen zusammengetrieben worden sind, daß man an gewisse Viertel Dublins wie an die Pest denkt. Es gibt 20000 Zimmer, in denen jeweils eine ganze Familie haust, wo keine Körperfunktion verborgen werden kann, wo Moral und Anstand schon erstickt werden, kaum daß sie geboren sind...
Sie haben offenbar in kalter Wut beschlossen, ein Drittel der Bevölkerung dieser Stadt verhungern zu lassen, oder die Ehre der Männer dadurch zu zerbrechen, daß Sie darauf setzen, diese würden auf die Dauer die Leiden ihrer Frauen und Kinder nicht mehr ertragen können.
Es blieb dem 20. Jahrhundert und der Hauptstadt Irlands vorbehalten, daß eine kleine Gruppe von 210 sogenannten Herren sich das Recht anmaßt, über den Hungertod von 100000 Menschen zu befinden...
Das Schicksal von Ihnen, der Aristokratie unter den Industriellen, wird dem Schicksal der übrigen Aristokratie in diesem Land gleichen, wenn Sie nicht endlich beweisen, daß noch Menschlich-

keit in Ihnen vorhanden ist. Menschlichkeit läßt kein Vakuum zu, und es könnte sein, daß Sie von der Menschheit abgetrennt werden, so wie der Arzt einen Krebs oder einen Fremdkörper vom übrigen Körper abschneidet. Lassen Sie sich warnen, ehe es zu spät ist.«

Je weiter das Jahr fortschreitet, desto trostloser wird die Lage. Larkin denkt nicht daran, nachzugeben. Die Arbeitgeber verkünden, es sei ihr Ziel, Irland ein für allemal vom Übel einer Gewerkschaftsbewegung zu befreien.
Eine Engländerin jüdischer Abstammung in London, eine Mrs. Montefiori, macht den Vorschlag, die hungernden Kinder der Streikenden in England durchpäppeln zu lassen.
Wütend wendet sich der katholische Erzbischof von Dublin gegen diesen Vorschlag. Wollen es die irischen Mütter riskieren, daß ihre Kinder bei den teuflischen Protestanten einer religiösen Gehirnwäsche unterzogen werden?
Mrs. Montefiori bietet an, die Kinder ausschließlich in katholischen Familien unterzubringen.
In den städtischen Badeanstalten duschen 50 Kinder, die sich reisefertig machen. Eine Gruppe wildwütiger Priester dringt ein, holt alle Kinder bis auf 19 aus dem Bad und schleppt sie fort. Von den 19 Kindern werden noch zehn auf dem Weg zum Schiff von Priestern »in Sicherheit gebracht«. Die letzten werden abgefangen, als sie in Kingstown an Bord des Schiffes gehen wollen. Mrs. Montefiori wird wegen Kindesentführung angeklagt. Der Fanatismus triumphiert. Constanze und Delia Larkin müssen den Plan der Kinderverschickung fallenlassen.
Am 27. Oktober ist Larkin zu sieben Monaten Gefängnis ohne Zwangsarbeit verurteilt worden. In der Albert Hall in London hat eine Protestversammlung stattgefunden, auf der unter anderem Connolly, AE, Bernard Shaw und Delia Larkin gesprochen haben.
Die Aussperrung dauert an.

Casi, dessen Theater von den Streiks lahmgelegt ist, verläßt Irland. Er wird sich zunächst an einem Abenteuer des deutschen Prinzen von Wied beteiligen, der sich zum Herrscher von Albanien aufzuschwingen versucht.
»Das wäre ja seltsam, wenn einmal irgendwo auf der Welt etwas

Merkwürdiges oder Verrücktes geschehen würde, und es wäre kein Pole mit dabei«, bemerkt einer seiner Freunde.
Später geht der Graf zusammen mit seinem Sohn auf das Gut seiner Familie in der Ukraine. Beide geraten sie am Ende des Ersten Weltkrieges in den Strudel der russischen Revolution.
Im Surrey House ist es Casimir auf die Dauer zu unruhig geworden.
Dublin ist längst nicht mehr die Stadt, die er geliebt, in der er sich wohl gefühlt hat, und was seine Ehe angeht, so hat er wohl nicht ganz zu Unrecht häufig den Eindruck gewonnen, Constanze sei mehr mit den irischen Rebellen verheiratet als mit ihm.
Casimir kommt »abhanden«. Es scheint, als habe Madame sein Verschwinden, zunächst wenigstens, kaum bemerkt, ihn nicht vermißt.
Zu spannend ist das Drama des Streiks, das sie in allen Einzelheiten miterlebt.

Larkin kommt nach siebzehntägiger Haft wieder auf freien Fuß. Bewirkt hat das Connolly, indem er die Arbeiterschaft in England unermüdlich dazu angetrieben hat, Druck auf die Regierung auszuüben.
Am Abend, da Larkin wieder in Freiheit ist, brennt man auf dem Dach von Liberty Hall ein Feuerwerk ab. Der Streik schleppt sich noch über Weihnachten hin. Larkin versucht, über die Köpfe der Funktionäre hinweg, die britischen Arbeiter zu weiteren Sympathiemaßnahmen zu bewegen. Vergebens.
Kennt man nicht Larkin als einen alten Dickschädel, für den es immer nur »alles oder nichts« gibt?
Am 18. Januar 1914 kommt es zu einem geheimen Treffen der irischen Gewerkschaftsfunktionäre.
Es gibt jetzt keinen anderen Ausweg mehr. Zähneknirschend weisen sie ihre Mitglieder an, wo immer möglich an ihre Arbeitsplätze zurückzukehren. Und möglich ist das überall dort, wo die Arbeiter ein Papier gegen ihre Gewerkschaft unterschreiben. Am 20. Januar erklärt Larkin öffentlich:
»Wir wollen nichts beschönigen. Wir sind geschlagen, aber wir sind nicht so schwer geschlagen, daß wir überhaupt nicht mehr kämpfen könnten.«
Zwei Tage später kapituliert als erste die Gruppe der 3000 Bauar-

beiter. Sie unterzeichnet das von den Unternehmern geforderte Dokument gegen die Gewerkschaft.

Langsam kehren auch die anderen Berufsgruppen zur Arbeit zurück.

Im Februar 1914 stellt Connolly voller Verbitterung fest:

»Und so müssen die Arbeiter Irlands einmal mehr ihren Rücken krumm machen und unter den Peitschenhieben ihrer Sklaventreiber in die Hölle hinabsteigen.«

Aber auch viele der kleinen Unternehmen haben den langen, erbitterten Arbeitskampf mit dem Bankrott bezahlen müssen.

Constanze ist jetzt in Dublin eine stadtbekannte Persönlichkeit.

Sie marschiert mit der Fianna.

Sie arbeitet in der Suppenküche der Gewerkschaft.

Sie exerziert mit der neu aufgestellten »Irish Citizen Army«, der Bürger-Armee.

Ihr Haus wird ständig von Geheimpolizei überwacht.

Es fällt nicht schwer, sich die Bemerkungen ihrer alten Freunde und Bekannten aus Kreisen des »Castle« und des Landadels vorzustellen, nachdem sie nun für all das eintritt, was diese Menschen hassen und verachten: Sozialismus, Frauenrechtsbewegung, Rebellentum.

Mit ihrem Bruder Sir Josslyn, der ihre politischen Ansichten als närrisch und ungehörig bezeichnet, hat sie einen stürmischen Auftritt, als sie einmal nach Lissadell kommt, um Maeve zu besuchen.

Der Streit bricht aus, als Lady Gore-Booth, deren Anwesenheit sonst eine Art Burgfrieden zwischen den Geschwistern garantiert, einmal kurz die Küche verläßt.

Es gibt aber auch Frauen aus Adel und Großbürgertum, die bei allen Unterschieden der Gesinnung so etwas wie Hochachtung für Constanze empfinden. Beispielsweise Lady Gregory, Yeats' große Gönnerin.

Selbst alles andere als eine Rebellin oder Frauenrechtlerin, schreibt sie in ihren Lebenserinnerungen:

»Die arme Madame Markievicz...ich kannte sie in den Tagen, da sie noch aufs Castle ging und sich eifersüchtig in die Geschäfte des Abbey-Theater und in die von Hugh Lanes Kunstgalerie einmischte. Aber sie fand ein besseres Ventil für ihre Energien, als sie sich in der Arbeiterbewegung engagierte...ich erinnere mich an einen Abend, als ich erschöpft aus dem Abbey zurückkam. Ich war müde und nahm die Tram. Sie stieg auch ein. Sie kam von irgendeiner Übung mit der Fianna zurück. Sie imponierte mir. Es war etwas Ritterliches an ihr. Wir arbeiteten beide für das, wovon wir meinten, es werde Irland helfen, und wir sprachen miteinander.«

Sonst werden die Fronten jetzt überall starrer. Die Menschen erbitterter.

Krieg zieht herauf.

Jeder weiß, daß es bald Krieg geben wird.

Bietet sich dann eine Chance für Irlands Unabhängigkeit?

Im Juni 1914 schließen sich die Gewerkschaften und die Arbeiter-Partei zusammen.

In diesem Frühsommer vor Ausbruch des Ersten Weltkrieges bietet Larkin seinen Rücktritt an.

Der Ausgang des Streiks hat ihn verbittert.

Seine schneidend scharfen Bemerkungen haben sich in letzter Zeit häufig gegen Männer in den eigenen Reihen gerichtet.

Zwar gelingt es seinen Genossen, ihn zu bewegen, seine Rücktrittsdrohung zurückzunehmen.

Somit wird wenigstens Aufsehen vermieden.

Um Larkin die Möglichkeit zu geben, einmal Atem zu schöpfen, schickt man ihn auf eine Vortragstour nach Amerika, wo immer wieder jemand für die Sache der Rebellen werben muß, damit die Unterstützungszahlungen der irischen Traditionsverbände weiter fließen.

James Connolly wird Larkins Nachfolger.

Vorbereitung zu einer Rebellion

Im Frühjahr des Jahres 1914 ist Madame eifrig damit beschäftigt, den verschiedenen Organisationen der Rebellen, denen sie angehört, neue Mitglieder gewinnen zu helfen.
Im April fährt sie mit Captain White und Sean O'Casey über Land, um die Gründung örtlicher Gruppen der »Irish Citizen Army« anzuregen. Die Tatsache, daß eine Frau politische Reden hält, wird von der überwiegenden Mehrzahl der Landbevölkerung als schockierend empfunden.
Überall ist ohnehin nur eine kleine Minderheit bereit, unter Umständen mit der Waffe in der Hand gegen die Briten und Unionisten zu kämpfen. Schließlich wird die Agitationstätigkeit auf dem Land eingestellt. Man konzentriert sich voll und ganz auf das Stadtgebiet von Dublin.
Da kommt aus dem Norden eine Nachricht, die nicht nur unter den Rebellen, sondern in weiten Kreisen der irischen Bevölkerung Zorn und Empörung hervorruft.
Die Unionisten in Ulster haben an drei Orten, in Bangor, Donaghadee und Larne, 35000 Gewehre und 2,5 Millionen Schuß Munition gelandet.
Die Gewehre sind Mauser, die aus Deutschland stammen.
Offiziere der in Ulster stationierten britischen Streitkräfte haben die Aktion unterderhand vorbereitet und durchgeführt, wofür ihnen von den der Konservativen Partei zuneigenden englischen Zeitungen denn auch Lob und Anerkennung gezollt wird. Und jetzt rüsten auch die Rebellen im Süden auf.
Am 26. Juli 1914 erhalten die »Volunteers« Befehl, zu einem Übungsmarsch nach Howth, einem kleinen Hafen im Norden der Bucht von Dublin, aufzubrechen. Solche Übungsmärsche werden inzwischen sowohl von den »Volunteers« als auch von der »Citizen Army« an jedem Wochenende durchgeführt.
Auffällig ist, daß die Abteilung in diesem Fall von mehreren Jungen der Fianna und einem gedeckten Pferdewagen begleitet wird.
Nur der Kommandeur der Truppe weiß, um was es geht und warum ein Wagen mitgenommen wird.

Am selben Morgen kreuzt die Jacht *Asgard* des Engländers Erskine Childers, auf der sich außerdem dessen Frau, Gordon Sheppard und Mary Spring Rice befinden, von Lamby Island her in den Hafen von Howth. Die *Asgard* hat 900 Mausergewehre aus zweiter Hand und 20000 Schuß Munition an Bord, die sie am 12. Juli auf hoher See von einem deutschen Schiff übernommen hat.
Wie Madames Jungen von der Fianna die Landung der Waffen erlebten, beschreibt eines der Mitglieder: »Im Laufe der Woche erhielten einige von uns den Befehl, sich am Sonntag an einer bestimmten Stelle einzufinden, es gebe etwas Wichtiges zu tun. An diesem Morgen dann gab man uns Knüppel (200 Schlagstöcke, die Bulmer Hobson hatte anfertigen lassen). Wir luden sie auf unseren Wagen und marschierten dann mit den Volunteers nach Howth. Irgendwie hatten wir alle die Vorstellung, es ginge darum, Waffen zu holen, aber keiner wußte so recht, wo sie herkommen würden...
Als wir nach Howth kamen, tauchten zwei Burschen auf, die gerannt waren und uns zuriefen, wir sollten uns beeilen. Die Volunteers waren ziemlich müde, aber als sie das Wort ›Gewehre‹ hörten, rasten sie los. Als wir zum Hafen kamen, sahen wir, wie die Gewehre von einer Jacht ausgeladen wurden. Man hätte unsere Freudenschreie hören sollen. Dann wurden die Schlagstöcke an eine bestimmte Anzahl von Männern ausgegeben, und sie riegelten die Zufahrt zum Pier ab. Sie sollten von den Knüppeln Gebrauch machen, falls sich die Polizei einmischen werde.
Die angekommenen Gewehre wurden gleich an die Männer verteilt, aber es waren viel mehr Waffen als Männer. Also wurden die übrigen Gewehre in Autos in die Stadt gebracht. Die meiste Munition wurde ebenfalls so transportiert. Aber eine ganze Menge verluden sie auch auf unseren Wagen. Sie wurde nicht an die Männer ausgegeben...«
Hobson erweist der Fianna eine große Ehre, indem er ihr die Munition anvertraut. Als die »Volunteers« auf dem Rückweg Clontarf erreichen, ist inzwischen die Dubliner Stadtpolizei aufmerksam geworden. In zwei Straßenbahnwagen kommt sie den Rebellen entgegen. Als diese bemerken, daß die Polizei die Howth Road abgesperrt hat, versuchen sie über eine Nebenstraße die Malahide Road zu erreichen, die ebenfalls ins Stadtzentrum führt. Aber auch dort sind schon Polizisten aufgezogen. Als der Polizei-

offizier seinen Beamten den Befehl gibt, die Gewehre zu beschlagnahmen, entsteht ein Handgemenge. Inzwischen ist auch eine Kompanie englischer Soldaten eingetroffen. Der Polizeioffizier winkt das Militär heran. Die britischen Soldaten laden durch und pflanzen die Bajonette auf. Ein besonnener Mann unter den Volunteers, Darrell Figgis, tritt zwischen die Gruppen und verwickelt die Polizisten in ein Gespräch. Er hat sich drei Monate zusammen mit Erskine Childers darum bemüht, die Gewehre in Deutschland zu beschaffen. Er ist entschlossen, alles zu tun, um zu verhindern, daß sie hier gleich wieder den Engländern in die Hände fallen. Immerhin gelingt es ihm, die Polizisten so lange hinzuhalten, bis sich viele der »Volunteers« seitwärts von der Straße aus in die Büsche geschlagen haben, wo sie die Gewehre verstecken.

Viele Neugierige sind von dem Zwischenfall an der Malahide Road angelockt worden. Durch sie breiten sich Gerüchte über das Geschehen mit großer Geschwindigkeit in der ganzen Innenstadt aus.

Als dann die Soldaten zurückmarschieren, laufen plötzlich immer mehr Menschen neben ihrer Kolonne her und machen herausfordernde Bemerkungen. Hin und wieder fliegt auch ein Stein durch die Luft. Die englischen Soldaten werden zunehmend nervöser, je mehr die sie begleitende Menschenmenge anschwillt. Schließlich, als sie von der O'Connell Street auf den an der Liffey entlangführenden Bachelor's Walk abbiegen, bilden 25 oder 30 Soldaten eine Schützenkette quer über die Fahrbahn und geben 29 Schüsse in die Menschenmenge hinein ab. 35 Menschen werden verletzt. Drei sterben auf der Stelle, vier weitere im Laufe der nächsten Wochen.

Constanze hört von der Landung der Waffen um zehn Uhr abends, als sie einige Jungen der Fianna in ihrer Hütte in den Three Mountains aufsuchen und triumphierend davon berichten, wie gut die Fianna sich bei den Ereignissen geschlagen hat. James Connollys Töchter, Nora und Agna, kampieren mit Jungen und Mädchen der Fianna in der Nähe. Als sie hören, was geschehen ist, wollen sie unbedingt sofort in die Stadt. Aber Constanze verbietet es ihnen. Sie meint, es sei zu gefährlich. Als die Mädchen sie am nächsten Morgen abholen wollen, ist sie schon fort. Eben da kommt das Fianna-Mitglied Joe Robinson mit 20 Gewehren, die er in der Hütte verstecken will. Die Jugendlichen sind der Meinung, niemand habe sie gesehen, aber kurz darauf kommt eine

Nachbarin und sagt zu Nora, es sei nicht so günstig, die Waffen hier einzulagern. In der Straße wohne ein Polizist, und wenn der davon höre, werde er gewiß seinem Vorgesetzten Meldung machen. Nora weiß nicht, wie sie sich verhalten soll. Also läuft sie in die Stadt und sucht dort das Büro der »Volunteers« auf.
Zwei Männer fahren mit ihr in einem Taxi zu der Hütte zurück. Die Gewehre werden wieder herausgetragen. Nora meint, wenn man ein Taxi voller Mädchen sehe, werde man bestimmt keinen Verdacht schöpfen. Also fordert sie noch drei, vier andere Mädchen der Fianna auf, mitzufahren. Später wird das Taxi noch an andere Orte geschickt, um Waffen einzusammeln. Und immer dienen die Mädchen als Tarnung. Sie setzen sich einfach auf die Gewehre. Es ist etwas hart. Aber so gelangen die Waffen jeweils sicher in das Hauptquartier der »Volunteers«.
Auch die Fianna-Jungen mit dem Planwagen sind recht umsichtig vorgegangen.
Bei dem Zwischenfall sind sie mit ihrem Gefährt eiligst in einen Feldweg eingebogen. Gegenüber den Anliegern haben sie so getan, als wollten sie ein Zeltlager in einer Viehweide aufschlagen. Sie haben die ihnen anvertraute Munition zunächst vergraben, sind dann bei Nacht wiedergekommen und haben sie abgeholt.
Das Begräbnis der Opfer der Schießerei am Bachelor's Walk wird eine Demonstration der Rebellen.
Die Gottesdienste werden auf den Abend verlegt, damit auch die Arbeiter daran teilnehmen können. Die »Volunteers« und die »Citizen Army«, die Fianna und die Frauenorganisation Cuman na mBan marschieren im Trauerzug mit.
Den ganzen Tag über hat Constanze mit Mädchen im Surrey House Kränze und Blumengebinde hergestellt.
Unter den Trauernden befindet sich auch ein britischer Soldat, dessen Mutter erschossen worden ist.
Mit den Gewehren und der Munition, die in Howth an Land gebracht worden sind, feuern die »Volunteers« eine Ehrensalve über die Gräber.
Kurz nach dem Howth-Zwischenfall bekommt Constanze wieder einmal Ärger mit einem ihrer männlichen Kollegen in der Organisation.
Sean O'Casey empfindet es als ungehörig, daß sich eine Frau politisch betätigt. Daß diese Frau eine Gräfin ist, reizt ihn, der gern den Proletarier herauskehrt, besonders. Aber wenn er das ausspră-

che, würde er sich lächerlich machen. Also spinnt er eine jener so beliebten irischen Vereinsintrigen.
Madame, durch ihre Mitgliedschaft in Sinn Fein auch mit den »Volunteers« verbunden, ist gleichzeitig Mitglied der Irischen Bürger-Armee.
Zwischen beiden Gruppen bestehen von jeher Spannungen. Sie steigern sich noch, als die »Volunteers« sich ihrerseits in zwei Gruppen aufspalten. Die eine Gruppe ist gemäßigt, propagiert die »Home-Rule«-Lösung. Die andere befürwortet einen radikalen Kurs, unter Umständen auch bewaffneten Widerstand.
O'Casey beruft eine Sondersitzung des Rates der Bürger-Armee ein. Er will klären lassen, ob eine Mitgliedschaft in beiden Organisationen mit den Statuten vereinbar ist.
Er möchte Madame ausschließen lassen, hat hinter den Kulissen darauf hingearbeitet. Aber bei der entscheidenden Abstimmung im entsprechenden Komitee unterliegt er mit einer Stimme.
Später wird er Constanze vorwerfen, sie habe unfairerweise bei der Abstimmung für sich selbst gestimmt, während er sich der Stimme enthalten habe.
Nach dieser ersten Niederlage gibt der eigensinnige O'Casey nicht auf.
Bei einer späteren Sitzung greift er erneut Madame heftig an. Er behauptet, sie wolle die Vorgänge in der Bürger-Armee für die »Volunteers« auskundschaften und beantragt erneut ihren Ausschluß.
Diesmal ist Larkin zugegen, der bald darauf nach Amerika abreist. Und O'Casey reitet der Teufel. Er weiß, daß die Gewerkschaften für Madame eingetreten sind. Seine Brandrede gegen Constanze schließt er mit der Bemerkung, er lasse sich von niemandem in dieser Frage unter Druck setzen, auch von Larkin nicht. Das wiederum kann Larkin nicht unwidersprochen durchgehen lassen. Aus der Auseinandersetzung O'Caseys mit Madame wird nun ein Scharmützel zwischen O'Casey und Larkin. Es endet damit, daß O'Casey schließlich der Bürger-Armee grollend den Rücken zukehrt.
Inzwischen ist der Erste Weltkrieg ausgebrochen. An der Fassade von Liberty Hall ist ein Transparent aufgezogen worden, auf dem zu lesen steht:
Wir dienen weder König noch Kaiser!
Unter Connollys Leitung wird die Citizen Army zu einem straff

geführten und gut ausgebildeten militärischen Kampfverband. Stabchef ist nun Michael Mallin, der wie Connolly auch praktische Erfahrung aus seiner Dienstzeit in der britischen Armee mitbringt.
Constanze widmet sich unterdessen mit großem Eifer einer Kampagne gegen den Wehrdienst von Iren in der britischen Armee. Dieser Krieg ist nicht Irlands Krieg. Warum sollen irische Männer für England das Kanonenfutter abgeben!
Sie druckt in Surrey House Handzettel und trägt sie mit der Fianna über ganz Dublin hin aus. Plakate mit Aufrufen, nicht in die britische Armee einzutreten, müssen meist nachts geklebt werden. Als bestes Fortbewegungsmittel erweist sich dabei das Fahrrad. Wenn Polizeistreifen auftauchen, kann man sich in den Außenbezirken samt dem Fahrrad rasch in den Straßengraben werfen. Wenn man Anschläge klebt, kann man das Rad gegen eine Mauer lehnen und den Sitz als Leiter benutzen.
Den Jungen von der Fianna macht das Katz-und-Maus-Spiel mit den Polizisten nach Einbruch der Dunkelheit großen Spaß. Die Plakate verkünden pathetisch:
IREN! WER IN DIE ENGLISCHE ARMEE EINTRITT, BEGEHT VERRAT AN IRLAND!
Die Wirklichkeit sieht so aus: Die vielen Arbeitslosen in Dublin sehen im Armeedienst eine Chance, etwas zu verdienen und ihre Familien zu versorgen.
Die Fianna wird immer mehr zu einer Art Hilfstruppe der Bürger-Armee, zu ihrem Aufklärungskorps. Seit den Schlagstockangriffen der Polizei während des großen Streiks haben die Jungen auch eine Ausbildung in Erster Hilfe erhalten.
Sir Roger Casement, selbst Engländer, aber als Idealist und unentwegter Fürsprecher unterdrückter Minderheiten für die Sache der irischen Rebellen engagiert, hält sich in Deutschland auf.
Unter englischen Soldaten irischer Abstammung versucht er, in den Kriegsgefangenenlagern des Kaiserreiches eine Irische Legion aufzubauen.
Die Oberste Heeresleitung will er dazu bewegen, ein deutsches Expeditionskorps in Irland landen zu lassen oder doch wenigstens die Rebellen mit Waffenlieferungen zu unterstützen.
Als Beweis dafür, daß die Iren tatsächlich als Bundesgenossen brauchbar seien, legt er in Berlin das von Madame herausgegebene Handbuch der Fianna vor. Er weist hin auf die aufrührerische

Sprache, die darin geführt wird, auf die Exerzieranweisungen und berichtet davon, daß das Buch von Professor Eoin Mac Neill den Direktoren und Lehrern aller Knabenschulen empfohlen worden ist mit dem Bemerken, jeder junge Ire müsse im Laufe seiner Schulzeit unbedingt schießen lernen.

Immer häufiger hört Madame nun Andeutungen und Gerüchte über einen »großen Schlag« gegen die Briten.

Noch wissen von den Vorbereitungen kaum ein Dutzend Männer. Sie finden sich im sogenannten »Miltärrat« der Irisch Republikanischen Bruderschaft zusammen.

Erste Pläne zu einem Aufstand mit dem Ziel, die Schwächung Englands zur Durchsetzung der irischen Unabhängigkeit auszunutzen, hat es in den verschiedenen Organisationen der Rebellen seit Anfang des Ersten Weltkriegs gegeben. Jetzt ist ein Punkt erreicht, an dem man glaubt, sich entscheiden zu müssen. Connolly gehört als wichtiger Politiker bisher weder der Irisch Republikanischen Bruderschaft noch deren Militärrat an. Für den Fall des Aufstandes ist bei der Bürger-Armee von ihm die Parole ausgegeben worden: »Falls wir wider Erwarten siegen, gebt eure Waffen nicht gleich ab. Danach gibt es noch einen Kampf, nämlich den um eine sozialistische Republik.«

Den Nationalisten unter den Rebellen muß Connolly immer suspekt gewesen sein. Aber sie brauchen ihn. Seine Aufnahme in der Bruderschaft und den Militärrat vollzieht sich unter einigermaßen geheimnisvollen Umständen.

Am Mittwoch, dem 19. Februar 1916, gegen Mittag verläßt James Connolly die Liberty Hall. Es ist üblich, daß er für Zeiten, in denen er länger abwesend ist, Vorkehrungen trifft und festlegt, wer dann bei wichtigen Entscheidungen das letzte Wort haben soll.

Als er in den folgenden Tagen nicht auftaucht, werden Madame und Michael Mallin, die als »Stallwache« auf ihn warten, immer unruhiger.

Connolly, der entschlossen ist, möglichst bald einen Aufstand zu wagen, hat Zweifel an der Politik der »Volunteers« bekundet. Nun, so mutmaßen Mallin und Madame, sei er vielleicht von der Bruderschaft und Sinn Fein in einen Hinterhalt gelockt worden und werde dort wider seinen Willen festgehalten.

Andere aber behaupten, er sei freiwillig zu einem Geheimtreffen gefahren, auf dem er versuchen werde, sich mit der anderen Gruppe zu einigen.

Der Freitag vergeht, ohne daß ein Lebenszeichen von Connolly kommt.
Immerhin ist auch nicht auszuschließen, daß die Briten ihn verhaftet haben.
Am Samstag gegen acht Uhr dringen Kriminalbeamte mit gezogenem Revolver in Surrey House ein.
Auch an anderen Orten der Stadt finden solche Razzien statt, ohne daß klar wird, ob sie etwas mit Connollys Verschwinden zu tun haben oder nicht.
Wahrscheinlicher ist es, daß sie durch einen Jungen der Fianna ausgelöst worden sind, der eine größere Menge Sprengstoff für die Rebellen in die Stadt geschmuggelt hat, dann aber nicht weiß, wo er ihn abliefern soll.
Er ist ins Surrey House gekommen und hat dort um Rat gefragt.
Constanze kommt gerade heim, als die Haussuchung im vollen Gange ist.
Verdrossen sieht sie mit an, wie ihre kleine Druckpresse hinausgetragen wird.
Worker's Republic veröffentlicht einige Tage später einen ziemlich unverschämten Bericht über den Zwischenfall:
»Niemand war daheim außer den Dienstboten und einigen Jungen der Fianna, die das Haus als ihr Hauptquartier betrachten. Während der Durchsuchung unterhalten die Jungen und Mädchen die Polizei mit Musik und tröstenden Bemerkungen. Bedauerlicherweise sind Polizeibeamte in der Regel unmusikalisch. Zumindest vermochten sie Liedern wie ›Die Geiß und die Polizisten‹, ›Die Wacht am Rhein‹, ›Die Sachsen auf der Flucht‹ und ›Endlich wieder eine Nation‹ ganz und gar nichts abzugewinnen. Eine Anzahl amerikanischer Magazine, eine kleine Druckpresse, ein Spielzeuggewehr, ein paar Balladen, ein Teelöffel und ein halbes Pfund Karbolseife wurden beschlagnahmt. Wir gehen davon aus, daß die Beamten die Seife mitnahmen, weil sie den Text von ›Wacht am Rhein‹ falsch verstanden und ›Wäsche auf der Leine‹ heraushörten. Wir sind autorisiert auszurichten, daß sie die Seife behalten können. Das Haus ist, nachdem sie abgerückt sind, auf andere Weise sorgfältig desinfiziert worden.«
Drei Stunden später, Madame und einige der älteren Jungen sind gerade damit beschäftigt aufzuräumen, spaziert Connolly plötzlich zur Tür herein. Er läßt sich vor dem Kamin nieder.
Constanze und Miß Molony sind über sein plötzliches Auftauchen

ziemlich erstaunt. Sie warten aber, bis die Jungen zu Bett gegangen sind, ehe sie etwas sagen. Madame explodiert mit einem »Um Himmels willen, wo haben Sie denn bloß gesteckt?«
Connolly läßt sich einen Augenblick Zeit, ehe er antwortet:
»Ich bin wirklich und wahrhaftig in der Hölle gewesen. Aber jene, die mich besiegen wollten, habe ich besiegt.«
»Aber was ist denn geschehen?«
»Darüber möchte ich lieber nicht sprechen.«
Manches wird nach und nach klar: daß Connolly nun in die Bruderschaft und in den Militärrat aufgenommen worden ist, daß man sich über einen Aufstandsplan verständigt hat.
Nachdem die Erhebung zunächst für Januar 1916 geplant war, wird nun Ostern als Zeitpunkt in Aussicht genommen.
Alle Mitglieder des Militärrates scheinen sich darüber klar gewesen zu sein, daß mit einem militärischen Sieg der Rebellen kaum zu rechnen ist.
Padraic Pearse, der Idealist in der Runde, scheint sich aber mit seiner Meinung durchgesetzt zu haben, daß der Aufstand trotzdem gewagt werden müsse. Es sei, so sein Argument, die Pflicht einer jeden Generation in Irland, gegen die Engländer zu kämpfen. Connolly scheint sich diesem Standpunkt, wenn vielleicht auch aus unterschiedlichen Gründen, angeschlossen zu haben.
Er ist der Meinung, eine kühne militärische Operation sei nötig, um die Bevölkerung wachzurütteln. Selbst bei einer Niederlage werde der Aufstand als Appell an das Gewissen eine große Wirkung haben.
Soviel die Rebellen agitieren, marschieren und exerzieren, die Engländer halten sie für ein verlorenes Häufchen. Sie glauben nicht daran, daß sie kämpfen werden.
Unterdessen rückt jenes Datum immer näher, an dem der Aufstand ausgelöst werden soll: der Ostersonntag 1916.
Am St.-Patricks-Tag im März paradieren die »Volunteers« zum letzten Mal friedlich.
Es ist warmes, sonniges Wetter. 1600 Freiwillige treten auf dem Rasen vor dem Trinity College gegenüber dem alten irischen Parlamentsgebäude an.
Am gleichen Tag nimmt die Bürger-Armee mit 200 Mann am Beresford Place Aufstellung und marschiert 17 Meilen. Madame ist mit dabei. Sie hat zwei Pistolen umgeschnallt, trägt ein Gewehr. Sie ist jetzt 48 Jahre alt, aber den Marsch in voller Montur und mit

Gepäck steht sie durch, ohne sich eine Anstrengung anmerken zu lassen.
Connolly hat eine verhältnismäßig kleine Kampfgruppe von nur ein paar hundert Männern, aber auf sie ist unbedingt Verlaß.
Die Gewerkschaft hat viele Mitglieder durch Eintritt der Männer in die britische Armee oder durch Auswanderung verloren. Unter denen, die geblieben sind, stehen gar nicht so wenige dem Gedanken an eine radikale Auseinandersetzung skeptisch oder gleichgültig gegenüber. Durch den Krieg hat sich ihre materielle Situation endlich einmal etwas verbessert. Das wollen sie nicht aufs Spiel setzen.
In der Woche nach den Paraden und Übungsmärschen fahndet die Polizei im Stadtzentrum von Dublin nach Exemplaren der verbotenen Zeitschrift *Gael*. Dabei kommt es zu einer ganz unvorhergesehenen Kraftprobe. Madame ist über Mittag in die Liffe Street einkaufen gegangen. Als sie von der Razzia hört, rennt sie zur Liberty Hall zurück.
Auf dem Weg beobachtet sie, wie Polizisten in das Haus der *Gaelic Press* eindringen.
In Liberty Hall angekommen, findet sie in Connollys Büro nur dessen Tochter Nora.
Das Mädchen erklärt ihr, der Vater sei hinuntergegangen.
Madame hastet wieder die Treppe hinunter.
Die Tür zum Laden der Arbeiter-Kooperative, der ebenfalls in der Liberty Hall untergebracht ist, steht weit offen.
Sie sieht mehrere Polizisten, die dort herumschnüffeln. Drei oder vier Verkäuferinnen stehen verängstigt hinter der Theke.
Sie hörte Connollys Stimme.
Die Polizisten haben schon ein Bündel alter Zeitungen in der Hand.
Connolly verlangt von ihnen einen Durchsuchungsbefehl zu sehen.
Die Polizisten haben kein solches Dokument.
»Dann werfen Sie die Zeitungen rasch wieder hin, oder ich werde Sie dazu zwingen«, ruft Connolly.
Schimpfend ziehen die Polizisten ab.
Connolly fürchtet, die Razzia könne der Auftakt zu einer allgemeinen Unterdrückung der Presse sein.
Vielleicht auch haben die Briten von dem Aufstandsplan Wind bekommen und wollen nun die Büros der irischen Organisationen ausheben.

Er entschließt sich, die »Citizen Army« zu mobilisieren, um die Druckräume der *Worker's Republic* zu sichern und überhaupt der Polizei den Zugang zu bestimmten Räumen in der Liberty Hall zu verwehren, in denen an Bomben und geballten Ladungen für den Aufstand gebastelt wird.
Constanze geht mit ihm in sein Büro zurück. Connolly sagt zu seiner Tochter:
»Es sieht so aus, als ob es nun losginge. Sie zwingen uns dazu.« Er unterschreibt Formulare mit Mobilmachungsbefehlen. Nora und Constanze füllen sie weiter aus. Connolly gibt Anweisung, Boten in die Straßenbahnbetriebe, auf die Docks, in die Mietställe und Lagerspeicher zu schicken – überall dahin, wo Soldaten der »Citizen Army« beschäftigt sind.
Die Polizei kommt zurück. Connolly verlangt wieder den Durchsuchungsbefehl.
Schon sind einige Männer der Bürger-Armee zur Stelle.
Den Polizisten wird unbehaglich.
Madame spielt an ihrer großen Mauser-Pistole herum.
Der Polizeioffizer macht seinen Männern ein Zeichen. Vorerst einmal Rückzug.
Constanze und die Verkäuferinnen sehen sich nach der Nummer von *Gael* um, der die Razzia offiziell gilt. Die neue Ausgabe ist noch gar nicht erschienen. Die alten Nummern liegen auf dem Speicher.
Jetzt drängt ein ganzer Schwarm von Polizisten in den Laden. Auch einen Durchsuchungsbefehl haben sie diesmal wohlweislich mitgebracht.
Wohl wissend, daß er keine Zeitungen finden wird, erklärt Connolly dem Inspektor, selbstverständlich stehe es ihm frei, sich im Laden umzuschauen. Er warne ihn aber, die Türschwelle zur Liberty Hall zu überschreiten.
Der Inspektor antwortet, ihm gehe es nur um die verbotene Zeitung.
Er überblickt die Ladentische. Nichts.
Daß nur Meter entfernt sich ein Sprengstoff- und Waffenarsenal befindet, davon hat er glücklicherweise keine Ahnung.
Connolly steht mit gezogener Pistole auf der Schwelle zu jenen Räumen.
Eine seltsame Spannung hängt im Raum.
»Aber meine Herren«, sagt der Inspektor, als er sieht, daß sich

mehr und mehr Männer der Bürger-Armee neben Connolly stellen, »warum sind Sie denn nur so nervös. Wir tun nur unsere Pflicht. Wir gehen ja auch schon wieder.«
Zum dritten Mal ist die Gefahr abgewendet.
Innerhalb der nächsten Stunden erscheinen 150 Männer der Bürger-Armee in Liberty Hall.
Ein seltsamer Anblick: an vornehmen Damen, die zu Einkäufen unterwegs sind, an wohlgenährten Regierungsbeamten, die vom Lunch kommen, vorbei, stürmen Arbeiter mit grimmigen Gesichtern, ein Gewehr in der Hand, ein Bandelier mit den irischen Nationalfarben umgelegt.
Im Schloß kann sich das Büro des Vizekönigs vor Telefonanrufen kaum noch retten.
Was ist los? fragen die Anrufer. Ein Aufstand? Eine Landung der Deutschen? Die Stadt schwirrt von Gerüchten.
Auch die Volunteers sind in Alarmzustand versetzt worden und bleiben bis zwei Uhr nachts unter Waffen.
Die Wachen, die in Liberty Hall aufgezogen sind, ziehen sogar bis Ostermontag nicht mehr ab.
Madame fühlt sich unbehaglich bei dem Gedanken, daß Kämpfe beginnen könnten, ohne daß sie ihre eigenen Waffen zur Hand hat. Die Mauser-Pistole gehört Connolly.
Am späten Nachmittag fährt sie ins Surrey House.
Connolly schickt ihr seine Tochter nach. Sie soll einen Karabiner aus seinem Zimmer holen.
Nora trifft Constanze in der Küche, umringt von einer Gruppe Jungen, eine Tasse Tee in der einen, ein Brot in der anderen Hand.
»Schenk dir Tee ein«, fordert sie Nora auf, »was meinst du, was geschehen wird?«
»Daddy meint, daß man auf alles vorbereitet sein müsse. Er hat mir eingeschärft, ich solle ihm rasch seine Sachen bringen.«
»Wir gehen gleich«, sagt Madame, »ich muß meine Wache übernehmen. Übrigens, wie gefällt dir meine neue Uniform?«
Sie trägt eine dunkelgrüne Wollbluse mit Messingknöpfen, dunkelgrüne Kniehosen, schwarze Strümpfe und schwere Stiefel. Um die Hüfte hat sie einen Patronengürtel, auf der einen Seite hängt eine automatische Pistole, auf der anderen eine Mauser.
»Sie sehen aus wie ein richtiger Soldat«, sagt Nora, und Madame strahlt, als habe ihr jemend das größte Kompliment gemacht.

»Und was willst du anziehen?«

»Ich habe nur Wickelgamaschen und Schuhe, deren Sohlen mit Nägeln beschlagen sind. Ich wollte eigentlich meinen Fianna-Hut aufsetzen. Aber vielleicht ist die Schottenmütze doch praktischer.«

»Ich nehm diesen Hut hier«, ruft Constanze und setzt einen schwarzen Velourhut mit einer Straußenfeder auf.

Während sich Madame und Nora noch unterhalten, klopft es an der Tür.

Zwei Detektive verlangen, die Gräfin Markievicz zu sprechen.

Madame geht durch die Halle.

Sie schaltet das Licht aus.

Dann läßt sie die beiden Männer eintreten.

»Was wollen Sie von mir?«

»Wir haben Ihnen einen Befehl zuzustellen.«

»Und der wäre?«

»Nach Kriegsgesetz ist es Ihnen verboten, das County Kerry zu betreten.«

Constanze erinnert sich daran, daß sie in den nächsten Tagen in Kerry eine Rede halten soll.

»Und was würde geschehen, wenn ich mich weigere zu gehorchen? Würde man mich erschießen?«

»Aber Madame, wer würde denn wollen, daß Sie erschossen werden. Sie würden doch auch keinen von uns beiden hier erschießen wollen. Oder...?«

»Täuschen Sie sich nicht. Ich bin stets darauf vorbereitet, zu schießen und erschossen zu werden.«

»Aber Madame, das kann doch nicht Ihr Ernst sein. Wer will schon sterben, jetzt, da es Frühling wird. Wir wollen doch alle noch ein bißchen leben.«

»Wenn ihr noch ein bißchen leben wollt, dann kommt ihr besser nicht herein«, sagt eine Stimme aus der dunklen Vorhalle, wahrscheinlich einer der Fianna-Jungen, »niemand sieht euch hier gern, und wie ihr so da in der Tür steht, gebt ihr ein ziemlich großes Ziel ab.«

»Wir gehen schon wieder«, sagt einer der Detektive, »und nicht wahr, Sie fahren doch nicht nach Kerry, Madame!«

»Good-bye«, sagt Constanze, »...und denken Sie daran. Ich bin immer bereit, zu schießen und erschossen zu werden.«

Dann schließt sie die Tür.

In der Liberty Hall stehen in der Woche vor Ostern ständig eine Gruppe Männer kampfbereit. Wenn sie nicht Wache schieben, basteln sie Bomben.

Madame kommt fast jeden Nachmittag vorbei und bringt ihnen Kuchen.

Eines Tages sagt sie: »Ich habe mein Bankkonto schon um 45 Pfund überzogen. Wenn diese verflixte Revolution nicht bald stattfindet, weiß ich nicht, wovon ich im nächsten Vierteljahr eigentlich leben soll.«

Am Palmsonntag, dem 16. April 1916, findet bei der Bürger-Armee eine Flaggenparade statt.

Unter den Frauen, die mit angetreten sind, befindet sich auch Leutnant Markievicz in grüner Uniform und in ihrem besten schwarzen Hut.

Ein hübsches rothaariges Mädchen, Molly Reily, bringt die Fahne der Bürger-Armee zum Fahnenmast.

Als das Trompetensignal ertönt und die Fahne im Wind flattert, erkennt man das Emblem: eine goldene Harfe auf grünem Feld.

Am Dienstag vor Ostern erfahren die Offiziere der Bürger-Armee definitiv, daß der Aufstand zu Ostern stattfinden wird. Man macht sie nun mit ihren Aufgaben bekannt.

Madame schreibt, sie sei stolz darauf gewesen, von Tom Clark und den anderen Mitgliedern der Provisorischen Regierung als der zweite von Connollys »Geistern« akzeptiert worden zu sein. »Geister« nannte man jene Personen, die in alle Pläne eingeweiht waren und einspringen sollten, falls eines der Regierungsmitglieder ausfiel.

Die Strategie des Militärs sieht vor, verschiedene wichtige Punkte und Gebäude im Zentrum von Dublin zu besetzen und von dort die Hauptzufahrtswege in die Stadt zu kontrollieren. Ein loser Verteidigungsring rund um die City soll entstehen.

Die Kasernen der Engländer liegen außerhalb dieser Linie.

Die Telefon- und Telegrafenverbindungen sollen unterbrochen werden.

Man wird die Irische Republik ausrufen und versuchen, sich in Dublin so lange an der Macht zu halten, bis die Weltöffentlichkeit von der Unabhängigkeitsbewegung Kenntnis nimmt. Man hofft, daß Amerika, an dessen Eintritt in den Krieg England gelegen sein muß, und wo es eine starke und einflußreiche irische Bevölkerungsgruppe gibt, eventuell zugunsten der Rebellen bei der britischen Regierung intervenieren werde.

Vor allem geht es den Männern der Provisorischen Regierung auch darum, durchzusetzen, daß bei einer späteren Friedenskonferenz, auf der über die politische Neuordnung Europas am Ende des Ersten Weltkriegs beschlossen werden wird, Irland mit einer eigenen Delegation vertreten sein wird.
Die Hauptpost, abgekürzt G.O.P., in der O'Connell Street, der Hauptgeschäftsstraße des damaligen Dublin, hat man als Hauptquartier ausersehen.
Padraic Pearse ist der Oberkommandierende der Armee der Irischen Republik und der Präsident der Provisorischen Regierung.
James Connolly kommandiert die Dubliner Division. Drei weitere Unterzeichner der Unabhängigkeitserklärung und Regierungsmitglieder werden ebenfalls in der Hauptpost anwesend sein: Tom Clarke, Sean Mac Dermott und Joseph Plunkett.
Thomas Mac Donagh wird das Zweite Bataillon der »Volunteers« kommandieren und seinen Befehlsstand in der Jacobs-Keksfabrik aufschlagen.
Edmund Kent ist dazu ausersehen, das Industriegebiet der South Dublin Union zu besetzen.
Die lose Verteidigungslinie um den Stadtkern würde von der Hauptpost, über die südlich davon an der Liffey gelegenen Four Courts zur South Dublin Union auf der anderen Seite des Flusses verlaufen. Von dort zur Jacobs-Keksfabrik im Südosten, über den St. Stephen's Green, einen kleinen Park im Osten zu dem Industriegebiet von Bolands Mills an den Ufern der Bucht von Dublin.
Die Abteilung im St. Stephen's Green, der Madame zugeteilt ist, soll auch die wichtigsten Gebäude rund um die idyllische Grünfläche besetzen.
Sie soll die Angriffe abfangen und aufhalten, die die Engländer über die Hauptverkehrsstraßen, welche am Park vorbei ins Stadtzentrum führen, vortragen werden.
Diese Angriffe werden aus Richtung des Hafens von Dun Laoghaire erfolgen, in dem die Engländer wahrscheinlich ihre Truppentransporte landen werden, wenn sie von der Britischen Insel Verstärkung heranziehen.
Bei all diesen Plänen wird mit einer größeren Unterstützung der Aufständischen durch die Bevölkerung nicht gerechnet.
Der britischen Propaganda ist es recht gut gelungen, die Mehrzahl der Iren für die Kriegsziele und die Politik Englands einzunehmen.

Nach einem Sieg Englands scheint es sicher, daß das »Home-Rule«-Gesetz endlich doch einmal von beiden Häusern des britischen Parlaments verabschiedet werden wird und in Kraft tritt. Durch den Krieg haben sich die wirtschaftlichen Verhältnisse gerade für die städtische Bevölkerung in Irland gebessert.
Die meisten Leute haben jetzt Arbeit, und sei es in den Fabriken in England, wo sie die englischen Arbeiter ersetzen, die an der Front stehen.
Die Löhne sind gestiegen.
Vor allem wegen der englandfreundlichen Einstellung weiter Kreise der Dubliner Bevölkerung, glauben die britischen Behörden im »Castle« und im Phoenix Park trotz zahlreicher Warnungen und wilder Gerüchte, die zu ihnen dringen, nicht an die Möglichkeit eines Aufstandes.

Fröhliche Ostern

Die Schwierigkeiten und Pannen, die sich in den letzten Tagen vor dem Aufstand ereignen und das Losschlagen fast noch in letzter Minute zu unterbinden drohen, sind die Folge übertriebener Geheimniskrämerei, der Unzuverlässigkeit und der Meinungsverschiedenheiten unter den Verschwörern selbst.

Obwohl beispielsweise Mac Neill Befehlshaber der »Volunteers« ist, gehörte er nicht der Irisch Republikanischen Bruderschaft an und kennt somit auch nicht den Beschluß über den Termin des Aufstandes.

Am Donnerstagabend hören Bulmer Hobson und ein anderer Offizier der Freiwilligen Gerüchte, daß die Rebellion für Ostersonntag geplant sein soll. Sie gehen zu Mac Neill und erzählen ihm davon. Zu dritt fahren sie zu Pearse. Es ist kurz vor Mitternacht, als sie in seinem Haus in St. Edna's College außerhalb von Dublin ankommen.

Nachdem Pearse ihnen schweigend zugehört hat, bestätigt er ihre Vermutung. Mac Neill bekommt einen Wutanfall. Er sagt, es sei Selbstmord, unzureichend ausgebildete Männer zum falschen Zeitpunkt in den Kampf zu schicken. Er warnt Pearse. Unter Umständen werde er die Briten verständigen. Zunächst aber gibt er einen Befehl heraus, der alle vorangegangenen Befehle von Pearse widerruft.

Am Karfreitag 1916 trifft sich Pearse mit zwei anderen Männern aus der Führungsgruppe der Rebellen, mit Mac Dermott und Mac Donagh. Gemeinsam suchen sie Mac Neill in Rathfarnham auf. Zum ersten Mal hört Mac Neill jetzt davon, daß Sir Roger Casement mit einer Schiffsladung Waffen von Deutschland nach Irland unterwegs ist...

Mac Neill muß einsehen, daß es sinnlos wäre, sich dem Aufstandsplan zu widersetzen. Er läßt Befehle herausgehen, die besagen, das angekündigte »Manöver« werde stattfinden. Durcheinander und Mißverständnisse sind die Folge.

Gegen drei Uhr morgens an diesem Karfreitag sind Sir Roger Casement, Robert Monteith und Sergeant Beverley von einem

deutschen Unterseeboot aus im Südwesten der Insel, in der Nähe der Stadt Tralee, an Land gesetzt worden.
Vor der Küste kreuzt außerdem das deutsche Frachtschiff *Aud*, das die Waffen an Bord hat.
Sir Robert ist krank und erschöpft nach dem schwierigen Landungsmanöver in einem Schlauchboot bei stürmischer See.
Der einzige Unterschlupf, der sich zunächst an Land anbietet, ist eine der zahllosen Ruinen Irlands. Diese hier heißt Fort McKenna.
Sir Roger ist zu schwach, um weiterzulaufen.
Seine beiden Begleiter versuchen, im nächsten Ort Hilfe zu holen.
Sie kennen sich in Tralee nicht aus. Als Fremde werden sie mißtrauisch empfangen. Erst nach einigen Stunden taucht der örtliche Kommandant der »Volunteers«, Austin Stack, mit einem gewissen Con Collins auf. Collins kennt Monteith und bestätigt dessen Identität.
Aber auch die örtlichen Behörden sind inzwischen aufmerksam geworden.
In Tralee kennt jeder jeden.
Man hat im Morgengrauen am Strand einen Fremden gesehen. Ein junges Mädchen ist auf der Landstraße zwei weiteren Fremden begegnet, die in Richtung Tralee liefen.
Sir Roger, der die Ruine verlassen hat, wird entdeckt und festgenommen.
Stack, Collins und Beverley, die nach ihm suchen, werden ebenfalls verhaftet.
Von Dublin aus sind unterdessen fünf Männer – unter ihnen ein Spezialist für Funkverkehr – nach Killarney gefahren... mit der Eisenbahn.
In Killarney steigen sie in ein Auto um. Sie sollen zur Küste fahren, dort ihr Funkgerät aufbauen und Verbindung mit dem deutschen Frachtschiff aufnehmen, das für Sonntag erwartet wird.
Sie werden in Killarney aufgehalten.
Dann fahren sie in zwei Wagen ab.
Es ist schon dunkel.
Der Fahrer des einen Wagens biegt in eine falsche Seitenstraße ein.
Der Wagen rast über eine Hafenmauer, stürzt ins Meer.
Die drei Insassen, unter ihnen auch der Funker, ertrinken.
Der zweite Wagen kommt nach beträchtlichen Schwierigkeiten

durch alle Straßensperren der Polizei. Als aber der erste Wagen zum verabredeten Zeitpunkt an einem bestimmten Ort nicht auftaucht, sind die Männer, die in ihm reisen, davon überzeugt, es müsse etwas schiefgegangen sein.
Sie kehren nach Dublin zurück.
Inzwischen ist die *Aud* so lange vor der Südwestküste Irlands gekreuzt, bis englische Küstenwachboote auf sie aufmerksam geworden sind und das Schiff aufgefordert haben, ihnen in den Hafen von Cork zu folgen.
Wie es dazu kommen konnte, daß die Deutschen und die irischen Rebellen von völlig verschiedenen Ankunftszeiten der *Aud* ausgegangen sind, ist unklar.
Wahrscheinlich haben die komplizierten Wege und Umwege der Nachrichtenübermittlung zwischen den Rebellen und den Deutschen zu diesem Mißverständnis geführt.
Der Kommandeur der »Volunteers« in Tralee ist sich darüber im klaren, daß die Waffenlieferung einen entscheidenden Faktor im Kalkül der Rebellen in Dublin darstellt.
Daß der Militärrat die oberste Kommandoinstanz ist, davon wiederum hat er keine Ahnung. Er schickt einen Boten mit einer Nachricht über das, was sich in und um Tralee ereignet hat, nach Dublin zu Mac Neill.
Der Mann aber übergibt seine Meldung am späten Karfreitagabend nicht Mac Neill oder dessen Stellvertreter, Bulmer Hobson, sondern James Connolly in der Liberty Hall.
Connolly ruft den Militärrat zusammen. Man beschließt, auch ohne Waffen aus Deutschland wie geplant weiterzumachen.
Pearse und Mac Dermott verständigen Mac Neill am Samstagmorgen von Casements Festnahme.
Unterdessen ist die *Aud* mit ihrer Eskorte im Hafen von Cork eingelaufen. Sie stoppt ihre Maschinen. Die Mannschaft, jetzt in deutscher Marineuniform, geht in die Rettungsboote. Dann erfolgen auf dem Schiff mehrere Detonationen. Innerhalb der nächsten zehn Minuten versinken 20000 Gewehre und eine Million Schuß Munition sowie zehn Maschinengewehre auf dem Meeresgrund.
Die britischen Behörden in Dublin erhalten die Nachricht von der Selbstversenkung der *Aud* gegen zehn Uhr. Eine Stunde später weiß auch der Militärrat der Rebellen, daß Waffen und Munition endgültig verloren sind.
Am Samstagnachmittag trifft sich Mac Neill mit Arthur Griffith,

Joseph Plunkett und Thomas Mac Donagh. Er eröffnet ihnen, er habe nun doch vor, den Mobilmachungsbefehl für Sonntag rückgängig zu machen.
Die Mitglieder des Militärs widersprechen heftig, aber Mac Neill ist davon überzeugt, daß so sinnloses Blutvergießen verhindert werde.
Die Männer diskutieren den ganzen Nachmittag.
Am Abend gibt Mac Neill unbeeindruckt von den Argumenten der anderen einen Befehl heraus, der »das Manöver« am Sonntag endgültig absagt.
Ein Bote wird nach Limerick geschickt. Er soll in der Provinz bekanntmachen, was der Kommandeur der Volunteers entschieden hat.
Mac Neill selbst fährt noch mit dem Fahrrad auf das Redaktionsbüro des *Sunday Independent* und bittet darum, daß die Zeitung seinen Befehl am nächsten Tag veröffentlicht. Viele seiner Männer orientieren sich bei Übungen nach einer solchen Zeitungsmeldung.
In Liberty Hall hingegen laufen die Vorbereitungen für den Aufstand weiter, als sei nichts geschehen.
Am Samstag ist Madame damit beschäftigt, Mobilmachungsbefehle und Ernennungsurkunden für Offiziere zu tippen.
Sie freut sich, daß ihr Miß Carney die von Connolly schon unterschriebene Urkunde hinhält, mit der sie zum Leutnant der Irisch Republikanischen Armee ernannt wird.
Ein Bekannter, der hereinschaut, ist erstaunt über die Anwesenheit so vieler Leute und über die Geschäftigkeit, die am Osterwochenende in Liberty Hall herrscht.
Er fragt, ob man vielleicht wieder ein neues Theaterstück probe.
Erst vor kurzem ist ein Agitationsstück, das Connolly selbst verfaßt hat, hier aufgeführt worden.
»Ja«, antwortet Constanze mit unterdrücktem Lachen.
»Ist es ein Stück für Kinder?« fragt der Bekannte.
»Nein, für Erwachsene.«
Die Mobilmachungsbefehle für die Bürger-Armee werden verschickt.
Die Soldaten sollen sich am Sonntag um 15.30 Uhr feldmarschmäßig ausgerüstet in der Liberty Hall einfinden.
Die meisten Männer und Frauen der Bürger-Armee wohnen in oder nahe bei Dublin. Deswegen geht die Mobilmachung dieses

Verbandes immer weit einfacher vonstatten als bei der Freiwilligen.
Während Boten der »Volunteers« unterwegs sind, um den Widerruf des Einsatzbefehls auszutragen, marschieren die ersten Soldaten dieser Truppe schon in Richtung Dublin. Als sie dort ankommen, manchmal auch schon unterwegs, hören sie, alles sei wieder abgeblasen. Wenn sie wieder heimkommen, werden sie dort abermals andere Befehle vorfinden. Kein Wunder, daß sie schließlich völlig verwirrt sind und viele von ihnen überhaupt nicht mehr wissen, was sie denn nun tun sollen.
Madame, die die Nacht in Surrey House verbracht hat, steht am Sonntag zeitig auf.
Es ist ein schöner, heller Frühlingstag. In der Morgenzeitung liest sie wie viele andere, daß »die Manöver« abgesagt sind.
»Ich raste zur Liberty Hall und traf James Connolly und Sean Mac Dermott mit Tom Clarke am Tisch in Connollys Schlafzimmer.
›Was ist geschehen?‹ fragte ich.
›Mac Neill hat uns den Boden unter den Füßen fortgezogen‹, sagte Tom Clarke.
Ich wollte in Klagen und Fragen ausbrechen, aber Connolly fiel mir ins Wort:
›Es wird schon wieder in Ordnung kommen. Es bedeutet nur einen vorübergehenden Aufschub...‹
Als er dies sagte, muß ihm bewußt gewesen sein, daß Mac Neills Vorgehen uns nun auch um die geringe Chance eines Sieges gebracht hatte. Mehr noch: Jetzt war auch die Möglichkeit vertan, kämpfend so lange durchzuhalten, bis die Stimmung in der Öffentlichkeit vielleicht umschlug und von daher dann Druck auf die Briten ausgeübt werden würde, das Leben der Rädelsführer zu schonen.
Eine Verschiebung des Aufstandes war völlig undenkbar. Zu viele Leute hatten inzwischen Wind davon bekommen, daß etwas im Gange war.«
Als einer der Männer einwendet, Mac Neill handele immerhin aus der Überzeugung, sinnloses Blutvergießen zu vermeiden, fährt Connolly auf:
»Es gibt für mich nur eine Art von Verantwortung, die mir zu schaffen macht, nämlich, vielleicht Männer und Frauen, die bereit gewesen sind, für Irland zu kämpfen und zu sterben, daran gehindert zu haben!«

Es wird ein geschäftiger Tag in Liberty Hall.

»Boten kamen und gingen. Die Provisorische Regierung tagte den ganzen Tag in Connollys kleinem Zimmer. Ich hatte einen Augenblick drinnen etwas zu tun. Tom Clarke präsidierte in der Mitte des Tisches. Er saß mit dem Gesicht zum Fenster, Connolly saß links neben ihm, Sean Mc Dermott rechts. Pearse saß nahe dem Fenster. Sie alle schienen heiter. Die Wolke war vorübergezogen.«

Man muß wahrscheinlich Ire sein, um zu ermessen, was es für einen leidenschaftlichen Parteigänger der Rebellen an diesem Tag bedeutet haben muß, auch nur einen Blick auf diese Männer geworfen zu haben.

Um ein Uhr beschließt der Militärrat, weiterzumachen. Jetzt breitet sich plötzlich eine gewisse Euphorie unter den Menschen aus, die sich in der Liberty Hall aufhalten. Noch müssen rasch die Aufmarschpläne geändert werden, weil bestimmt nicht alle Männer vom letzten Stand der Ereignisse unterrichtet sind.

Da die Bürger-Armee für Sonntag zusammengerufen worden ist, scheint es ratsam, etwas zu exerzieren, damit der Eindruck entsteht, es laufe alles wie an einem ganz gewöhnlichen Wochenende ab.

Kurz nach vier bricht die Truppe zu einem Marsch von Liberty Hall zum St. Stephen's Green auf. Dann geht es zum Rathaus, vorbei am Schloß, über die Liffey, zu den Four Courts und wieder zurück zu Liberty Hall. Hier hält Connolly eine Ansprache. Er erwähnt eine Geheimsitzung des Britischen Parlaments, die in der kommenden Woche stattfinden soll.

Wahrscheinlich werde dabei auch über die Friedensvorschläge aus Amerika beraten werden.

Es sei entscheidend, betont Connolly, daß Irland bei möglichen Friedensverhandlungen mit einer eigenen Delegation vertreten ist.

Die Bürger-Armee müsse so lange unter Waffen bleiben, bis es darüber bindende Zusagen gäbe.

Um die wachsende Erregung der Männer und Frauen etwas zu dämpfen und ihnen die Stunden des Wartens zu verkürzen, findet am Sonntagabend in der Liberty Hall ein improvisiertes Konzert statt.

Im Lauf des Sonntags ist in einer Werkstatt im Haus auch die Proklamation der Irischen Republik gesetzt und vervielfältigt worden.

Thomas Mac Donagh hat den Text drei Mitgliedern der Typographischen Gesellschaft zum Absetzen übergeben. Während sie arbeiten, stehen drei Mann der Bürger-Armee bei ihnen Wache. Der Aufruf, der ein Plakat normaler Größe füllt, beginnt mit den Sätzen:

»Irische Männer und Frauen!

Im Namen Gottes und der toten Generationen, von denen das Land seine alte Tradition als Nation erhalten hat, ruft Irland durch uns seine Kinder zu der Fahne und zum Kampf für die Freiheit…«

Die Anspannung ist groß. Auch Madame wird immer nervöser. Sie, Connolly und dessen Sekretärin, Winefred Carney, übernachten in der Stadt bei einem gewissen William O'Brien.

Kurz nachdem die Familie zu Bett gegangen ist, werden alle in der Wohnung von einem Schuß aufgeschreckt. Madame hat beim Entladen ihre Automatic ausgelöst. Die Kugel hat eine Zimmertür durchschlagen, ohne aber jemanden zu verletzen.

Frau Leutnant am Stephen's Green

Am Ostermontag geht Madame zeitig mit Miß Corney zur Liberty Hall. Vier Bataillone haben Befehl erhalten, sich um zehn Uhr vormittags mit Waffen und Marschausrüstung dort einzufinden. Die Kompanie E3 soll auf dem nahe gelegenen Beresford Place vor Kommandeur Pearse antreten. Um 11.45 Uhr gibt der Hornist Omar für die Einheit und die Abteilungen der Bürger-Armee das Trompetensignal zum Aufbruch.

Eine genaue Zählung der Rebellen, die an diesem Tag in den Kampf zogen, hat nie stattgefunden. Ursprünglich ist man davon ausgegangen, daß man 5000 Mann zur Verfügung haben werde. Nun sind es 1200, mit denen man auskommen muß.

Der Anblick, der sich bei der Musterung bietet, deprimiert Connolly. Nach außen hin läßt er sich nichts anmerken. Als ihn aber einer seiner Offiziere fragt, ob sie denn unter diesen Umständen überhaupt eine Chance hätten, antwortet er: »Nicht die geringste.«

Er nimmt seinen Platz an der Spitze seiner Abteilung ein und marschiert mit ihr durch die Abbey Street zur Hauptpost.

Bald hört man von dort her die Geräusche von zerscherbendem Glas. Die Gruppe hat damit begonnen, die Fensterscheiben einzuschlagen und sich in ihrem Hauptquartier zu verbarrikadieren. Madame berichtet:

»Ich stand auf den Stufen der Liberty Hall und sah dem kleinen Trupp Männer und Frauen nach, die abmarschierten. Pearse und Connolly zur G.P.O., Sean Connolly ging mit seinen Leuten zum Rathaus. Alle waren sie stolz und davon überzeugt, richtig zu handeln...ich fuhr mit Dr. Lynn in deren Wagen mit. Wir brachten einen Vorrat von Verbandszeug für Erste Hilfe zu den verschiedenen Posten.

Wir überquerten den Fluß und trafen gerade in dem Augenblick am Rathaus ein, als Kommandant Sean Connolly mit seinem kleinen Trupp von Männern und Frauen um die Ecke bog und den Polizisten niederschoß, der sich ihm in den Weg stellte. Sofort gab es große Aufregung. Die Leute rannten von allen Seiten herbei, um zu sehen, was da los sei. Doktor Lynn stieg aus, und ich erinnere mich noch, wie Mrs. Barret und andere ihr halfen, die Bündel zu tragen.«

Dr. Lynn bleibt im Rathaus. Madame nimmt den Rest des Verbandszeuges mit zum St. Stephen's Green. Dort hat Kommandant Mallin schon die wichtigsten Punkte in dem kleinen Park besetzt. Einige Männer haben schon damit begonnen, Schützengräben auszuheben. Andere bauen an den Eisentoren Barrikaden.

Man muß jeden Augenblick auf einen Angriff, vorgetragen über eine der zehn Straßen, die dort einmünden, gefaßt sein.

Die Aufständischen beschlagnahmen Lieferwagen einer Wäschefirma und Straßenbahnwagen, um sie für Barrikaden zu verwenden.

Mallin hat sofort Arbeit für Madame, die mehr nach ihrem Gusto ist, als die Verteilung von Verbandszeug: »Er erklärte mir, daß durch die Befehle Mac Neills viele der Freiwilligen, die eigentlich ihm hätten zugeteilt werden sollen, ausgefallen und deswegen Umstellungen notwendig geworden waren. Ich solle bleiben und mich darauf einrichten, als Scharfschütze eingesetzt zu werden. Er führte mich im Park herum und zeigte mir, wie das Verbarrikadieren der Tore und das Ausheben der Gräben vonstatten ging, und er ließ mich zurück, um diese Arbeit zu überwachen. Ungefähr zwei Stunden später ernannte er mich zu seinem Stellvertreter. Es wurde ziemlich aufregend, als das Schießen begann. Ich ging weiter im Park herum und berichtete, wenn etwas gebraucht wurde. Manchmal nahm ich irgendeinen der Scharfschützen unter Beschuß, der uns besonders zu schaffen machte.«

Einige wütend gewordene englische Offiziere im Shelbourne Hotel haben gar nicht erst das Eintreffen von Befehlen abgewartet, sondern sind kurzerhand dazu übergegangen, mit ihren Revolvern das Feuer auf die Rebellen zu eröffnen.

Madame schießt mit bestürzender Treffsicherheit zurück.

Es wird geschätzt, daß sich alles in allem 138 Männer und Frauen im Park aufgehalten haben. Davon sind etwa ein Dutzend erst im Laufe der Woche zu den Aufständischen gestoßen. Trotzdem sind es viel zuwenig, um, wie vorgesehen, auch die umliegenden Gebäude zu besetzen.

Sergeant Joseph Doyle hat die Aufgabe, mit nur sieben, statt mit wie vorgesehen 14 Mann zu Davys Gasthaus vorzustoßen, um dort den Vormarsch der Engländer aus Richtung der Portobello-

Kaserne aufzuhalten. Dort sind 650 Mann und 21 Offiziere stationiert. Natürlich dauert es nicht lange, und Doyle muß sich mit seinem Trüppchen wieder zurückziehen.
Ähnlich ergeht es Sergeant Robbins, der die Harcourt-Street-Banstation sichern soll. Statt 20 Mann sind nur drei Mann bei ihm.
Am ersten Tag gelingt es ihnen, den Bahnhof zu halten. Aber dann müssen auch sie einer überwältigenden Übermacht britischer Truppen weichen.
Noch schlechter ist Mallin im Park selbst dran. Viele der Frauen, die eigentlich lediglich dazu bestimmt gewesen sind, Sanitätsdienste zu leisten, müssen für Wachgänge eingesetzt werden.
Das zweite Bataillon findet sich an der Südseite des Parks zusammen, um zur Keksfabrik Jacobs vorzustoßen. Zu spät zur Stelle sind drei Mädchen, die von zu Hause mit der Straßenbahn gekommen sind. Während sie noch diskutieren, was sie denn nun machen sollen, sehen sie Madame. Sie nimmt sie mit in den Park, wo unterdessen auch eine Sanitätsstation eingerichtet worden ist.
Am Montagmittag, ein paar Stunden, nachdem die Rebellen den Park besetzt haben, geht Madame mit vier Männern und drei Frauen hinüber zum Gebäude des Chirurgischen College, um dort nach Waffen und Munition zu suchen. Eines der Parktore liegt genau gegenüber dem Portal des Hauses. Mallin läßt den Trupp hinaus und verschließt hinter ihnen das Tor wieder.
Gerade als der Hausmeister dabei ist, die große Tür zur Straße zuzuschließen, springt Sergeant Robbins die Stufen hinauf und wirft sich mit voller Kraft dagegen. Gleichzeitig gibt jemand aus dem Trupp einen Schuß ab, der die obere Türleiste trifft.
Aufgeregt wie er ist, wagt der Hausmeister, der die Aufständischen hat kommen sehen, nicht mehr abzuschließen. Madame und die anderen dringen in das Gebäude ein.
Der Hausmeister will nichts von Waffen wissen. Robbins verliert die Nerven, als sich der Mann so dumm stellt. Madame greift ein. Sie ordnet an, daß der Hausmeister in seiner Wohnung eingeschlossen wird. Dann durchsuchen die Rebellen das Haus vom Dach bis zum Keller.
Madame und zwei der Frauen kehren zum Park zurück und erstatten Mallin Bericht. Eine Anzahl selbstgebastelter Bomben werden aus dem Park auf das Dach des College transportiert. Kurz

darauf bringt Miß Margret Skinnider auch noch eine Fahne herüber.
Die Nacht verbringt Madame bei der Abteilung im Park.
Im Schutze der Dunkelheit sind englische Soldaten bis ins Shelbourne Hotel vorgerückt und haben auf dem Dach dieses Gebäudes am Nordosten des Parks ein Maschinengewehr in Stellung gebracht.
Sie können von dort den Park und alle angrenzenden Häuser beschießen. Die Rebellen hatten ursprünglich vorgesehen, das Hotel mit 50 Mann zu besetzen. Aber auch dieser Plan mußte aufgegeben werden.
Am Dienstagmorgen werden die Schläfer im Park von heftigem Gewehr- und Maschinengewehrfeuer geweckt.
»Wir müssen fort hier«, sagt Mallin zu Madame.
Die Schützengräben sind noch nicht tief genug, um hinreichenden Schutz zu bieten. Die Bäume im Park haben noch kein Laub. Und selbst auf die Mädchen, die mit Rotkreuz-Armbinden und Schürzen mit großen Rotkreuzzeichen herumlaufen, schießen die Engländer. Schließlich hasten sie alle vom Park hinüber ins Collegegebäude.
Zivilisten, die neugierig zuschauen, machen Bemerkungen, die erkennen lassen, daß sie keine Sympathien für die Rebellen haben: »Schaut mal, wie die rennen...nicht mal einen Hut hat die Frau auf!«
Drei oder vier Gefangene, die man bis dahin gemacht hat, werden ins College mitgenommen. Andere hat man entlassen. So einen Offizier, dem man zuvor das Ehrenwort abnahm, über alles, was er gesehen hat, Stillschweigen zu bewahren.
Im Chirurgischen College schützen die dicken Mauern des dreistöckigen Hauses die Rebellen. Zu ebener Erde sind Vorlesungssäle und ein Museum, im ersten Stock liegen Seminarräume und Laboratorien und die Bibliothek. Unter dem Dach wohnt der Hausmeister. Ein Teil eines Seminarraums wird als Lazarett hergerichtet.
Die Fenster werden mit Möbeln und Büchern verbarrikadiert. Jetzt erwidern die Rebellen gezielt das Feuer der englischen Truppen.
Eine Kompanie wird abgestellt, um jeweils die Wände der angrenzenden Häuser nach Westen und Norden zu durchbrechen. Dann beschließt man, eines der Häuser auf der Nordseite des Parks, das

von englischen Truppen besetzt ist, in Brand zu stecken. Schon ist alles vorbereitet, da taucht Madame auf und teilt mit, daß Mallin das Unternehmen abgeblasen hat.
Zu diesem Zeitpunkt hat der Widerstand im Chirurgischen College schon eigentlich nur noch symbolischen Charakter.
Jede Bewegung in und um das Haus löst sofort wütendes Gewehr- und Maschinengewehrfeuer aus.
Langsam wird auch die Verpflegung zu einem Problem. Connolly hat drei Mädchen aus der Hauptpost mit Munition zum College geschickt. Er hat ihnen auch Geld mitgegeben, um etwas zu essen zu kaufen. Sie bringen Brot, Käse und Suppenwürfel.
Die einzige Frau, die bei den Kampfhandlungen am Green verletzt wird, ist Margret Skinnider. Sie hat sich mit einer Gruppe von Männern zu einem Haus geschlichen, das in der Nähe des Colleges liegt. Die Engländer eröffnen vom Erdgeschoß des gegenüberliegenden Hauses das Feuer. Der 17jährige Fred Ryan ist auf der Stelle tot. Miß Skinnider wird verwundet. William Partridge schleppt sie zurück ins College. Sie weint, aber nicht so sehr wegen der Schmerzen, sondern weil man ihr den Rock ihrer neuen Uniform hat aufschneiden müssen, um nach den Wunden zu sehen. Madame hält ihr die Hand, während eine andere Frau sie verbindet.
Am frühen Mittwochvormittag hören sie laute Detonationen aus Richtung Liffey-Ufer. Einige meinen immer noch, die Deutschen seien gelandet.
In Wirklichkeit handelt es sich um ein englisches Kanonenboot, das Liberty Hall unter Beschuß nimmt. Den ganzen Tag über reißt das Geschützfeuer nicht ab. Artillerie ist von den Briten in Stellung gebracht worden, die nun die Hauptpost beschießt. In der Nacht liegt ein Feuerschein über der O'Connel Street. Das Ende zeichnet sich ab.
Sie hören auch Gewehrfeuer von der Mount Street Bridge.
Später erfahren sie, daß die englischen Truppen dort auf heftigen Widerstand gestoßen sind.
Die Verstärkungen, die die Engländer Dienstag nacht in Dun Laoghair, einem Hafen in der Bucht von Dublin, an Land gesetzt haben, stoßen in zwei Angriffssäulen zum Royal Hospital, dem militärischen Hauptquartier der Briten, vor.
Die eine Gruppe zieht über die Stillorgan Road und erreicht ihr Ziel ohne jeden Zwischenfall.

Die andere Abteilung marschiert von Ballbridge her ins Stadtzentrum. Jenseits einer Brücke über das Flüßchen Dodder gabelt sich die Straße. Der rechte Straßenstrang führt durch die Northumberland Road ins Zentrum, aber auch über die linke Straße zur Baggott Street Bridge könnte man in die Stadtmitte gelangen.
Die Truppen schlagen die rechte Straße ein. Als sie die Brücke über den Kanal bei Mount Street erreichen, werden sie aus zwei Häusern beschossen.
Es sind nur sieben Mann, die sich dort eingenistet haben, aber es dauert mehrere Stunden, bis die Engländer hier unter hohen Verlusten weiterkommen.
An allen von ihnen besetzten Punkten vollbringen die Rebellen Erstaunliches, aber am Ende ist jeweils die Übermacht der britischen Truppen erdrückend.
Im Phoenix Park gelingt es einer Gruppe von Jungen der Fianna, die am Montagmorgen zunächst dort Ball gespielt haben, in das Munitions-Magazin der Engländer einzudringen. Doch der Schlüssel zur Pulverkammer liegt nicht dort, wo er liegen sollte. Das führt zu einer beträchtlichen Verzögerung. Immerhin gelingt es dem Trupp, das Fort in Brand zu stecken, und die Briten haben über mehrere Stunden hin alle Hände voll zu tun, um eine Explosion der Pulverkammer zu verhindern.
Heftige Kämpfe haben auch auf dem Areal der South Dublin Union stattgefunden. Es ist ein Industriegelände mit Schuppen und Hallen. Es zu beherrschen, ist deswegen besonders wichtig, weil man von dort aus die Kingsbridge-Eisenbahnstation kontrollieren kann, an der die Züge aus dem großen britischen Militärlager von Curragh enden. Die Abteilung, die dort kämpft, hat den Auftrag, den Zugang zu den Four Courts auf dem anderen Ufer der Liffey abzuschirmen. Dort toben schwere Kämpfe mit großen Verlusten für beide Seiten in einem Gewirr von Gassen in den Slumvierteln rund um das große Gebäude.
Die Hauptpost, das militärische Hauptquartier der Rebellen und der Sitz der Provisorischen Regierung, hat nach dem Artilleriebeschuß zu brennen begonnen und muß schließlich geräumt werden.
Der britische Plan zur Unterdrückung des Aufstandes ist einfach.
Die Positionen der Rebellen werden eingeschlossen und abgeriegelt.

Dann wird das Hauptquartier in der G.P.O. ausgeräuchert. Und schließlich nutzen die Engländer ihre starke Überlegenheit, um einen Stützpunkt der Rebellen nach dem anderen zu erobern.
Den 1000, höchstens aber 1800 Aufständischen stehen zu Anfang 2500 britische Soldaten gegenüber. Am Ende der Woche haben die Briten 5500 Mann im Einsatz. Alle Einheiten sind gut ausgerüstet und ausgebildet.
Inzwischen müssen Pearse und Connolly, der schwer verwundet ist, einsehen, daß weiterer Widerstand sinnlos wäre. Sie schicken die Krankenschwester Elisabeth Farrell mit einer weißen Fahne ins englische Hauptquartier. Am Samstag, dem 29. April, um 15.45 Uhr, stimmen Pearse und Connolly einer Feuereinstellung auf der Grundlage einer bedingungslosen Kapitulation zu. Es dauert noch einige Zeit, bis die Kommandeure der verschiedenen Widerstandsnester im Stadtgebiet von der Vereinbarung Kenntnis erhalten haben.
Am Sonntag, dem 30. April, wird Elisabeth Farrell in der Grafton Street abgesetzt. Von dort aus geht sie mit einer weißen Fahne und einer mit Maschine geschriebenen Ausfertigung des Kapitulationsbefehls die paar Schritte zum Chirurgischen College. Die Grafton Street, auch damals schon eine der Hauptgeschäftsstraßen auf dem südlichen Liffey-Ufer, ist menschenleer. Am Stephen's Green pfeifen immer noch die Kugeln. Miß Farrell kommt an die Seitentür in der York Street und verlangt Mallin zu sprechen. Der schläft gerade. Also übergibt sie Madame den Befehl. Diese läßt Mallin wecken und alle Männer und Frauen zusammenrufen.
In düsterer Stimmung versammeln sich die Rebellen. Nachdem Mallin den Befehl zur Feuereinstellung und zur bedingungslosen Kapitulation verlesen hat, sagt Madame noch ein paar Worte:
»Wir haben versucht, unser Bestes zu geben. Wir können nur auf die Zukunft hoffen. Auch unsere Generation hat klargemacht, wie entschieden sie die Unabhängigkeit Irlands verlangt. Schon jetzt haben wir mehr vollbracht als Wolfe Tone. Mehr konnten wir nicht erwarten.«
Um 11 Uhr am Sonntagmorgen, sechs Tage nach Beginn des Aufstandes, kapituliert die Abteilung von St. Stephen's Green vor dem Chirurgischen College. Madame und Mallin führen die Gruppe an, die sich am Seiteneingang mit dem britischen Offizier, Captain Wheeler, trifft. Constanze salutiert. Sie küßt ihren Revolver. Dann sagt sie: »Ich bin bereit.«

Der Captain bietet ihr an, sie in seinem Wagen ins Gefängnis zu fahren. Aber sie besteht darauf, wie die anderen zu laufen.
Man führt die Gefangenen durch die Grafton Street, dann die Dame Street hinauf zum Schloß, ziemlich genau zu der Stelle, an der Constanze Dr. Lynn dabei geholfen hat, das Verbandszeug zu verladen.
Keiner der Offiziere unter den Rebellen macht sich Hoffnungen, mit dem Leben davonzukommen. Unterwegs unterhalten sich Madame und Mallin darüber, ob man sie erschießen oder erhängen werde.
Viele Menschen säumen jetzt die Straßen. Eine Frau, die Madame aufmunternd zuwinkt, wird von den Engländern festgenommen und bleibt über eine Woche in Haft. Die meisten Leute aber schwenken englische Fahnen und rufen: »Erschießt die Verräter ...stecht sie doch mit euren Bajonetten ab...verrückte Hunde das!«
Es kann nicht den geringsten Zweifel darüber geben: am Ende des Aufstandes sympathisiert die Mehrzahl der Bevölkerung von Dublin mit den Engländern.
Der Aufstand ist in den Augen der meisten Leute eine Wahnsinnstat gewesen. Eine Woche hat die Lebensmittelversorgung der Stadt gestockt. Die Bäckereien haben nicht gearbeitet. Es ist häufig zu Plünderungen gekommen. Mehr aber als all dies zählen die 150000 irischen Männer, die in der englischen Armee Dienst tun.
Nach einem kurzen Aufenthalt im »Castle« wird die Abteilung vom St. Stephen's Green in die Richmond-Kaserne weitergeleitet. Nora O'Daly hat während des ganzen Marschs eine Rotkreuz-Flagge getragen. Am Kasernentor wird sie ihr aus der Hand geschlagen. Madame wird von den übrigen Frauen getrennt.
Julia Grennan, die zu der Besetzung der G.P.O. gehört hat, verbringt diese erste Nacht als Gefangene im Freien, hinter Stacheldraht, in einem kleinen Park. Am nächsten Tag wird auch sie in die Kaserne gebracht und dort zusammen mit den Frauen, die bei der Abteilung von Four Courts mit dabeigewesen sind, eingesperrt.
Madame sieht Julia Grennan zum ersten Mal wieder, seit die Rebellen am Montag von Liberty Hall abmarschiert sind. Sie will zu ihr hinlaufen, ihr die Hand schütteln.
»Fort mit der Frau!« ruft eine Stimme. Ehe die beiden sich

begrüßen können, wird Madame fortgebracht. Am Abend ist sie in Kilmainham Jail, einem Gefängnis, etwas außerhalb von Dublin, das von jeher Rebellen und politische Gefangene beherbergt hat.
Es wird schon dunkel, als sie mit ihren Bewachern dort ankommt. Die Soldaten tragen Kerzen. Nora O'Daly, auch eine Frau unter den Rebellen, sieht Madame für einen kurzen Augenblick. Als sie mit anderen Frauen in das Gebäude geführt wird, steht Constanze auf dem obersten Umgang und raucht. Die Wache ruft: »Den Glimmstengel aus.«
Nora O'Daly ist so froh, ein vertrautes Gesicht zu sehen. Sie bewundert Madames Selbstbeherrschung. Constanze scheint das Brüllen und Schimpfen der Wärter einfach nicht zur Kenntnis zu nehmen. Sie lächelt ihren Bekannten zu, bis man diese in Einzelzellen eingeschlossen hat.

Gefängnisse

Auch in Kilmainham bleibt Madame von den anderen weiblichen Gefangenen abgesondert. Sie kommt in eine Einzelzelle auf einen Flur mit den Führern des Aufstandes. Sie hört, wie sich die Türen öffnen und schließen. Sie kann nur vermuten, was da vorgeht.
Im Morgengrauen des dritten Tages hört sie auf dem Hof Schüsse.
Sie ist weiterhin fest davon überzeugt, daß man auch sie hinrichten wird.
Der Gefängnispfarrer legt ihr nahe, sie solle ein Kleid statt der Uniform anziehen.
Sie sagt: »Ich habe in diesen Kleidern gekämpft, und ich werde in ihnen sterben.«
Am vierten Tag wird sie morgens aus ihrer Zelle geholt. Es ist der 4. Mai 1916. Geht es zur Hinrichtung?
Vorerst noch nicht.
Sie wird einem Militärtribunal vorgeführt.
Ein 17jähriger Page aus dem Universitätsclub tritt als Zeuge der Anklage auf. Er sagt aus:
»Sie fuhr auf das Shelbourne Hotel zu. Ich sah sie gegen 13.15 Uhr, als sie hinter einem der Denkmäler stand. Sie hielt eine Pistole in der Hand und zielte in Richtung auf den Club und feuerte. Ich lief die Treppe hinauf und sah, wo die Kugel einschlug. Nachdem sie geschossen hatte, ging sie in Richtung auf das Shelbourne Hotel weiter. Sie trug Kniehosen und Wickelgamaschen.«
Ein Rechtsbeistand für die Angeklagte ist nicht zugelassen.
Am Morgen des 5. Mai hört sie im Hof wieder Salven. In der Nacht hat der Wachsoldat, nachdem alles ruhig geworden ist, ihre Zellentür aufgeschlossen und ihr eine Zigarette angeboten, sich neben sie gesetzt und mit ihr geraucht.
Von ihm erfährt sie, daß Padraic Pearse, Tom Clarke und Thomas Mac Donagh gleich am ersten Tag erschossen worden sind, am zweiten Tag hat man Ned Daly, Joseph Plunkett, Michael O'Hanrahan und Willie Pearse, den Bruder von Padraic, hingerichtet. Am

Morgen ist John Mac Bride an der Reihe, der geschiedene Mann von Maud Gonne.
Am nächsten Tag steht sie in ihrer Zelle am Tisch, als ein junger englischer Offizier hereinkommt. Er grüßt. Es ist ihm sichtlich unbehaglich zumute. Er verliest ihr das Urteil des Kriegsgerichts:
»Constanze Georgina Markievicz hat 1. an einer bewaffneten Rebellion gegen Seine Majestät den König teilgenommen. Sie hat den Verteidigungszustand des Reiches beeinträchtigt und dem Feind in die Hände gearbeitet. Sie hat 2. versucht, Unruhe unter der Zivilbevölkerung zu stiften.«
Das Gericht befindet sie im Sinn der Anklage für schuldig. Das Urteil lautet auf Tod durch Erschießen. Der Oberbefehlshaber der britischen Truppen in Irland, der alle Todesurteile bestätigen mußte, hat unter diesen Spruch geschrieben: »Bestätigt. Ich wandele das Urteil in lebenslängliche Haft um.«
Nachdem ihr der Spruch verlesen worden ist, sagt Madame zu dem jungen Offizier: »Ich wünschte, Sie hätten soviel Anstand, mich erschießen zu lassen.«
Sie wird nun in das Gefängnis Montjoy verlegt. Von ihrer Zelle aus kann sie auf der Straße die Zeitungsjungen ihre Nachrichten ausrufen hören. So erfährt sie, daß inzwischen auch Eamonn Ceannt, Michael Mallin, Con Colbert und Sean Heuston hingerichtet worden sind. Die beiden letzten sind Mitglieder der Fianna. Dabei seit dem ersten Tag.
Izwischen hat sich Eve Gore-Booth, die zusammen mit Esther Roper in London lebte, darum bemüht, eine Besuchserlaubnis bei ihrer Schwester zu bekommen.
Am 11. Mai fahren Esther Roper und sie an Bord der *Leinster* nach Irland.
Sie kommen an einem sonnigen Morgen an, aber die Stimmung an Land ist bedrückt.
Auf der Fahrt in die Stadt lesen sie auf Plakaten von der Hinrichtung Connollys.
Da er durch seine Verwundung so geschwächt gewesen ist, daß er nicht stehen konnte, hat man ihn zur Hinrichtung auf einen Stuhl gefesselt. Als ihn der Priester aufgefordert hat, ein Gebet für jene zu sprechen, die ihn erschießen, hat er geantwortet: »Ich werde für alle tapferen Männer beten, die, ihrer Einsicht gemäß, ihre Pflicht tun.«

Eve und Esther Roper fahren durch Straßen, in denen noch rauchende Trümmer liegen, und der mürrische Taxifahrer erzählt ihnen, seine Familie sei während des Aufstandes fast verhungert.
Als er schließlich vor dem Gefängnis hält und merkt, wen er da gefahren hat, wird er ein ganz anderer Mensch: »Machen Sie sich nichts daraus, was ich Ihnen da erzählt habe. Ich wußte schließlich nicht, daß es ins Gefängnis geht.«
Nach dem grausamen Strafgericht der Engländer schlägt die Stimmung unter den Dublinern nun langsam um.
Für Eve beherrscht ein Gedanke den ganzen Morgen. Weiß Constanze schon, daß man Connolly hingerichtet hat, oder werden Esther und sie es sein, die ihr diese Nachricht bringen?
Die Besucher zeigen ihre Genehmigung, werden über einen Hof geführt, durch einen langen Korridor und betreten einen düsteren, nackten Raum. Constanze kommt mit einer Wärterin. Sie ist bleich, wirkt aber beherrscht und lächelt. Ihre erste Frage gilt dem Schicksal Connollys. Eve antwortet nicht direkt, aber das reicht für Constanze hin, um zu erraten, was geschehen ist.
Zum ersten und letzten Mal während ihrer Gefangenschaft bricht sie völlig zusammen. Sie schreit auf: »Warum haben sie mich nicht mit meinen Freunden sterben lassen.«
Der Rest der Sprechzeit von 20 Minuten vergeht mit Fragen nach dem Schicksal anderer Freunde und Bekannter.
Vor allem bestürzt zeigt sich Constanze über das Schicksal von Francis Sheehy-Skeffington.
Er, der streitbare Pazifist, hat während des Aufstandes versucht, Leute in der Nachbarschaft seines Hauses am Plündern zu hindern. Dabei ist er von einem britischen Offizier festgenommen worden, von dem sich später herausstellen wird, daß er geisteskrank ist. Jener Captain Bowen-Colthurst hat Skeffington in eine Kaserne bringen und ihn dort auf dem Hof erschießen lassen.
»Warum, in aller Welt haben sie Skeffy erschossen?« ruft Constanze jetzt aus, »der hat doch mit dem Aufstand überhaupt nichts zu tun gehabt.«
Und dann bittet sie Eve und Esther Roper, nach Mrs. Mallin zu suchen, deren Mann vor kurzem hingerichtet worden ist und die in Kürze ein Kind erwartet.
Eve und Miß Roper müssen wieder gehen. Sie werden Constanze in den nächsten vier Monaten nicht wiedersehen.

Sie fahren nach Surrey House, das von den Militärbehörden beschlagnahmt und durchwühlt worden ist.
Die Möbel sind zerschlagen worden. Bücher und Bilder liegen auf dem Fußboden herum. Jemand hat sich sogar die Mühe gemacht, die Bilder für eine *Laterna magica* zu zerbrechen. Im Garten ist nach Waffen gegraben worden. Nach den Soldaten sind Plünderer dagewesen. Das Militär hat vor allem nach Propagandamaterial gefahndet.
Als die beiden Frauen Surrey House verlassen, erkennen die Leute, die auf dem Bürgersteig herumstehen, daß Eve Constanzes Schwester ist. Sie sagen zu ihr, sie dürfe nicht durch die Stadt gehen, Soldaten könnten sie mit Constanze verwechseln und sie erschießen.
Tatsächlich sehen sich beide Schwestern so ähnlich, daß man sie auf etwas unscharfen Fotografien nicht voneinander unterscheiden kann.
Den ganzen nächsten Tag verbringen Eve und Miß Roper damit, durch die von Hunger und Elend gezeichneten Straßen von Dublin zu irren... auf der Suche nach Mrs. Mallin.
Sie kommen an der Richmond-Kaserne vorbei und sehen dort die Männer und Frauen stehen, die auf Nachricht über das Schicksal ihrer Angehörigen warten.
Sie erleben mit, wie sich das Gerücht verbreitet, die Engländer wollten für vier während der Kämpfe gefallene Soldaten 40 Gefangene erschießen lassen. Sie geraten in eine kleine Kapelle und nehmen an einer Messe teil. Sie sprechen mit dem Priester, der empört von unmenschlichen Haftbedingungen in der Kaserne berichtet. Die Gefangenen sind seit Tagen ohne Nahrung, ohne Wasser. Sie haben nicht einmal die Möglichkeit, ihre Notdurft zu verrichten.
Der Priester kennt Verwandte von Mrs. Mallin und verspricht, die Gesuchte aufzuspüren und sich um sie zu kümmern.
Beim Lunch im Hotel hören Eve und Miß Roper ein Gespräch zwischen einem englischen Soldaten und einem Unionisten mit an. Der Mann beklagt sich, weil ein Freund von ihm, ein überzeugter Orangeman, erschossen worden ist. Nachdem er sich drei Tage nicht auf die Straße wagte, hat er nur einmal die Haustür einen Spalt geöffnet, und dabei ist es passiert. Der Soldat zuckt nur die Achseln: »Töricht genug, in solchen Zeiten seinen Kopf aus dem Haus zu stecken.«

Noch im Kilmainham-Gefängnis, und davon überzeugt, daß man sie hinrichten werde, hat Constanze den Wunsch geäußert, zum katholischen Glauben überzutreten. Der Gefängnispfarrer, der sie besucht, hat ihr klargemacht, daß dazu erst eine Unterweisung in der Lehre der Kirche notwendig sei.
Zu Mrs. Sheehy-Skeffington hat dieser Father McMahon gesagt: »Ich begreife die Gräfin Markievicz nicht. Sie will in die Kirche aufgenommen werden, aber sie will mir nicht zuhören, wenn ich ihr von der Verwandlung von Brot und Wein und von Dogmen erzähle. Sie sagt einfach: ›Machen Sie sich doch keine Mühe. Ich bin ja bereit, alles zu glauben, was die Kirche von mir zu glauben verlangt... und nun erzählen Sie mir, Father, wie geht es denn den Jungen von der Fianna, die sie eingesperrt haben.‹«
Sie setzt den armen Father McMahon auch nicht wenig in Erstaunen, als sie den Teufel als »einen guten Rebellen« in Schutz nimmt.
Am Ende der Woche kehren Eve und Miß Roper nach London zurück, um dort weitere Nachrichten abzuwarten. Sie haben Surrey House vermietet, die Möbel eingestellt und den Dienstboten und anderen Freunden Madames so gut geholfen wie sie konnten, genauso, wie es Constanze in einem Brief aus dem Gefängnis erbeten hat:
»... natürlich sind auch noch Haushaltsrechnungen offen. John Clarke in der Richmond Street ist mein Lebensmittelhändler, Ferguson in Rathmine mein Bäcker, Kehoe der Fleischer, Hendrick der Garagist, beide in Rathmine. Zwei Kohlenrechnungen sind noch zu bezahlen: eine an Clarkin in der Tara Street, die andere an einen Mann, dessen Name mir entfallen ist, in Charlemont Street, auf der Flußseite, wenn Du auf der Brücke stehst, in der Drogerie an der Ecke, wo die Straßenbahnen kreuzen. Ich schulde Gleason in der O'Conner Street eine Kleinigkeit für einen Rock, und bei Art Deco in Belfast ist auch noch eine Rechnung offen. Aber das eilt nicht. Sie sind es gewohnt, warten zu müssen. Zahle bitte nichts, ohne Dich genau vergewissert zu haben, daß es tatsächlich meine Schulden sind. Es hat nämlich Leute gegeben, die haben sich mit allerlei Tricks in meinem Namen Kredit verschafft. Tut mir wirklich leid, daß ich Dich mit alldem behelligen muß. Ich komme mir in etwa so vor, als würde ich meine eigene Beerdigung überwachen.«
Und über ihr Gefängnisdasein schreibt sie:

»...jedenfalls lebt man hier sehr billig, und ich bin sogar ein bißchen froh, daß ich nicht als politischer (sondern als krimineller) Gefangener behandelt werde, weil mich sonst eine große Versuchung ankäme, auf eigene Kosten mir etwas zu essen, zu rauchen und zum Anziehen zu besorgen. Jetzt lebe ich kostenlos, und meine Schulden werden bezahlt sein. Ich nehme an, nach einer gewissen Zeit werde ich wieder schreiben dürfen und auch wieder Besuch bekommen können. Ich kenne die Bestimmungen nicht, aber setz Dich bitte für mich mit Mrs. Connolly, Mrs. Mallin und Bessie Lynch in Verbindung. Es täte mir leid, wenn eine von ihnen würde hungern müssen, und ich könnte den Gedanken nicht ertragen, daß Sie sich von ihren Freunden verlassen vorkommen.

Nun, *Darling,* mach Dir um mich keine Sorgen. Es geht mir nicht so schlecht, und nur kleinliche Leute murren, wenn es gilt, den Preis für etwas zu zahlen. Alle sind ganz nett, und wenn das hier auch nicht gerade ein Rosengarten ist, müssen gewiß viele Rebellen weit Schlimmeres ertragen. Wenn ich daran denke, was die Fenier durchgemacht haben, und wie es den Polen in den sechziger Jahren ging, bin ich doch noch gut dran. Also, Liebling, zerbrich Dir nicht Deinen lieben, alten Kopf.«

Sie kommt in einen kalten, feuchten Bau, hat die Häftlingsnummer elf, trägt Sträflingskleidung und ist den Launen schlecht bezahlter Wärterinnen ausgesetzt.

Sie hat sich vorgenommen, alles ohne Murren zu ertragen, aber die erste Woche in Aylesbury wird ihr schwer. Jede Zelle hat ein Guckloch, um das herum naturalistisch ein menschliches Auge aufgemalt ist. Der Spion darf nicht verhängt oder zugesperrt werden, sonst wird man bestraft.

Eine Mitgefangene, Chicago Molly, eine hartgesottene Gangsterbraut, schreibt über diesen Spion:

»Man gewöhnt sich an alles. Aber man kommt nie über den Schrecken hinweg, ständig beobachtet zu werden. Ob man nun hinsah oder nicht, man hatte einfach immer das Gefühl, ein wirkliches Auge sähe einen an...«

Der Gefängnistag beginnt um 6.30 Uhr. Die Gefangenen waschen sich, ziehen sich an und bekommen zum Frühstück sechs Unzen Brot und ein *pint** Tee (meist kalt!) in die Zelle gestellt. Dann beginnt die Arbeit. Harte Arbeit, leichte Arbeit, gar keine Arbeit –

* pint: 0,5682 l

je nach dem Urteil. Constanze ist zu harter Zwangsarbeit verurteilt.
Mit den anderen Schwerarbeitern erhält sie um zehn Uhr zwei Unzen Käse und eine Scheibe Brot. Der Lunch besteht aus zwei Unzen Fleisch, einer Unze Kohl, einer Kartoffel in dicker Mehlsoße und sechs Unzen Brot (Donnerstag ist eine Ausnahme). Dann gibt es kalten Pudding, und am Freitag gibt es für die Gefangenen Fisch. Das Abendessen kurz vor 17 Uhr besteht aus einem *pint* Kakao oder Tee und sechs Unzen Brot.
Constanzes Gewicht sinkt während der Haft von elf *stones* auf siebeneinhalb *stones* ab. Verwunderlich erscheint einem daran, daß sie vorher je soviel gewogen haben soll.
Die sanitären Einrichtungen sind miserabel. Die medizinische Betreuung der Gefangenen unzureichend. Aber niemand wagt zu klagen, weil die Gefangenen fürchten, dann eventuell in das noch gefürchtetere Gefängnis von Broadmoor geschickt zu werden.
Constanze läßt sich nicht einschüchtern. In einem Brief an Eve, den sie herausschmuggeln läßt, fordert sie Besucher dazu auf, immer wieder bestimmte Fragen zu stellen:
»Diese Fragen sollte man mir und allen politischen Gefangenen bei einem Besuch stellen:
Was wiegen Sie? Welches war Ihr Normalgewicht?
Wie lange kommen Sie jeden Tag ins Freie?
Wie häufig bekommen Sie frische Unterwäsche?
Leiden Sie unter Verstopfung? Bekommen Sie Arzneimittel?
Welche Temperatur herrscht in dem Raum, in dem Sie arbeiten?
Was arbeiten Sie? Wieviel müssen Sie in der Woche leisten?
Wenn ich oder irgend jemand auf diese Fragen keine Antwort geben darf, muß man sich die Antworten unbedingt verschaffen.
Die Frauen, mit denen ich hier zusammen bin, sind Ratten aus der Gosse in England, ganz anders als in Mountjoy. Prostituierte, Witwen, die ihre Babys umgebracht haben. Andere sind hier wegen Abtreibung.
Schlagt daraus in Irland und Amerika Kapital...«
Wenn Constanze am Abend um 17.30 Uhr in ihre Zelle eingeschlossen worden ist, hat sie nichts mehr zu tun. Es dauerte lange, ehe Eve beim Innenministerium durchsetzt, daß sie wenigstens Papier und Bleistift erhält, um zu zeichnen.
Sie ist völlig isoliert von Menschen ihresgleichen. Ihre Mitgefangenen sind weibliche Kriminelle, die meisten völlig ungebildet. Die

männlichen Gefangenen der Oster-Rebellion dürfen einander im Gefängnis in den Zellen besuchen. Constanze hat keinerlei Kontakt zu anderen politischen Häftlingen in Aylesbury. Sie wird behandelt wie eine verurteilte Mörderin.
Im ersten offiziell zugelassenen Brief an Eve klagt sie, verglichen mit Mountjoy sei es in Aylesbury traurig und einsam. In dem Gefängnis in Irland habe sie die Zeitungsausrufer draußen gehört und die Stimmen kleiner Jungen, die im Kanal planschten und irische Lieder sangen.
Anfang September 1916 erhält Eve die erste Besuchserlaubnis. Sie und Miß Roper haben sich für diesen Besuch besonders herausgeputzt. Constanze schwärmt in ihrem nächsten Brief:
»Moral: man besuche Kriminelle immer in seinen besten Kleidern, Blau und Grau sind in meinem Fall die Farben der Wahl.«
Madame arbeitet zunächst im Nähraum – ein beliebter Arbeitsplatz unter den Gefangenen, weil es der trockenste und wärmste Ort in dem feucht-kalten Gefängnisbau ist. Sie näht Nachthemden und Unterwäsche aus schwerem, ungebleichtem Kaliko. Aber sie findet diese Beschäftigung monoton und drängt darauf, eine andere Arbeit zugewiesen zu bekommen. Sie wird nun zum Spülen in die Gefängnisküche gesteckt.
Dort gibt es eine Wärterin, die sich einen Spaß daraus macht, Schmutz auf dem Boden auszustreuen, den Madame gerade sauber geschrubbt hat.
Die Herzogin von St. Alban, eine Bekannte von Bekannten, besucht das Gefängnis. Die Herzogin fragt Constanze:
»Mein Liebes, beten Sie denn auch regelmäßig?«
Madame in einem Brief an Eve:
»Ich fühlte mich zuerst ein bißchen beleidigt, aber dann sagte ich mir: sie kann ja nichts dafür, daß sie so dumm ist. Ich schlug die Augen weit auf und erwiderte: Aber natürlich... Sie etwa nicht?«
Mit der Zeit leidet Constanzes Gesundheit unter der schlechten Verpflegung. Nur unter größten Schwierigkeiten gelingt es Eve durchzusetzen, daß ihre Schwester zusätzlich täglich ein Glas Milch erhält.
Wie die anderen Gefangenen, so ist auch Madame ewig hungrig. Einmal bemerkt sie zu Miß Roper:
»Das einzige, was Menschen, soweit ich sehen kann, in einem Gefängnis lernen, ist eine üble Ausdrucksweise und stehlen. Ich

war gestern so hungrig, daß ich eine rohe Rübe stahl und sie runterschlang.«

Die Gefängnisdirektorin, Dr. Fox, schildert sie als eine Frau »ohne Herz und Vorstellungsvermögen...eine ungeeignetere Person, um ein Gefängnis zu leiten, ist schwer denkbar«.

Und ganz allgemein über die Zustände in Aylesbury:

»Was einem sofort auffällt...ist der außerordentliche Schmutz unter einer Fassade von Sauberkeit.

Jedes Fleckchen Messing ist blitzblank, die Flure werden ständig geschrubbt, aber die Bäder waren so schmutzig, daß wir uns weigerten, sie zu benutzen. Ungeziefer kroch ständig über einen hin.

Jeden Abend wurde unser Porridge mit einer großen Zinnkelle aus dem Kübel geschöpft. Die Kelle lag dann über Nacht in einem schmutzigen Eimer, in dem auch die Bürste lag, mit der das Klo gescheuert wurde. Die Matratze, die man mir bei meiner Einlieferung gab, war so schmutzig, daß es jeder Beschreibung spottet. Ich mußte damit zurechtkommen, bis zum Tag meiner Entlassung. Man gab mir alte Kleider, die von anderen Gefangenen schon getragen worden waren. Die Schuhe waren voller Löcher, so daß Feuchtigkeit und Schnee durchdrangen.

Und immer war da die Angst, man würde sich irgendeine fürchterliche Krankheit holen.

Eine Abteilung des Gefängnisses hieß Bordtal, und 150 Mädchen (gemeint sind Prostituierte) befanden sich dort. Wir kochten und wuschen für sie. Das Essen wurde in Zinngeschirren serviert. Viele davon waren alt und muffig. Die Gefäße der Mädchen kamen oft zu uns herunter in einem Zustand, der sich nicht beschreiben läßt, und es gab weder genügend Wasser noch Becken und Arbeitskräfte, um sie richtig sauberzumachen...15 Gefäße waren mit einem D (*Disease* = Krankheit) markiert. Man sagte uns, wir müßten sie vom Rest getrennt halten. Ungefähr eine Woche später waren 15 weitere Gefäße markiert, und sie wurden immer wieder mit den anderen durcheinandergebracht, obwohl wir dagegen protestierten. Man sagte uns, es mache nichts, wir sollten uns nicht damit aufhalten...

Während ich dort war, versuchte eines der Mädchen, sich umzubringen, indem sie sich die Kehle durchschnitt, ein anderes steckte ihre Zelle an und wäre fast verbrannt. Mehrere versuchten, sich an Stricken, die sie aus Postsäcken gedreht hatten, aufzuhängen.

Andere schluckten Nadeln. Arme Mädchen. Es war doch einfach gemein und sinnlos, sie dazu zu treiben...«

Wenn Madame auch aus dem öffentlichen Leben Dublins verschwunden ist, so haben sie doch die Menschen dort nicht vergessen.

Im August 1916 wählt die Vereinigung der irischen Frauen (Cuman na mBan) sie zur Präsidentin des jährlich stattfindenden Kongresses.

Pater Albert, ein Franziskaner, aus dem Slumviertel Dublins, der Church Street, schreibt an Eve, wenn ihre Schwester entlassen werde, müsse sie unbedingt in seine Gemeinde kommen, denn nirgends habe sie so viele Freunde wie dort.

Eve wird nicht müde zusammen mit anderen Frauen, die im oder nach dem Aufstand ihre Söhne und Männer verloren haben, Petitionen für Constanzes Freilassung an die britischen Behörden zu schicken.

Über die politische Situation dringen nur höchst spärliche Nachrichten zu Madame ins Gefängnis.

Zunächst einmal haben die Hinrichtungen und Massenverhaftungen in Dublin einen Gesinnungsumschwung unter der Bevölkerung hervorgerufen.

Im Dezember 1916 wird in England eine neue Regierung unter Lloyd George gebildet, der auch der erbitterte Gegner einer »Home-Rule«-Lösung, Carson, als Marineminister angehört. Gleichzeitig werden 600 Internierte nach Irland entlassen.

Unter ihnen befindet sich auch ein junger Mann aus dem County Cork, der nun im politischen Leben seines Landes eine immer größere Rolle spielen und dafür sorgen wird, daß aus der Glut in der Asche ein neues Feuer des Widerstandes aufflammt: Michael Collins.

Die andere wichtige Persönlichkeit ist der, außer Constanze, einzige Überlebende aus der Führungsgruppe während des Osteraufstandes: Eamon De Valera. Er hat während der Erhebung mit Umsicht die Abteilung geleitet, die bei Boland's Mill kämpfte.

Der Hinrichtung ist er nach dem Zusammenbruch der Rebellion nur dadurch entgangen, daß der amerikanische Konsul für ihn interveniert hat.

Deutlichstes Zeichen für den allgemeinen Stimmungsumschwung in Irland ist der Ausgang einer Nachwahl in Roscommon im

Februar 1917, bei der der Kandidat der radikaleren Sinn Fein seinen Gegenkandidaten von der Irischen Parlamentspartei schlägt.
Am 19. April 1917 treten die USA in den Krieg ein. Wegen der irischen Abstammung vieler amerikanischer Staatsbürger sieht sich England zu einer vorsichtigeren Irland-Politik genötigt.
Am 9. Mai findet abermals eine Nachwahl statt. Der Kandidat von Sinn Fein sitzt in einem englischen Gefängnis. Der Wahlslogan von Sinn Fein lautet:
»Wählt ihn herein, dann kommt er heraus.«
Wieder gewinnt Sinn Fein.
Unterdessen steuert Lloyd George, nicht zuletzt unter sanftem Druck der Amerikaner, auf eine »Home-Rule«-Lösung hin. Er möchte im Juli eine Konferenz einberufen, die alle irischen Probleme klären und regeln soll. Da eine solche Konferenz wahrscheinlich die Abtrennung Ulsters vom Rest der Insel beschließen würde, lehnt Sinn Fein die Teilnahme daran ab.
Um seine »Home-Rule«-Politik und die seiner Meinung nach unumgängliche Teilung des Landes den Wählern in Irland schmackhaft zu machen, verkündet Lloyd George am 18. Juni 1917 eine Amnestie für Gefangene, die seit dem Osteraufstand in Haft sind.
Von all dem weiß Madame nichts. Wie vollständig ihre Isolation ist, beweisen Zeilen wie die folgenden:
»Eines, was ich hier gelernt habe, ist, alles sehr genau zu betrachten, ob es sich nun um Bäume, schwarze Vögel oder Frauen handelt.«
Bei allen Mühsalen des Gefängnislebens scheint sie zu einer gewissen inneren Ruhe gefunden zu haben:
»Mein ganzes Leben hat in gewissem Sinn auf das hingeführt, was mir im letzten Jahr zugestoßen ist. Es war immer ein turbulentes Leben. Ich glaube, ich habe getan, wozu ich geboren wurde. Die großen Wellen haben mich gegen die Felsen geworfen, und jetzt sind all der Schaum, das Gekräusel und mein kleines Ich in eine ruhige Bucht des Meeres geraten.«

Freiwillig besuche ich sie auch einmal im Gefängnis. Wir reden, wie wir in all den Jahren häufig miteinander geredet haben. Intensiv. Immer gleich zum Kern der Sache kommend. Sie macht die Bemerkung, daß sie im Gefängnis trotz aller Strapazen, Schikanen und Unbequemlichkeiten auf eine sonderbare Art glücklich sei.

»Jeder Mensch«, schlägt sie vor, »sollte in diesem Lebensalter die Möglichkeit haben, sich einmal für eine gewisse Zeit aus der Welt zurückzuziehen ... um Abstand zu gewinnen ... um ein inneres Leben zu beginnen. Das habe ich im Gefängnis getan. Ich bin ruhiger geworden. Ich bin zu mir selbst gekommen.«
»Gut und schön«, sage ich, »aber muß man denn dazu unbedingt in ein Gefängnis.«
Da lacht sie auch.
Wir kommen auf den Aufstand zu sprechen, und sie sagt:
»Vieles von dem, was vor dem Aufstand geschah, war einfach lächerlich. Übersteigert, gefährlich. Nehmen Sie allein meine Sucht, eine Uniform zu tragen und mit einer Waffe herumzulaufen. Jetzt ist mir klargeworden, daß dies vor allem von dem Bedürfnis bestimmt war, als Frau in einer Männerwelt ernstgenommen zu werden. Mir ist auch anderes klargeworden. Insofern behaupte ich, daß das Gefängnis für mich eine Art von Befreiung war, so paradox sich das anhören mag.«
»Und der Aufstand ... war der Aufstand nicht einfach unverantwortlich?«
Das will sie nicht zugeben. Für sie, erwidert sie, sei der Aufstand ein herrliches Beispiel dafür, wie sich eine Utopie in Realität verwandeln könne.
Das nehme ich ihr so nicht ab. Sie muß es mir verständlicher erklären.
»Einfach so«, sagt sie. »Natürlich war der Aufstand von Anfang an zum Scheitern verurteilt. Und wir wußten es. Aber die Tatsache, daß wir trotz dieses Wissens den Aufstand begannen, bewirkte eine Veränderung in der öffentlichen Meinung. Ich wette mit Ihnen, hätte man am Ostermontag eine Umfrage gemacht, die Mehrzahl der Einwohner von Dublin hätte sich gegen den Aufstand ausgesprochen. Heute aber wäre die Mehrzahl dafür.«
»Hatte das nicht mehr mit der Art und Weise zu tun, in der die Briten reagierten. Die Hinrichtung all Ihrer Freunde.«
»Vielleicht mußte man sie zwingen, so sich selbst zu entlarven.«
»Ich weiß nicht«, sage ich, »... solch Spiele ... wo nehmen die, die sie spielen, den Mut dazu her. Menschen sterben dabei ...«
»Ich habe oft Angst«, sagt sie, »... und es gibt hier wenig, womit man sich Ablenkung verschaffen kann.«
Die Verbindung zwischen Constanze und Eve ist jetzt sehr eng. Es gibt viele geistige Erfahrungen, die sie miteinander teilen.

Am 17. Juni 1917 erhält Eve überraschend die Mitteilung des Justizministeriums, sie könne am nächsten Tag nach Aylesbury kommen. Ihre Schwester werde freigelassen.
»Am Montag standen wir, bewaffnet mit allen lustigen Kleidern, die wir hatten uns zusammenborgen können, am Gefängnistor bereit«, berichtet Miß Roper. »Constanze schien mir ganz die alte. Dünn, aber schön, in einem blauen Kleid statt dem viel zu großen, häßlichen Kleidungsstück, das ihr die väterlich sorgende Regierung zur Verfügung gestellt hatte, verließ sie das Gefängnis.« In der Wohnung von Eve in London am Fitzroy Square warteten Scharen von Journalisten, und ganz in einer Ecke Helena Molony, die mit einer anderen Bekannten zusammen sofort nach London aufgebrochen war, als die Nachricht von Madames Entlassung in Dublin bekannt wurde.
Als Constanze dann am Donnerstag von Euston Station aus die Rückreise nach Irland antritt, warten auf dem Bahnsteig viele Frauen und Mädchen, die Fahnen schwenken, Rebellenlieder singen und rufen: »Drei Hurras für die Gräfin!«
Sie aber nimmt das Bukett Rosen, das ihr die Freunde zum Abschied gegeben haben, löst den Bast und wirft die Blumen unter die Frauen.
Ähnliche Szenen wiederholen sich im Hafen von Dun Laoghair und auf dem Bahnhof in Westland Row in Dublin. In einer kurzen Ansprache sagt Madame unter anderem:
»Ich gehe jetzt heim, um mich etwas auszuruhen, weil ich mich bald wieder an die Arbeit machen muß.«
Da sie kein Haus und keine Wohnung mehr besitzt, hat sie Dr. Lynn eingeladen, vorläufig bei ihr unterzukriechen.
Unterwegs machen sie noch einmal kurz am Chirurgischen College halt. Der Kreis hat sich geschlossen. Hierher, wo sie kämpfte, wo sie gefangengenommen wurde, ist sie in Freiheit zurückgekehrt. Aber die Kämpfe sind noch nicht zu Ende. Es hilft nichts, daß sie tatsächlich etwas müde ist, nicht nur von den stürmischen Begrüßungsfeiern...
Am 24. Juni 1917, einige Tage nach ihrer Rückkehr nach Irland, tritt Constanze Gräfin Markievicz nun auch offiziell zum katholischen Glauben über.
Irland ist von jeher ein katholisches Land gewesen. Die Konversion ist für Madame ein Schritt weiter auf dem Weg zu einer irischen Identität, wie sie sie sich wünscht.

Madame wird Minister

Bis August 1917 hat Sinn Fein nicht weniger als vier jener Nachwahlen gewonnen, die nach englischem Wahlrecht notwendig werden, sobald einer der Parlamentsabgeordneten stirbt oder er sein Mandat nicht mehr wahrnehmen kann.
Diese Erfolge, Anzeichen einer Zustimmung in breiten Kreisen der Bevölkerung, bestärken die Partei, ihre Arbeit, die auf die Unabhängigkeit Irlands hinzielt, zu verstärken.
Eamon De Valera, der nach einer kühnen Befreiungsaktion aus einem britischen Internierungslager entkommen ist, wird zum Vorsitzenden von Sinn Fein und zum Kommandeur der »Volunteers« gewählt.
Madame ist eine der vier Frauen, die dem Parteivorstand angehören.
Nachdem eine Folge von stürmischen Begrüßungsfeiern überstanden ist, spricht sie jedes Wochenende auf Messen, Tanzveranstaltungen, Konzerten, Versammlungen landauf und landab. Ihrer Meinung nach ist Sinn Fein jetzt höchst gesetzestreu.
»Wir predigen nicht länger Rebellion«, schreibt sie an ihre Schwester, »es geht uns jetzt darum, im Land eine starke verfassungsmäßige Bewegung zu schaffen.«
Aber die britische Regierung beurteilt die Aktivitäten von Sinn Fein anders. Die Verhaftungen beginnen wieder.
Im September 1917 sitzen schon wieder vierzehn Männer wegen Unterstützung der Arbeit von Sinn Fein in Mountjoy ein. Sie bestreiten den Gerichten das Recht, über sie zu urteilen. Die Ausführungen der Richter nehmen sie demonstrativ nicht zur Kenntnis. Wann immer möglich versuchen sie, klarzumachen, daß sie sich nicht als kriminelle Gefangene verstehen. Sie seien Kriegsgefangene, erklären sie und verlangen, als solche behandelt zu werden.
In den Reden auf den Versammlungen von Sinn Fein überall im Land wird diese Haltung der Öffentlichkeit verständlich gemacht.
Als am 15. September 1917 den Inhaftierten endgültig der Status

von Kriegsgefangenen verweigert wird, treten sie in Hungerstreik.
Thomas Ashe, der 1916 die »Volunteers« im Norden von Dublin befehligt hat (einer der wenigen Orte, an denen es außerhalb der Hauptstadt zu nennenswerten Kampfhandlungen gekommen ist), bricht zusammen, als man versucht, ihn künstlich zu ernähren. Ein paar Tage später stirbt er. Sein Begräbnis wird zu einer Demonstration gegen die Briten. 30000 Menschen folgen seinem Sarg. Wieder haben die Engländer einen Märtyrer geschaffen. Der britische Premierminister Lloyd George begeht einen schweren Fehler, indem er im Unterhaus ein Gesetz einbringt, demzufolge die Wehrpflicht in der britischen Armee jederzeit auf Irland ausgedehnt werden kann.
Die Abgeordneten der Irischen Parlaments Partei stimmen in Westminster gegen das Gesetz. Als es dennoch am 16. April 1918 angenommen wird, verlassen sie das Unterhaus, kehren nach Irland zurück und arbeiten von nun an mit Sinn Fein bei der Organisation des Widerstandes gegen die Engländer zusammen.
Sinn Fein bringen diese Ereignisse weiteren Zulauf. Auf allen politischen Versammlungen betonen nun alle irischen Parteien, das Land sei ein selbständiger Staat, berechtigt, über sein Schicksal selbst zu bestimmen.
Der Versuch, das Wehrpflichtgesetz durchzusetzen, wird in Irland als eine Art Kriegserklärung betrachtet. Am Sonntag, dem 21. April, unterschreiben zwei Millionen vor den Türen ihrer Kirchen eine feierliche Erklärung, sich diesem Gesetz mit allen Mitteln zu widersetzen. Im Grunde kommt diese Unterschriftensammlung einer Volksabstimmung gegen England gleich.
Madame unterstützt die anderen Politiker von Sinn Fein dabei, den Widerstand der Öffentlichkeit gegen das Gesetz zu mobilisieren. Sie nutzt ihre Kontakte in den Frauenverbänden, um diese Organisationen zur Verurteilung des Gesetzes zu veranlassen.
Eine Botschaft taucht in all ihren Reden in diesen Monaten wieder und wieder auf:
»Für Irland gibt es in der Frage der Wehrpflicht keinen Kompromiß.«
Beunruhigt über den wachsenden Einfluß von Sinn Fein, behaupten die Briten, sie seien einem deutschen Komplott in Irland auf die Spur gekommen.
Innerhalb von vier Wochen werden wiederum 75 der führenden

Politiker von Sinn Fein verhaftet. Madame ist unter ihnen. Wieder kommt sie in ein englisches Gefängnis. Diesmal nach Holloway. Kathleen Clark und Maude Gonne – beides Frauen, die bei den Hinrichtungen des Jahres 1916 ihre Männer verloren haben – werden ebenfalls eingesperrt.

Ihre Verhaftungen lassen selbst in englandfreundlichen Kreisen den Zorn aufflammen. So schreibt der Parlamentsabgeordnete T.M. Healy:

»Diese Verhaftungen sind einfach töricht. Da nimmt man am Kingstown-Pier Mrs. Clarke einen Mantel ab, den ihr eine Freundin noch zusteckt, ehe sie nach England überführt wird. Zuvor hat man Mrs. Clarke von fünf kleinen Kindern fortgerissen. All das ist nicht dazu angetan, beruhigend auf einen zu wirken. Als ob es nicht schon hingereicht hätte, die Ehemänner zu erschießen! Nun nimmt man den Kindern auch noch die Mütter fort...«

Im Juli 1918 gewinnt Arthur Griffith, der eher gemäßigte Gründer von Sinn Fein, der im Zuchthaus von Reading Goal in England einsitzt, eine weitere Nachwahl.

Madame triumphiert:

»Was für ein Sieg. Das haben unsere Verhaftungen bewirkt...Irland ist denen treu, die Irland treu sind. Indem man uns einsperrte, wies man darauf hin, was wir wollten, viel besser, als wir das mit Reden hätten tun können.«

Die politische Unterdrückung in Irland geht weiter. Allein im September und Oktober 1918 werden 167 Menschen wegen politischer Vergehen von den Briten verurteilt. Zwischen dem Zeitpunkt jener angeblichen deutschen Verschwörung im Mai und den allgemeinen Wahlen im Dezember 1918 wandern 500 Menschen in die Gefängnisse.

Madame, Kathleen Clarke und Maude Gonne werden zunächst in Holloway getrennt gefangengehalten. Erst nach heftigen Protesten verlegt man sie in aneinandergrenzende Zellen und gestattet ihnen, einander zu besuchen. Sie sind aber von allen übrigen Gefangenen isoliert.

Für Madame sind die Monate in Holloway viel angenehmer als die einsame Zeit in Aylesbury. Ihre Briefe an Eve klingen fast heiter.

Entschieden lehnt sie es ab, eine Erklärung zu unterschreiben, in der sich die Gefangenen verpflichten, mit eventuellen Besuchern nicht über Politik zu sprechen. Lieber will sie überhaupt auf Besuche verzichten. Eve erklärt sie das so:

»Wir sollen versprechen, nicht über Politik zu reden. Heutzutage ist alles Politik. Das Geldwesen, die Wirtschaft, die Erziehung, selbst das in England immer so populäre Thema der Scheidung. All das hat mit Politik zu tun. Ich kann mein Geld nicht anlegen, kann keine Kleider kaufen, ohne daß Politik ins Spiel käme.«

Eve versucht die Schwester davon zu überzeugen, daß es in diesem Punkt vielleicht doch besser sei, nachzugeben. Aber Madame bleibt unerbittlich:

»Es ist ärgerlich, aber es ist unvermeidbar, und ich habe ja keinen Rosengarten erwartet.«

Sie ist begierig, Neuigkeiten aus Sligo und über ihre Familie zu erfahren:

»Ich höre gern allen lokalen Klatsch.«

Nach Madames Tod hat die Familie leider alle Briefe von Eve verbrannt. Also wissen wir nicht, was sie über ihre Familie und Sligo berichtet hat.

Der Haß der Familie auf Eve geht so weit, daß nach ihrem Tod ihr Name aus dem Familienstammbaum getilgt, ihre Grabstätte geheimgehalten werden wird.

Dabei war es wohl nicht so sehr Eves soziales Engagement, worüber sich die Familie Gore-Booth empörte, zumal ja ihre Arbeit in der Frauengewerkschaft und ihr Engagement für Frauen, die durch die Kriegsereignisse mittellos geworden waren, sich viel unauffälliger vollzogen als Madames politische Auftritte.

Entscheidend dürfte vielmehr gewesen sein, daß die Familie Eves Zusammenleben mit ihrer Freundin Esther Roper als skandalös ansah.

Von ihrem Mann hat Constanze seit 1916 keine Nachricht mehr. Von ihrem Stiefsohn Stasko hat sie nur über Dritte etwas gehört.

An Eve schreibt sie:

»Armer Stasko, ich hasse die Vorstellung, er könne tot oder verwundet sein. Er hat das Leben so sehr geliebt. Er ging als Übersetzer zur Flotte der russischen Freiwilligen nach Archangelsk ...versuche doch bitte über den russischen Vertreter etwas über ihn herauszufinden, wenn Du nach London zurückkommst. Rußland muß jetzt ein schrecklicher Ort sein...«

Und ein andermal:

»Ich mache mir oft Sorgen wegen meiner polnischen Verwandten. Der arme Casi. Er haßt doch Kriege, Revolutionen und Politik, und er war oder ist in Kiew oder in der Ukraine.«

Bei den allgemeinen Wahlen im Dezember 1918 sind alle Frauen über 30 Jahren stimmberechtigt. Sinn Fein hat Madame als Kandidatin aufgestellt. Andere müssen für sie in Dublin den Wahlkampf führen, der am Tag des Waffenstillstands mit Deutschland, am 11. November 1918 beginnt. Von den 74 Kandidaten von Sinn Fein sitzen 47 am Wahltag im Gefängnis.
Im Dezember schreibt Madame an eine Freundin:
»An meinen Briefen wird in letzter Zeit Anstoß genommen. Also muß ich vorsichtig sein, mit dem, was ich hier schreibe. Die Leute in Dublin kennen mich schließlich gut genug. Also wird es auch nichts ausmachen, wenn ich jetzt keine großen Erklärungen vor ihnen abgeben kann. Meine gegenwärtige Adresse ist schließlich eine ausgezeichnete Empfehlung.«
Der Wahltag des 14. Dezember 1918 ist ein großes Ereignis: für die Suffragetten wie für Sinn Fein.
Irlands älteste Frauenrechtlerin, die 90jährige Mrs. Haslam, die 1874 mit ihrem Ehemann die »Dubliner Gesellschaft für das Frauenwahlrecht« gegründet hat, wählt zum ersten Mal in ihrem Leben im Wahllokal in der William Street, umgeben von lachenden Frauen, die das Banner ihrer Vereinigung mitgebracht haben.
Nach der Auszählung der Stimmen wird klar, daß Sinn Fein die Mehrheit der Bevölkerung hinter sich hat. Von 105 Parlamentssitzen irischer Abgeordneter in Westminster fallen 73 an Kandidaten, die für die Unabhängigkeit eintreten. Madame gewinnt ihren Wahlkreis im Süden von Dublin mit großer Mehrheit. Sie ist damit die erste Frau, die ins britische Parlament gewählt worden ist.
Am 21. Januar 1919 treffen sich die irischen Abgeordneten, soweit sie auf freiem Fuß sind, in Dublin. Sie weigern sich, ihre Sitze im britischen Unterhaus einzunehmen, weil sie dann einen Treueeid auf die britische Krone leisten müßten. Sie bestätigen die Unabhängigkeitserklärung aus dem Jahre 1916 und bilden ein Irisches Nationales Parlament, den Dail.
Die Irische Republik ist wie ein Phönix aus der Asche auferstanden.
Irland versteht sich als unabhängiger Staat. Die britische wie die irische Regierung versuchen von nun an einander zur Anerkennung der Regierungsgewalt zu zwingen.
Die Folge ist, daß Irland immer mehr in einen kriegsähnlichen Zustand hineingleitet.

Als einer der in Haft befindlichen Dail-Abgeordneten 1919 an Grippe stirbt, sehen sich die Engländer gezwungen, alle irischen Gefangenen freizulassen.
Madame verläßt Holloway am 10. März 1919. Der Empfang ist diesmal womöglich noch stürmischer als bei ihrer Freilassung vor 21 Monaten, da sie aus Aylesbury zurückkehrte.
Zweimal haben die Briten sie zum politischen Märtyrer gemacht. Zweimal hat die britische Justiz sich dem Druck der öffentlichen Meinung beugen müssen.
»Ich wurde empfangen von einer großen Deputation *aller*. Wir fuhren nach Dublin hinein, zur Liberty Hall. Das letzte Mal war gar nichts dagegen. Die Menge hatte keinen Anfang und kein Ende. Ich hielt eine Ansprache, und dann schlossen wir uns einem Fackelzug nach St. Patrick's an. In jedem Fenster hing eine Flagge oder brannte eine Kerze, manchmal beides. Ich habe noch nie eine solche Begeisterung erlebt.«
Sie ist voller Pläne für die politische Zukunft des Landes:
»Diese Parole dieser besten Epoche in einem langen Kampf heißt Organisation. Organisation politisch und wirtschaftlich. Vertrauen wir auf Gott und auf den Geist der irischen Republik und dann Volldampf voraus.«
Das ist nicht nur eine Phrase. Madame kennt den unheilvollen Hang der Iren zu einem übertriebenen Individualismus nur zu gut. Bei aller eigenen Affinität zum Anarchistischen weiß sie sehr wohl, daß eine Gesellschaft ohne Organisation nicht auskommen kann.
Zwei Wochen später tritt der Dail wieder zusammen. Präsident Eamon De Valera stellt seine neue Regierung vor. Ihr gehört Madame als Minister für Arbeit an. Damit wird sie zur ersten Frau in Europa, die ein Ministeramt bekleidet.
Es ist eine glückliche Wahl. Madame hat gute Verbindungen zu den Gewerkschaften, aber auch Sinn Fein kennt sie als Mitstreiterin aus frühesten Tagen. Ausnahmsweise dürfte die Genugtuung, die beide Organisationen bekunden, mehr gewesen sein als nur ein politisches Lippenbekenntnis.
Die Situation der ersten länger amtierenden Regierung der Irischen Republik ist einigermaßen kurios. Sie besteht, sie tagt, sie übt Funktionen aus – beispielsweise leitet Madame Schlichtungsgespräche zwischen Arbeitgebern und Arbeitnehmern –, aber die Regierungsmitglieder sind auch ständig auf der Flucht vor den britischen Truppen und der Polizei.

Drei Monate nach ihrer Entlassung aus Holloway wird Madame abermals festgenommen. Wie es dazu kommt und welche Haftbedingungen damals herrschen, geht aus dem folgenden Brief hervor:
»Ich denke, Sie werden von meiner Verhaftung gelesen haben, und daß ich vier Monate bekam, weil ich den Leuten angeblich geraten habe, der Polizei aus dem Weg zu gehen. Der Schotte, der im Augenblick unser Land beherrscht, versuchte sich damit zu rechtfertigen, daß er der Öffentlichkeit einzureden versucht, ich hätte die Leute dazu aufgestachelt, Polizisten zu töten. Das ist absurd.
Das Aufgebot an Militär bei meiner Festnahme und jetzt hier war sehr großartig. Ich wurde in einem Sonderzug nach Mallow gebracht, als Bewachung 30 Soldaten in feldmarschmäßiger Ausrüstung, dazu dieselbe Anzahl von Polizisten, bis auf die Zähne bewaffnet.
Was sie die Vorverhandlung nennen, ist schon eine sehr komische Sache. Es dient vor allem dazu, die Polizei mit der Geschichte, die man sich zusammengebraut hat, bekanntzumachen und Ungereimtheiten in der Anklage auszubügeln. Schließlich müssen einen die Polizisten bei der Hauptverhandlung dann auch erkennen.
In meinem Fall war das insofern besonders nötig, weil ich an einem heruntergebrannten Feuer sprach und die Polizei ein Mädchen mit mir verwechselte und den ganzen Abend über verfolgte, währenddessen ich entkommen konnte. Auch war es viel zu dunkel, um sich etwa bei meiner Rede Notizen zu machen. Ich mußte lachen, als einer der Polizisten beschwor, er habe mich sagen hören: geht der Polizei aus dem Weg wie Aussätzigen. Er sprach das Wort bei seiner Aussage dann auch noch falsch aus. Aber das wurde dann bis zum Prozeß abgeändert. Darauf wurde ich mit dem Sonderzug ins Gefängnis nach Cork gebracht, das nun einem Heerlager gleicht.
Zum eigentlichen Prozeß nach Mallow fuhr man mich dann in einem Panzer, den drei oder vier Lastwagen mit Soldaten und Polizisten begleiteten. Es war ziemlich unbequem in einem Fahrzeug mit einer so niedrigen Decke. Ich saß auf einem hölzernen Stuhl und stieß oben ständig mit dem Kopf an. Auch war es unvermeidlich, daß ich mit meinen zwei Wärterinnen und dem Polizisten immer wieder zusammenstieß. Mallow glich einer belagerten Festung. Hunderte von Soldaten überall, mit aufgepflanzten Bajonetten. Ein tapferer Fotograf wagte einen Schnappschuß, als

ich herauskam. Auf dem Rückweg hatten der Panzer und einer der Lastwagen eine Panne.
Ich frage mich oft, wie es britischen Soldaten gefallen mag, in einem Frauengefängnis zu arbeiten und dort der Polizei unterstellt zu sein. Unter den Fenstern meiner Zelle stehen Posten, und sie scheinen allgegenwärtig. Die Polizisten kommen lautlos, kontrollieren sie. Seltsam, eine Armee zu so etwas zu benutzen...«

Vier Wochen verbringt Madame im Gefängnis in Cork.
Ende Oktober nimmt sie wieder an einer Sitzung des Dail teil.
Erstaunlich, daß es trotz Tausender von Haussuchungen, trotz Verhaftungen und anderer Schikanen dem irischen Parlament gelingt, Irland zu regieren.
Es hat Geld für die Republik in Form einer Anleihe aufbringen können. Die Regierung hat irische Gerichte eingerichtet, Arbeitsämter ins Leben gerufen, aus den »Volunteers« ist die I.R.A., die Irisch Republikanische Armee geworden.
Unterdessen haben die Briten mehr und mehr Truppen ins Land gebracht. Als trotz dieser Verstärkungen der Widerstand der Iren nicht zu brechen ist, gehen die Briten zu Terrormaßnahmen über.
Als sich die von ihnen kontrollierte, bewaffnete Polizei, die Royal Irish Constabulary, nicht mehr als Herr der Lage erweist, werden in England unter den arbeitslosen Kriegsheimkehrern Hilfstruppen angeworben und nach Irland geschickt. Da Mangel an dunkelgrünen, fast schwarzen Polizeiuniformen herrscht, steckt man die Männer in Khaki, gibt ihnen eine Polizeimütze und einen schwarzen Ledergürtel. Bald nennt die irische Bevölkerung diese Truppe nach einer berühmten Koppel Jagdhunde »Black and Tan«.
Noch schlimmer sind die sogenannten »Auxiliaries«. Sie rekrutieren sich vorwiegend aus ehemaligen Offizieren, also etwa aus derselben sozialen Gruppe, aus der in Deutschland die Angehörigen der Freikorps stammten.
Den »Black and Tan« an Intelligenz, Kampfgeist und Mut überlegen, lassen sie sich von ihren Offizieren keine Vorschriften machen und begehen die scheußlichsten Grausamkeiten, ohne dafür zur Rechenschaft gezogen zu werden.
Ihr Kommandeur, General Crozier, tritt schließlich angeekelt zurück und erklärt:
»Ich hatte die Aufgabe eines verkleideten Polizisten, und ich tat die

Arbeit eines Soldaten, ohne jenen moralischen Rückhalt, den ein Soldat in Kriegszeiten hat. Ich trat zurück, als mir die Täuschung bewußt wurde, denn das Regime der Krone (in Irland) unterschied sich nicht wesentlich von dem einer politischen Diktatur.«
Auch Madame ist als Minister für Arbeit in Dublin ständig auf der Flucht. Dabei muß sie ihre Akten und Unterlagen bei sich führen und Vorsorge treffen, daß sie nicht den Engländern in die Hand fallen. Einmal verbirgt sie sie in einem Altpapiergeschäft genau gegenüber dem Hauptquartier der »Black and Tan«.
Sie unterhält weiter enge Kontakte zur Bürger-Armee und versucht ein Bildungsprogramm für die Arbeiter zu organisieren. Sie spricht auf einer Versammlung der Sozialistischen Partei in der Trades Hall anläßlich des zweiten Jahrestages der Oktoberrevolution in Rußland.
In dieser Rede umreißt sie ihre Vorstellungen von der ihr wünschenswerten, künftigen Gesellschaftsordnung in Irland:
»Ein Staat, regiert durch das Volk für das Volk. Das bedeutet eine Regierung, die das Recht seiner arbeitenden Bevölkerung über das Recht auf Eigentum stellt. Meine Idee ist die Arbeiterrepublik, für die Connolly sein Leben gelassen hat.«
Wie schwierig ihr Alltagsleben unter diesen Ausnahmebedingungen verläuft, machen zwei Ausschnitte aus Briefen an Eve klar:
»Ich habe Euch einen Freßkorb geschickt, den Ihr hoffentlich gut erhalten habt. Ich mußte den Inhalt von jemanden andern einkaufen lassen, weil ich vor Weihnachten kein Risiko eingehen wollte. Ich möchte endlich einmal ein Weihnachten in Freiheit verbringen. Ich hatte zwei Weihnachtsessen in zwei weit auseinanderliegenden Teilen der Stadt. Aber alles in allem geht es mir gut. Alle gratulieren mir, daß ich nicht in meinem Zimmer gewesen war. Es ist im Dezember 188mal von der Polizei durchsucht worden.«
Ein seltsames Lebensgefühl stellt sich bei ihr ein:
»Es ist schon merkwürdig, immer auf der Flucht zu sein. Ich weiß gar nicht, ob ich nun wie ein schüchterner Hase, ein listiger Fuchs oder ein wildes Tier im Dschungel lebe. Ich komme jedenfalls eine Menge herum. Jedes Haus steht mir offen. Alle sind bereit, mir zu helfen. Ich fahre viel auf dem Rad durch die Stadt, um mir Bewegung zu verschaffen, und es ist einfach komisch, die verblüfften Gesichter der Schutzleute zu sehen, wenn ich vorbeigeschnurrt komme. Es gibt wenig Frauen, die im Winter Fahrrad fahren, also

ist ein gehetztes Tier auf einem Fahrrad schon eine bemerkenswerte Sache.«
Bei den Gemeindewahlen im Januar 1920 bestätigt sich, daß das Volk in seiner Mehrzahl hinter Sinn Fein steht. Nur in Belfast tragen Unionisten den Sieg davon. Der Wahlkampf spielt sich wieder unter drohenden Verhaftungen und Überfällen durch die »Black and Tan« ab. Nur wenige Frauen sind unter solchen Umständen bereit zu kandidieren.
Madame läßt sich von solchen Gefahren nicht abschrecken:
»Ich sprach fünfmal vor Frauen, und ein paarmal kam ich nur ganz knapp davon. An der einen Stelle war die Armee nur um eine Stunde zu spät. Das andere Mal drängte ich mich durch eine wild und blindwütig angreifende Abteilung bewaffneter Polizei. Dann verschluckte mich die Menge, und man brachte mich fort. Vor allem die Kinder halfen mir.«
Das ganze Jahr 1920 hindurch bis Anfang 1921 halten die Verhaftungen und Terrormaßnahmen an. Außerdem gehen die Briten nun dazu über, das wirtschaftliche Leben des Landes lahmzulegen. Systematisch brennen sie Molkereien, Mühlen und Fabriken nieder. Das Kriegsrecht wird über Irland verhängt. Damit ist die Einziehung von Eigentum, sind Strafen und die Zerstörung von Häusern beim geringsten Verdacht erlaubt.
Vor allem die »Auxiliaries« nützen das rücksichtslos aus. Abgesichert durch diese Verordnung legen sie beispielsweise in Cork Brände, denen fast die gesamte Innenstadt zum Opfer fällt. Immer häufiger werden Meldungen über I.R.A.-Soldaten, die angeblich »auf der Flucht« erschossen worden sind, deren Leichen aber deutliche Spuren davon tragen, daß man sie zu Tode gequält hat.
Im Herbst 1920, Constanze ist nun 52 Jahre alt, wird sie wiederum verhaftet. Diesmal liefert man sie in das Mountjoy-Gefängnis in Dublin ein. Sie wird dort zehn Wochen festgehalten. Die Anklage legt ihr zur Last, daß sie vor elf Jahren mit der Fianna eine konspirative Organisation gegründet habe.
»Es amüsiert mich nur, wenn ich daran denke, daß man den Gründer der Pfadfinder, B. Powell, in England zum Baron gemacht hat. Ich wette, er hat zwischen 1909 und 1913 nicht halb so hart beim Aufbau seiner Organisation arbeiten müssen wie ich.«
Diesmal hat sie ihre neuerliche Verhaftung doch erschreckt, aber im Gefängnis fängt sie sich wieder. Bei der Lektüre ihrer Briefe

muß man allerdings bedenken, daß sie ein Mensch ist, der dazu neigt, Kummer immer mit sich selbst abzumachen:

»Macht Euch um mich hier keine Sorgen. Wie Ihr wißt, habe ich für das englische Ideal einer modernen Zivilisation ohnehin nie allzuviel übrig gehabt. Diese endlose Folge exquisiter Speisen und das ständige Wechseln des Kostüms langweilten mich zu Tränen, und ich war gar nicht so ungern manchmal mit mir allein. Konversation zu machen erschien mir immer der Gipfel des Blösinns. Ich habe auch nichts gegen harte Betten und einfaches Essen. Ich bin gesund, und ich finde immer eine Möglichkeit, meinen Träumen Gestalt zu verleihen. Also sitze ich da und träume und baue mir eine Welt aus Vögeln und Schmetterlingen und Blumen, aus dem Glitzern von ein paar Regentropfen oder dem Aufleuchten des weißen Flügels von einem Seevogel. Alle, die mit mir zu tun haben, sind vernünftig und freundlich. Das Unsinnige ist nur, eingesperrt zu sein, jetzt, da so viel zu tun wäre...«

Nachdem Madame neun Monate in Mountjoy zugebracht hat, wird sie am 24. Juli 1921 plötzlich entlassen.

Die Briten versuchen zu einem Friedensschluß zu kommen.

Am 11. Juli ist ein Waffenstillstand in Kraft getreten.

Am 25. Juli trifft sich Madame mit Präsident De Valera und anderen Mitgliedern des Dail, um die Bedingungen, die die Briten im Friedensvertrag stellen werden, zu erörtern.

Der Waffenstillstand bringt – dies muß ausdrücklich hervorgehoben werden – für die Mehrzahl der Iren große Erleichterungen. Die verhaßten »Black and Tan« und die »Auxiliaries« ziehen ab. Die Aussicht auf einen völligen Abzug aller britischen Truppen ist in greifbare Nähe gerückt. Der Terror, die Verhaftungen, die Einschränkungen der Pressefreiheit, die Kette von Gewalttaten, der häufig auch völlig Unbeteiligte zum Opfer gefallen sind, haben endlich ein Ende.

Irland fühlt sich erlöst von einer politischen Krankheit.

Aber der »Vertrag«, der Streit darüber, ob man ihn annehmen oder ablehnen soll, wird innerhalb Jahresfrist aus politischen Kampfgefährten von heute fanatische Feinde machen.

Wieder einmal wird Madame auf der Flucht leben. Diesmal gejagt von der legalen Regierung jenes Volkes, für das sie so lange gekämpft, für das sie so große persönliche Opfer gebracht hat.

Kurz nachdem sie aus Mountjoy entlassen worden ist, schreibt sie ganz erleichtert:

»Es ist so himmlisch nun wieder heraus zu sein, Türen öffnen oder schließen zu können, ganz wie man will. Für die große Freude, die die Befreiung bedeutet, ist es fast wert, eingesperrt zu sein. Das Leben ist wunderbar. Man geht umher und freut sich. Die Kinder und die Bäume und die Kühe und all die anderen ganz selbstverständlichen Dinge erscheinen einem himmlisch nach so langer Zeit, in der man nichts als Mauern und uniformierte Menschen zu Gesicht bekommen hat.«

Die jungen Leute, sofern sie Anhänger von Sinn Fein gewesen sind und sich in die Berge geflüchtet haben, kehren in ihre Dörfer zurück.

Viele Menschen in Irland teilen Constanzes Gefühl der Erleichterung, des Aufatmens. Die Monate des Waffenstillstands sind voller Hoffnung.

Madame stürzt sich in eine Vielzahl von Tätigkeiten. Sie ist immerhin Minister. Und plötzlich sind mit diesem Amt auch Wirkungsmöglichkeiten verbunden.

Immer hat sie religiöse Engstirnigkeit empört, im Norden wie im Süden, gleichgültig ob Katholiken oder Protestanten davon betroffen gewesen sind.

Wenn der Hinweis auf die »patriotische Pflicht« nichts hilft, schreckt sie auch vor der Androhung von Gewalt nicht zurück. An einen katholischen Unternehmer im Norden, der Protestanten diskriminiert, schreibt sie:

»... wenn solche Einschüchterungsversuche nicht aufhören, werden wir die Sache der republikanischen Polizei übergeben.« Zum ersten Mal hört sie nun Genaueres von ihrem Mann. Zwar ist das Familiengut Zywotowka den Stürmen der Zeit zum Opfer gefallen. Aber er hat die unruhigen, gefahrenvollen Zeiten gesund überstanden. Er lebt in Warschau, wo sogar seine Theaterstücke gespielt werden.

Die Briefe, die sie ihm schreibt, kommen nicht von einer aufatmenden Ehefrau, die endlich ihren Mann wiedergefunden hat. Es sind vielmehr Briefe an einen alten Freund, von dem man hört, daß auch er aus dem Weltkrieg mit heiler Haut davongekommen ist.

In diesem Winter bezieht Madame Quartier bei der Familie Coghlan im Francfort House, das ihr in Ermangelung eines eigenen Hauses oder einer eigenen Wohnung bis zu ihrem Lebensende als Unterschlupf und Zufluchtsort dienen wird.

Unterdessen erhitzt die Frage des »Vertrages« die Gemüter in Irland immer mehr.
Fünf Delegierte hat Präsident De Valera für die Verhandlungen in London mit Premierminister Lloyd George ernannt. Die beiden bekanntesten Männer unter ihnen sind der damalige Außenminister der Republik, Arthur Griffith, und der Finanzminister, Michael Collins.
Im Grunde genommen kann von Verhandlungen auf der Basis von Gleichberechtigung zwischen beiden Parteien nicht die Rede sein.
Die Briten stellen die irischen Unterhändler vor eine furchtbare Alternative: entweder Annahme der britischen Vertragsbedingungen oder Fortsetzung des totalen Krieges.
Unter diesen Umständen bleibt der irischen Delegation eigentlich nur die Möglichkeit, gewisse Einzelheiten günstiger auszuhandeln.
Die härteste Bedingung des Vertrages stellt die Abtrennung Ulsters bzw. der sechs nördlichen Counties der Insel dar, die ein eigenes Parlament erhalten sollen.
Mit dieser Aufteilung Irlands in Nord und Süd sind die Voraussetzungen für jene Konflikte geschaffen, die bis heute nicht abgerissen sind.
Was gewinnen die Iren in den 26 südlichen Counties? Einen Freistaat mit eigenem Parlament, eigener Regierung und eigenen Streitkräften. Lediglich der Küstenschutz bleibt in den Händen der Briten.
Irland ist also ein Dominium wie Kanada, Australien, Neuseeland oder die Südafrikanische Union. Im Commonwealth bleibt es mit Großbritannien verbunden. Seine Regierung, seine Parlamentarier und Beamten leisten einen Treueeid auf die britische Krone. Dies wird sich als ein besonders heikler Punkt erweisen, gibt er doch den Gegnern des Vertrages ein Argument in die Hand, es handele sich nur um eine Schein-Unabhängigkeit. Bei der entscheidenden Debatte im Dail im Dezember 1921 hält Arthur Griffith den Abgeordneten zunächst noch einmal die Vorteile des Vertrages vor Augen:
»Wir haben die Fahne zurückgebracht. Wir haben erreicht, daß England nach 700 Jahren seine Truppen von der Insel abzieht, daß eine irische Armee aufgestellt werden kann. Wir haben Irlands Gleichberechtigung mit England, eine Gleichberechtigung inner-

halb des Commonwealth erreicht. Wir sind gleichberechtigt in der Frage von Krieg oder Frieden...«

Als nächster Redner spricht Präsident De Valera:

»Ich bin gegen den Vertrag, weil er den jahrhundertealten Konflikt zwischen den beiden Nationen Großbritannien und Irland nicht beendet.«

Madame, in der grünen Uniform von Cuman na mBan, mit blitzenden Augen und leichter Hysterie in der Stimme, plädiert, wie übrigens alle anderen weiblichen Abgeordneten auch, für die Republik und gegen den Vertrag:

»Ich stehe heute hier, um mit meiner ganzen Willenskraft, mit aller Kraft meiner Existenz diesem sogenannten Vertrag zu widersprechen. Erstens bleibe ich meinen Prinzipien als Republikanerin treu, meinen Prinzipien, der Freiheit Irlands zu dienen. Aber auch unter dem Gesichtspunkt des gesunden Menschenverstandes lehne ich den Vertrag ab. Ich behaupte: er bedeutet nicht, was er zu bedeuten behauptet und kann auf zwei Arten gelesen werden.«

Und sie fährt fort:

»Solange Irland nicht frei ist, werde ich ein Rebell bleiben, unbekehrt, unbekehrbar...

Ich mag nicht töten. Ich mag auch nicht den Tod, aber ich habe keine Angst zu sterben. Ich fürchte Unehre, und ich fürchte, man muß unter Umständen das Sterben der Unehre vorziehen. Ehe das irische Volk seine Republik auf einem Eid errichtet, der einer Lüge gleichkommt, möchte ich dem irischen Volk zurufen: Stellt euch auf meine Seite und kämpft bis zum Tod.«

Die Debatte im Dail zieht sich über zehn Tage hin.

Am 7. Januar 1922 kommt es zur Abstimmung. 64 Abgeordnete stimmen für die Annahme des Vertrages, 57 dagegen.

De Valera betrachtet den Ausgang der Abstimmung als ein Mißtrauensvotum und tritt bei der nächsten Sitzung des Dail von seinem Amt als Präsident zurück.

Der von Mrs. Clarke und Liam Mellow eingebrachte Antrag, De Valera wiederzuwählen, findet keine Mehrheit. De Valera selbst hat sich bei der Abstimmung der Stimme enthalten. Er hat erklärt:

»Ich will mein Land nicht in einen Bürgerkrieg stürzen.«

Es ist aber auch während der Diskussion über den Vertrag zu persönlichen Verunglimpfungen gekommen.

Arthur Griffith hat Erskine Childers englische Abstammung erwähnt.
Madame hat Michael Collins einen »Jungen vom Land« genannt, der in die Macht verliebt sei.
Bei der Sitzung des Dail am 10. Januar 1922 schlägt Michael Collins Arthur Griffith als Kandidaten für das Präsidentenamt vor.
Während der Abstimmung verläßt De Valera mit seinen Anhängern den Saal.
Dabei kommt es zu folgenden Zwischenrufen:
Collins: »Deserteure alles! Wir rufen das irische Volk auf, uns beizustehen!«
Ceannt: »Es lebe die Republik!«
Collins: »Deserteure vor der Irischen Nation in der Stunde der Not. Wir stehen Irland bei!«
Madame: »Eidbrecher und Feiglinge!«
Collins: »Fremde, Amerikaner, Engländer!«
Madame: »Parteigänger des Lloyd George!«
Griffith bildet eine neue Regierung, und mit einem Freistaatler als Verteidigungsminister stellt sich die Frage nach der Loyalität der Armee, die sich vor zwei Jahren freiwillig der Kontrolle durch den Dail unterstellt hat.
Der Riß, der durch Irland geht, durch die Parteien, durch die Leute auf der Straße – er setzt sich in der Armee fort, denn natürlich gibt es auch dort Befürworter und Gegner des Vertrages.

Am 1. April 1922 verläßt Madame an Bord der *Aquitania* Europa. Für zwei Monate reist sie nach Amerika. De Valera kommt es darauf an, daß die nicht unerheblichen Spenden der in den USA lebenden Iren den Republikanern und nicht den Freistaatlern zufließen, und wer könnte besser den Standpunkt der Vertragsgegner verkörpern als Madame, die man der amerikansichen Öffentlichkeit als romantische Freiheitsheldin präsentiert. So läßt sie denn auch auf dieser Reise keine Gelegenheit aus, den Amerikanern den Vertrag als ein wahres Teufelswerk darzustellen:
»Schon das Wort Irischer Freistaat ist irreführend. Das ist kein Staat. Es ist nur ein Teil eines Staates. Er ist nicht frei, weil England alle lebenswichtigen Funktionen kontrolliert. Er ist nicht irisch, da das Volk von Irland doch eine Republik ausgerufen hat.«
In den USA besucht Madame ihren alten Freund Jim Larkin im

Gefängnis Sing Sing. Sie nimmt an einem Geheimtreffen des Clan na Gael teil. Sie bereist den Mittelwesten, die Rocky Mountains, kommt bis hinüber an die Pazifikküste. Sie kehrt von dort wieder nach Boston zurück. Jeden Tag ein bis zwei Reden, ein Tee, ein Cocktail-Empfang, ein Ball, ein Frühstück, ein Gala-Dinner mit spendierfreudigen reichen Iren.

Kathleen Barry, die Schwester von Kevin Barry, einem jungen Iren, der erst 18jährig am 1. November 1920 von den Briten durch den Strang hingerichtet worden war, begleitet Madame auf dieser Reise. Sie berichtet:

»Kein Zweifel, die Rolle einer Frau, die im öffentlichen Leben steht, machte ihr Spaß. Sie hatte ganz deutlich zwei Gesichter: das private – nachdenklich, heiter, interessant und interessiert an allem Jungen und Neuen. Und das Gesicht, das sie der Öffentlichkeit zeigte. Unbewußt schaltete sie von einem auf das andere um, besonders auf der Reise, bei der Ankunft auf den Bahnhöfen, wo die Empfangskomitees, die Musikkapellen und die Leute mit Blumensträußen in der Hand warteten. Dann gab sie sich selbstbewußt, betonte, sie sei glücklich, hier zu sein, war ganz so, wie die Menge sie sehen wollte.«

Auf dieser Reise erreicht sie ein Brief von Stasko, ihrem Stiefsohn, der inzwischen geheiratet hat... Bei allem Trubel nimmt sie sich doch die Zeit, ihm einen langen Antwortbrief zu schreiben, in dem eine private Constanze spricht, die mit der romantischen Heldin wenig gemein hat und losgelöst von Parteipositionen urteilt:

»Ich bekam einen Brief von Michael Flick, einem Leidensgefährten von Dir, der sehr nett von Dir schrieb. Ich habe den Brief abschreiben lassen und schickte ihn an Jim Larkin, der mir versprochen hatte, sich bei seinen bolschewistischen Freunden für Deine Freilassung einzusetzen. Er ist im Gefängnis jetzt. Ich denke, man hat ihn eingesperrt, weil er sich zu revolutionär aufführte und wilde Reden gehalten hat. In Wirklichkeit ist er schrecklich anständig und versprach mir gleich, alles zu tun, um Dich herauszubekommen... Du schimpfst auf die Bolschewiken. Ich weiß wenig über sie. Ich weiß nur, daß unser Volk noch schlimmer unter den Engländern gelitten hat.

Langsam kommt es mir so vor, als seien alle Regierungen gleich. Alle, die an die Macht kommen, mißbrauchen die Macht absolut skrupellos, um die zu unterdrücken, die anderer Meinung sind als sie...«

Unterdessen stehen in Irland allgemeine Wahlen bevor. Freilich gelten sie auch als eine Art Volksabstimmung über den Vertrag. Während des Wahlkampfes haben sich zwei wichtige Politiker aus beiden Lagern, Michael Collins und Eamon De Valera, miteinander verständigt. Durch eine nationale Koalition wollen sie einen drohenden Bürgerkrieg verhindern. Aber zum einen wird ihnen das Recht zu einem solchen Pakt von den Briten bestritten, zum anderen gibt es im Land selbst Fanatiker, die haßerfüllt und rachdurstig auf einen solchen Konflikt hinarbeiten. Gewählt werden schließlich 58 Abgeordnete, die für die Annahme des Vertrags eingetreten sind, und nur 36 Vertragsgegner. Man kann dieses Ergebnis so deuten, daß die Mehrzahl der Iren kampfes- und kriegsmüde sind. Auch Madame verliert ihren Abgeordnetensitz in Süd-Dublin.

Unterdessen hat sich die den Vertrag bekämpfende Gruppe der Irisch Republikanischen Armee organisiert und sich im Hauptgerichtsgebäude von Dublin, den Four Courts, eine Art Hauptquartier eingerichtet. Für alle Gewaltakte, die immer noch im Land geschehen, beginnt man nun die I.R.A. verantwortlich zu machen, auch wenn sie tatsächlich gar nicht von ihr verübt worden sind. Immer entschiedener werden in England Stimmen laut, die I.R.A. auszuschalten.

Madame hat auf der Rückreise von Amerika kurz in London Station gemacht, um Eve und Esther Roper zu besuchen. Sie wohnt mit Kathleen Barry in einem Hotel. Am ersten Tag, der viele Gespräche gebracht hat, sind die beiden Frauen um zehn Uhr abends zu Bett gegangen. Da klopft das Zimmermädchen bei ihr und erklärt, eine junge Dame wünsche die Gräfin Markievicz zu sprechen. Es stellt sich heraus, daß es Constanzes Tochter Maeve ist. Miß Barry schaut in Madames Zimmer. Offenbar ist sie noch einmal in die Halle hinuntergegangen, um Bekannte zu treffen. Miß Barry fordert Maeve auf, die Mutter unten zu suchen. Zu ihrem Erstaunen eröffnet ihr Maeve, sie wisse nicht mehr, wie ihre Mutter aussehe.

Später, als Miß Barry mit Madame über dieses seltsame, für sie wohl auch bestürzende Ereignis spricht, versucht Constanze rasch auf etwas anderes zu sprechen zu kommen... Das schwierige Verhältnis zu Maeve bleibt für sie ein wunder Punkt, über den sie sich offenbar selbst mit Eve nicht aussprechen konnte.

Freistaat oder ein Kampf zwischen Brüdern

Am 22. Juni 1922 wird in London Sir Henry Wilson von Mitgliedern der Irisch Republikanischen Armee getötet. Der ehemalige Chef des britischen Generalstabs ist seit kurzem als militärischer Berater in Ulster tätig. Er ist mit Nachdruck für das Fortbestehen der Zugehörigkeit Ulsters zu England eingetreten. Er hat die Terrormethoden der »Black and Tan«-Verbände gutgeheißen und wollte sich ähnlicher Mittel zur Einschüchterung der katholischen Minderheit bedienen.

Der Befehl zu dem politischen Mord stammt noch aus Zeiten vor dem Vertrag, ist aber dann nie widerrufen worden.

Die britische Regierung berät sich nach dem Mordfall mit dem Kommandeur der in Irland stationierten Einheiten, General Macready.

Man weiß, daß die Four Courts das Hauptquartier der Republikaner sind, jener Gruppe in der irischen Armee, die den Vertrag ablehnt.

Der General wird gefragt, ob er sich in der Lage sähe, mit seinen Truppen die Four Courts zu erstürmen.

Er weist darauf hin, daß ein solcher Schritt zweifellos dazu führen müsse, daß sich Befürworter und Gegner des Vertrages verbünden und gemeinsam den Kampf gegen die Engländer aufnehmen würden.

Da tritt ein Ereignis ein, das den Schwarzen Peter der Regierung des Freistaates in die Hände spielt.

Am 26. Juni 1922 requirieren republikanische Truppen aus einem Autogeschäft in der Baggot Street 16 Fahrzeuge. Der Offizier, der dieses Unternehmen geleitet hat, wird von der Freistaat-Regierung ergebenen Verbänden festgenommen.

Im Gegenzug entführen die republikanischen Truppen den Stellvertretenden Stabschef, J. J. O'Connell, und setzen ihn in den Four Courts fest.

Nun sind die Engländer in der glücklichen Lage, die schmutzige Arbeit der Strafaktion nicht selbst ausführen zu müssen.

Sie leihen der irischen Regierung unter Arthur Griffith und

Michael Collins vier Feldgeschütze aus. Mit diesen wird das Feuer auf die »Four Courts« eröffnet.

Der Kommandant des repubikanischen Hauptquartiers, Rory O'Connor, sieht sich bald zur Kapitulation genötigt. Seine Leute verfügen jeder über nur 25 Schuß Munition. Der Gegner hat gepanzerte Fahrzeuge und Scharfschützen rings um den Gebäudekomplex postiert. Außerdem hat der Beschuß einen großen Brand ausgelöst, der nicht eingedämmt werden kann. Die Flammen nähern sich dem Pulvermagazin.

In den Four Courts verbrennen unersetzliche Dokumente der irischen Rechtsgeschichte.

Aber mit der Kapitulation dieser Abteilung sind die Kampfhandlungen keineswegs beendet.

Die Republikaner haben eine Anzahl von Häusern, meist Hotels, auf der Ostseite der O'Connell Street besetzt. Dort finden sich ihre führenden Politiker ein. Unter ihnen befindet sich selbstverständlich auch Madame. Man will in den Stellungen in der O'Connell Street möglichst lange hinhaltenden Widerstand leisten, um den republikanischen Verbänden in der Provinz die nötige Zeit zu verschaffen, mobilzumachen.

Sobald Kampfgruppen in den Hochburgen der Republikaner aufgestellt und zu einer Guerilla-Kriegführung übergegangen sind, werden die Häuser in der O'Connell Street nach und nach geräumt.

Insgesamt haben sich die Republikaner dort vier Tage und vier Nächte halten können.

Madame hält sich bei einer Gruppe von Frauen aus den Reihen von Cuman na mBan auf, die teilweise mit Gewehr in der Hand an den Kämpfen teilnehmen, teilweise als Krankenschwestern tätig sind.

Rückschauend erscheint dieser Bürgerkrieg freilich als Wahnsinnstat. Für jene, die damals in den Reihen der Republikaner kämpften, ging es zunächst einfach ums nackte Überleben.

Nach dem Feuerüberfall auf die Four Courts mußten die Republikaner der Meinung sein, die Regierung des Freistaates und die Briten hätten nun vor, sie zu liquidieren.

Auch Madames Verbitterung war groß.

Ihre Gefährtinnen und Freunde erinnern sich an sie vor allem als eine wirksame Scharfschützin. Einer ihrer Kameraden berichtet: »Am Abend war der Kampf meist ein Gefecht zwischen einzelnen Scharfschützen. Die des Gegners lagen auf den Dächern in der Henry Street. Das war ein sehr gut gewählter Punkt. Zwei oder drei Schützen lagen dort, die sich gegenseitig ablösten und so fast ständig feuerten. Meine Position im Schutze eines Mauervorsprungs war somit ziemlich gefährlich.

Dann war ich zur Ablösung dran, und es tat mir fast leid. Aber als dann meine Ablösung auftauchte, sah ich, daß es Madame war. Abgebrüht nach zwei, drei Stunden ständigen Feuerns, war es mir gar nicht recht, daß eine Frau meinen Platz einnehmen sollte. Aber Madame winkte mich einfach zur Seite, auf diese herrische Art, die sie an den Tag legen konnte, wenn es ihr darum ging, ihren Willen durchzusetzen. Sie trug ihre automatische Parabellum bei sich – den Typ von Waffe, den wir ›Peter the Painter‹ (Peter, den Maler) zu nennen pflegten.

Ich weiß nicht mehr, wie lange sie dann dort stand, denn ich war so müde, daß ich nach der Ablösung sofort eindöste. Als ich aber aufwachte, fiel mir als erstes auf, daß sich am Ton des Schußwechsels etwas geändert hatte. Das beständige Peitschen der Schüsse, das sich aus dem gleichmäßigen Rattern der Maschinengewehre abhob, hatte aufgehört. Der Scharfschützenposten in der Henry Street schwieg.«

Am Sonntag verläßt die Abteilung das eine Hotel und zieht in das nächste um. Endlich steht auch dieses Haus in Flammen.

Cathal Brugha, ein Mitkämpfer aus den Tagen der Oster-Rebellion und ehemals der erste Außenminister der Republik, liegt schwer verwundet in dem brennenden Haus. Endlich gibt er Befehl, auch diese Stellung zu räumen und ihn zurückzulassen. Er stirbt zwei Tage später in einem Krankenhaus.

Madame versteckt sich zunächst in einer nahe gelegenen Kirche, dann in der Wohnung von Freunden. Ein paar Tage später fertigt sie in einem Hotel in der Eccle Street eine Gruppe Frauen ab, die als Krankenschwestern zu den republikanischen Verbänden in den Westen geschickt werden.

Bis August 1922 fällt die letzte Stadt, die die Republikaner fest in ihrer Gewalt hatten. Von da an führen sie nur noch einen Guerilla-Krieg.

Bombenanschläge, Hinterhalte, Überfälle auf einsame Gehöfte von Anhängern dieses oder jenes Lagers, Hinrichtungen und Morde sind an der Tagesordnung.

So wird der Republikaner Harry Boland in Skerries von Truppen des Freistaates erschossen.
Am 12. August stirbt Arthur Griffith erschöpft und verbittert in einer Privatklinik in Dublin.
Am 22. August gerät Michael Collins in einen Hinterhalt der Republikaner in der Nähe seines Geburtsortes im County Cork und fällt.
Madame versteckt sich in diesen Wochen in und um Dublin. Sie wohnt bei Freunden, bis die betreffende Wohnung nicht mehr sicher ist und sie in einen neuen Unterschlupf wechselt.
In Zeitungsartikeln, die entweder in Amerika oder in Schottland erscheinen – dort gelten die Zensurbestimmungen des Irischen Freistaates nicht –, macht sie auf die schwierige Lage der politischen Gefangenen und ihrer Angehörigen aufmerksam.
Der Bürgerkrieg und die Verhaftungen der Republikaner gehen weiter.
Freilich kommt es auch zu persönlichen Racheakten.
Bis Ende 1922 werden 21 Republikaner von der Regierung hingerichtet.
Am meisten Aufsehen erregt die Exekution von Erskine Childers, jenem Mann, der 1914 die Waffenladung mit seinem Segelboot nach Howth gebracht hat.
Die vier ranghöchsten Offiziere aus den »Four Courts« sterben, ohne daß überhaupt eine Gerichtsverhandlung gegen sie stattgefunden hat.
Dabei muß der Tod von Liam Mellows und Rory O'Connor Madame besonders nahegegangen sein. Beide waren Mitglieder der Fianna gewesen.
Am 6. Dezember 1922 – ein Jahr nach der Unterzeichnung des Vertrages durch die Delegation – wird nun auch endgültig der Irische Freistaat proklamiert. Am 17. Dezember ziehen die britischen Truppen aus Irland ab.
Anfang 1923 geht Madame nach Schottland und England. Es ist bezeichnend für den erbitterten Haß, mit dem die Anhänger des Freistaates ihre eigenen Landsleute verfolgen, daß sie dort sicherer ist als in Irland selbst.
Sie hält Reden und Vorträge in Glasgow und London. Ein paar Tage verbringt sie mit Eve. Sie bummeln durch die Stadt und besuchen alte Freunde.
Madame ist müde geworden.

Manche Bemerkungen, die sie in den Gesprächen mit Eve macht, deuten darauf hin, daß ihr Ekel über eine Politik des Hasses und des Terrors mehr und mehr wächst. Aber als sie im April 1923 davon hört, daß der Widerstand der republikanischen Verbände langsam endgültig erlahmt, kehrt sie nach Irland zurück.

Dort sitzen nun an die 13000 Republikaner in Gefängnissen und Internierungslagern, aber immer noch kämpfen zirka 8000 aus dem Untergrund gegen 38000 Mann Regierungstruppen.

Im Lager der Republikaner setzt sich nur langsam die Überzeugung durch, daß nun der Zeitpunkt gekommen ist, einen ehrenvollen Frieden zu suchen.

Die entscheidende Frage ist, läßt sich eine Möglichkeit finden, die den Republikanern die Mitarbeit im Parlament erlauben würde, ohne daß sie den Treueeid auf die britische Krone leisten, den sie strikt ablehnen.

Daß sich ein so erbittert und unter soviel Blutvergießen ausgetragener Konflikt letztlich auf etwas so Formales reduzieren läßt, beweist seine Sinnlosigkeit wohl am besten.

Am 24. Mai 1923 erläßt De Valera als Chef des Stabes der republikanischen Truppen den folgenden Befehl: »Soldaten der Republik, Legion der Nachhut: Die Republik kann nicht länger erfolgreich mit euren Waffen verteidigt werden. Weitere Opfer wären vergeblich... andere Mittel und Wege müssen beschritten werden, das Recht der Nation zu suchen... sieben Jahre fürchterlicher Anstrengungen haben unser Volk erschöpft. Wenn die Menschen sich von uns abwenden, uns nicht mehr tatkräftig unterstützen, so hat das seinen Grund darin, daß sie sich einer überwältigenden Übermacht gegenüber sehen, daß sie erschöpft sind und Ruhe brauchen...«

Madames Aufgabe ist es, nach Schottland zu reisen und den Friedensschluß den dort lebenden Iren, die die Republikaner mit Spenden unterstützt haben, klarzumachen. Denn De Valeras Vorschlag, endlich zu kapitulieren, ist keineswegs unumstritten. Es gibt Fanatiker, die den Widerstand »bis zum letzten Blutstropfen und bis zur letzten Patrone« fortsetzen wollen.

Schatten fallen häufig auch zwischen alte Freunde, die einander nicht mehr begreifen.

Für Madame bedeutet dies, daß die Einsamkeit um sie mehr und mehr zunimmt.

Als schließlich im Sommer die Regierung des Freistaates allgemeine Wahlen ausschreibt, ergibt sich die nun schon vertraute Situa-

tion: Die Republikaner stellen 87 Kandidaten auf. Versuchen sie aber irgendwo sich bei einer Wahlrede in der Öffentlichkeit zu zeigen, so riskieren sie dabei, auf der Stelle verhaftet zu werden.
Zwar gibt es seit Anfang 1923 einen Waffenstillstand. Zwar haben die Republikaner ihre Waffen offiziell den Regierungstruppen ausgeliefert, aber immer noch sind 11 Männer und 250 Frauen in Haft.
Noch ist ein Gesetz in Kraft, nach dem Republikaner ohne Haftbefehl festgenommen, ohne Gerichtsverhandlung in Haft gehalten werden können.
Der Ausgang der Wahlen zeigt, daß sich zwei fast gleich starke politische Gruppen im Land gegenüberstehen. Die Regierungspartei gewinnt 5 Sitze dazu, die Republikaner gewinnen 8. Madame wird in ihrem alten Wahlkreis in Süd-Dublin wiedergewählt.
Wie alle republikanischen Abgeordneten bleibt sie dem Dail fern, weil sie nicht willens ist, den Treueeid auf die Krone zu leisten.
Während des Herbstes in diesem Jahr führt Madame eine leidenschaftliche Kampagne für die Entlassung der politischen Häftlinge. Die Frauen unter ihnen sind in der North Dublin Union in überfüllten, verwahrlosten Schlafsälen eines ehemaligen Arbeitshauses, das zwischendurch auch als »Black and Tan«-Kaserne gedient hat, untergebracht. Das Essen ist schlecht. Nur Lebensmittelpakete von daheim lassen die Gefangenen überleben. Dann hören diese Frauen davon, daß die männlichen Gefangenen in den Hungerstreik getreten sind. Sie beschließen, ebenfalls zu hungern.
Constanze wandert in diesen Tagen durch die Straßen von Dublin, um auf das Schicksal der Internierten aufmerksam zu machen. Sie verteilt Flugblätter, hält Reden, wenn sich ein paar Leute um sie versammeln.
Während einer dieser Ansprachen wird sie am 20. Novmeber wieder verhaftet. Maude Gonne und Mrs. Sheehy-Skeffington versuchen auf der Polizeiwache herauszufinden, ob Anklage gegen sie erhoben werden wird und was man ihr zur Last legt. Auch schicken sie ihr Kleider und Lebensmittel.
Die Kleider nimmt Constanze an. Die Lebensmittel schickt sie ihnen mit einem Zettel zurück, auf dem sie mitteilt, sie werde sich auch an dem Hungerstreik beteiligen.
Als sie in der North Dublin Union ankommt, hört sie, daß eine

Bekannte, Baby Bohan, schon fast einen Monat schwer krank ist. Der Priester hat ihr schon die Letzte Ölung gegeben.
Über ihren eigenen Hungerstreik berichtet sie an Eve:
»Ich habe einen Hungerstreik immer ziemlich gefürchtet, aber als ich dann mitmachen mußte, stellte sich heraus, daß das unerfreulichste daran eigentlich der Gedanke vorher war, einmal zu einem solchen Mittel greifen zu müssen. Ich hatte nichts zu leiden. Ich blieb im Bett, döste und versuchte, mich darauf vorzubereiten, diese Welt zu verlassen. Ich war völlig zufrieden und ohne Bedauern... ich sage Dir das nur, weil Du einen solchen Horror vor einem Hungerstreik zu haben scheinst, und weil ich möchte, daß Du Dir klarmachst, was er für mich bedeutet...« Sie erklärt Eve dann, durch den Hungerstreik sei sie wenigstens ihren Rheumatismus losgeworden, und ihre Magenschmerzen seien auch kuriert.
»Manchen freilich, die schon 14 Tage im Hungerstreik sind, geht es sehr schlecht. Ein Mädchen, Baby Bohan aus Ballymote, wird wohl nie mehr dieselbe sein...«
Dann, als zwei von ihnen gestorben sind, brechen die männlichen Gefangenen ihren Hungerstreik ab. Der Abbruch, der auch den Frauen die Möglichkeit gibt, einzulenken, kommt gerade rechtzeitig, um Baby Bohan und den anderen Schwerkranken unter den Frauen das Leben zu retten.
Constanze pflegt sie, kocht für sie, gibt Baby Bohan ihre Fäustlinge, um ihre vom Hunger zusammengeschrumpelte Haut vor Kälte zu schützen.
Am Tag vor Weihnachten wird Madame entlassen. Sie ist dünn, bleich, aber im übrigen guten Mutes. In diesem Monat läßt die Regierung endlich die meisten der politischen Gefangenen frei. Im Frühjahr 1924 macht sich Constanze daran, die in Auflösung begriffene Frauenorganisation Cuman na mBan wieder aufzubauen.
In diesem Frühjahr finden auch wieder Nachwahlen statt. Die erste davon in Limerick, wo Madame auf einer Wahlveranstaltung spricht. In einem Brief zeigt sie sich bestürzt über die Lebensumstände der Arbeiter dort:
»Ich habe niemals ärgere Slums gesehen, nie nettere Leute getroffen.«
Das Ausmaß, in dem Phrasen in der Politik eine Rolle spielen, das Bedürfnis der einfachen Leute nach einem »Führer« bedrücken sie nicht weniger:

»Kommen Sie uns nicht mit politischen Phrasen. Sagen Sie uns lieber, wo wir Brot für unsere Kinder hernehmen sollen. Das war die allgemeine Haltung. Wenn man nur den Leuten klarmachen könnte, daß ja Politik eben die Organisation von Lebensmitteln, Kleidung und Wohnungen bedeutet, dann wäre schon vieles erreicht. Auch müßten sie lernen, ihre Führer zu beobachten und zu kontrollieren, ja, sie mehr zu fürchten als ihre Gegner. Erinnern Sie sich, wie Connolly einmal Debbs zitierte und sinngemäß sagte: ›Ich würde euch nicht in die Freiheit führen, selbst wenn ich es könnte, denn täte ich es, so würde euch ebenso leicht ein anderer wieder in die Sklaverei zurückführen.‹ Wenn diese Leute nur lesen, sich bilden und sich entscheiden würden, wo sie hinwollen, würden wir leicht gewinnen. Aber ach, es ist immer in ihnen dieser Impuls, einem Idol zu folgen, jemand anderem das Denken zu überlassen und dann erstaunt zu sein, wenn er sie irgendwo hinführt, wohin sie gar nicht gewollt haben.«

In diesem Sommer besucht Graf Markievicz Constanze in Dublin.

Seit er fortgegangen ist, hat sich die Stadt sehr verändert. Das Dublin der Boheme, der Maler, des Theaters, das er gekannt und geliebt hat, gibt es nicht mehr.

Casimir, der Mann, der ein leichtes Leben und schöne Frauen liebte, ist bestürzt darüber, wie Constanze sich verändert hat.

Als er fortging, war sie nicht mehr jung, aber jemand, der überzeugend und mit Ausstrahlung die weiblichen Helden in seinen Theaterstücken oder in einem lebenden Bild der »Liga für das Frauenwahlrecht« verkörpern konnte. Jetzt, mit 56 Jahren, wirkt sie ausgezehrt, erschöpft. Sie besitzt nicht einmal mehr eine eigene Wohnung. Sie lebt bei Freunden, und sie gehört wie alle ihre Freunde der Welt der Politik an, in der Casimir sich nie recht wohl gefühlt hat. Er ist erstaunt, daß sie sich bei alldem wohl fühlt, daß sich ihr Charme erhalten hat, ihre Offenheit und Natürlichkeit im Umgang mit denen, die sie ins Herz geschlossen hat. Ein Brief an ihren Stiefsohn in Warschau macht klar, in welch fürchterlicher Situation Irland sich damals befindet:

»All die kleinen Geschäfte hier stehen vor dem Ruin. Den Bauern geht es sehr schlecht. Die Liste der Bankrotte ist beängstigend. Die Zahl der hochbezahlten Beamten, für die einfach von denen, die jetzt an der Macht sind, eine Stelle geschaffen wird, nimmt immer mehr zu. Um das Geld aufzubringen, hat man den Pensionären wöchentlich einen sh. von ihren Pensionen und den ihnen zustehenden Sack Kohl alle 14 Tage gestrichen. Die Steuern sind schrecklich hoch, die Lebensmittelpreise steigen täglich, die Mieten sind arg...«

Constanze scheint selbst bestürzt, daß sie bei allem sonst bei ihr immer wieder durchbrechendem Optimismus jetzt nur Schlechtes zu berichten weiß. Es tut ihr auch leid, daß Casimir kaum jemanden von seinen alten Bekannten wiedergetroffen hat.

»Dies ist ein ziemlich trauriger Brief, aber er soll Dich wissen lassen, daß ich Dich nicht vergessen habe und daß Du immer zu denen gehören wirst, die ich am liebsten habe, denn Du bist doch wirklich zu meinem Sohn geworden, und ich liebe Dich wegen Deines ehrenhaften und aufrechten Charakters.«

Alles in allem: bei aller Freude über den Besuch des Grafen kann sie sich keine Illusionen darüber gemacht haben, daß ihre Beziehungen als Ehepartner letztlich gescheitert sind.

Im März 1926 hat De Valera bei einer Versammlung von Sinn Fein erklärt, die Zeit sei gekommen, in der Eidfrage endlich eine andere Haltung einzunehmen.

Er schlägt vor, den Treueeid abzuschaffen und kündigt an, daß dann die republikanischen Abgeordneten in das Parlament zurückkehren würden.

Sein Standpunkt ist heftig umstritten. Es kommt zu einer Abstimmung, bei der er knapp unterliegt. Er tritt daraufhin als Präsident von Sinn Fein zurück und gründet eine neue Partei, die Fianna Fail.

Madame führt den Vorsitz bei der Gründungsversammlung. Sie begrüßt den Hauptredner als »Präsident De Valera«. Dieser entgegnet:

»Es tut mir leid, daß ich sofort die Vorsitzende korrigieren muß. Ich bin nicht als Präsident hier...!«

Aber Madame sagt: »Für mich sind und bleiben Sie Präsident.«

Auch das ist typisch für sie: Parteinahme ist sehr stark immer von ihrer Loyalität zu einer Person bestimmt.

De Valera wird einstimmig zum Vorsitzenden der neuen Partei gewählt. Madame wird eines der 16 Vorstandsmitglieder.

Worum es ihr dabei als politisches Ziel vor allem zu tun ist, geht wieder aus einem Brief an Eve hervor:

»Ich denke, es wird uns gelingen, den Eid abzuschaffen. Jedenfalls auf lange Sicht. Immerhin ist das etwas, wofür es sich lohnt zu arbeiten, und was auch eine Erfolgschance hat.«

Am 30. Juni 1926 stirbt überraschend Eve Gore-Booth. Die Nachricht erhält Madame erst, als sie von einem kurzen Urlaub an der See nach Francfort House zurückkommt. Sie fährt nicht zur Beerdigung, weil sie das Zusammentreffen mit den anderen Familienmitgliedern einfach nicht erträgt.
An Miß Roper schreibt sie:
»Ich kann es einfach nicht fassen. Es gab keinen wie sie. Sie war etwas Wunderbares. So einfach, jemand, der so wenig an sich selbst dachte. Ihre Sanftheit bewahrte mich in einem Krieg davor, sehr gemein zu handeln. Ich hielt einmal inne und erschoß einen Mann nicht, weil ich an sie dachte. Seit Aylesbury hatte ich die seltsame Angewohnheit, alles, was ich tat, auf sie zu beziehen. Bei jeder Skizze, die ich machte, fragte ich mich, wie sie ihr gefallen werde, und ich freute mich darauf, sie ihr zu zeigen. Ich habe mir immer ausgemalt und davon geträumt, Euch beide irgendwo hinzufahren, wo es schön ist.«
Sieben Monate nach der Schwester stirbt in Ardeen in County Sligo Constanzes Mutter. An einem düsteren Januartag fährt sie zur Beerdigung nach Lissadell.
Auch gegenüber ihrer Familie ist Madame nun versöhnlicher geworden. An Stasko schreibt sie:
»Ich denke, es muß auch ziemlich unangenehm sein, eine Verwandte zu haben, die häufig ins Gefängnis wandert und in Revolutionen verstrickt ist, für deren Ziele man keine Sympathien empfindet.«
Vor privatem Kummer flüchtet sie in schier zahllose Aktivitäten im öffentlichen Leben. Sie arbeitet im Parteivorstand mit, bei der Fianna, in der Liga zur Verteidigung Politischer Gefangener, bei der Republikanischen Theatergesellschaft und Kommunalverwaltung von Rathmine, jenem Vorort von Dublin, in dem Francfort House liegt.
Der einzige Luxus, den sie sich leistet, ist ein altes klappriges Autor, »Tin Lizzie« genannt, mit dem sie Ausflüge in die Umgebung von Dublin unternimmt, um ein paar Stunden im Freien zu aquarellieren:
»Ich habe mich in den letzten Jahren bemüht, mit Wasserfarben

zurechtzukommen. Öl kann ich mir einfach nicht leisten. Es sei denn, ich würde die Poltik aufgeben und mit irgend etwas Geld verdienen. Aber es macht mir auch viel mehr Mühe, immer Ölfarben mit herumzuschleppen. Ich habe mit dem Aquarellieren im Gefängnis in England begonnen. Dort war es nicht möglich, in Öl zu malen, schon wegen des Geruchs nicht. Es gab Gefangene von angegriffener Gesundheit, und man saß so nahe beieinander, daß man den anderen den Farbgeruch einfach nicht zumuten konnte.«

Manchmal, wenn sie von einer Versammlung oder einer Vorstandssitzung kommt, vertauscht sie rasch den Rock gegen ein Paar Knickerbocker und arbeitet mehrere Stunden im Garten.

In diesen Monaten sieht sie auch ihre Tochter wieder öfter. Maeve ist ein großes, hübsches Mädchen geworden. Manchmal treffen sie sich in Dublin zum Einkaufen. Immer häufiger aber finden Leute, mit denen sie zusammenkommt, sie werde »alt, kratzbürstig und zerstreut«.

Der Versuch, ihre Erfahrungen in Theaterstücken auszudrücken, die Intensität, mit der sie sich nun wieder in diese Arbeit stürzt, kommt manchen schrullenhaft und komisch vor. Mary Colum beobachtet sie bei einem Abend bei AE und schreibt über sie:

»Jetzt war auch nicht eine Spur Schönheit bei ihr geblieben. Sie war ein erloschener Vulkan. Ihr früher explodierendes Wesen wirkte wie ausgebrannt. Sie war hager und alt, hatte aus der Mode gekommene Kleider an. Die vertrauten Augen, die hinter Brillengläsern hervor mich musterten, hatten kein Feuer und keine Lebhaftigkeit mehr.«

Ich treffe sie bei der Gartenarbeit. Ihre Brille ist ihr auf der Nase tief heruntergerutscht. Ihre Wangen sind eingefallen. Unter den Augen, die etwas müde wirken, haben sich Falten eingegraben. Die Zähne wirken beängstigend schlecht. Ihr Gesichtsausdruck ist so, als müsse sie sich erst erinnern, wer ich sei.

»Verzeihung«, sagt sie, »ich bin so schrecklich vergeßlich geworden in letzter Zeit.«

»Halb so schlimm.«

»Es ist unangenehm. Es erinnert mich daran, daß ich alt werde. Ich werde ungern alt.«

»Ich kenne ein Lied«, sage ich, »es heißt ›Forever young‹. Ein

Sänger singt es, der selbst gerade alt wird. Und darin gibt es zwei Zeilen, die lauten: ›May you always do for others/And let others do for you.‹ Im Sinne dieses Liedes sind Sie nicht alt.«
»Singen Sie mir das Lied vor«, bittet sie und nimmt ganz selbstverständlich an, daß ich singen könnte. Jeder in Irland kann singen.
»Ach nun zieren Sie sich nicht«, sagt sie, »machen Sie einer alten Frau die Freude.«
Also singe ich recht und schlecht, aber bei der dritten Strophe singt sie mit:

May your hands always be busy
May your feet always be swift
May you have a strong foundation
When the winds of changes shift
May your heart always be joyful
May your song always be sung
Forever young
Forever young
May you stay
Forever young!*

»Die Welt ist so tragisch geworden seit dem großen Krieg«, beklagt sie sich, »während der Reise durch die USA ist mir eingefallen: du bist glücklich, daß du aus Irland fort bist. Ein Bruderkrieg unter Rebellen. Ich begreife einfach nicht, wie sich die Menschen, die ein Leben lang Freunde gewesen sind, für dieselbe Sache gekämpft haben, gegenseitig totschießen. Ich frage mich manchmal: ist das noch dein Land. Das Land, für das wir all diese Opfer gebracht haben.«
»Aber Sie machen weiter.«
»Was sollte ich sonst machen? Jemand sollte für die Armen von Dublin sprechen. Ich kenne sie. Sie kennen mich. Connolly hätte auf ihre Rechte gepocht. Da können Sie sicher sein. Er kann es

* Mögest du immer Arbeit für deine Hände haben.
Mögest du immer flink zu Fuß sein.
Mögest du immer auf festem Grund stehen,
wenn die Winde der Veränderung umschlagen.
Möge dein Herz immer fröhlich sein.
Möge dein Lied immer gesungen werden.
Mögest du immer jung bleiben.
Für immer jung!
Für immer jung!
Ja, so bist du
immer jung.

nicht mehr tun. Also tu ich es. Aber ich habe keine Begeisterung mehr. Ich fühle mich oft sehr müde. Ich habe ein bißchen angefangen zu schreiben. Ein Theaterstück. Ich habe versucht, mir darüber klarzuwerden, welche Werte es eigentlich noch gibt... bei all diesem Chaos, das ich um mich sehe. Ich habe geschrieben: ›Gott schenkt Glück nur denen, die alles geben, und nur dort, wo nicht Selbstgerechtigkeit und Egoismus herrschen, da ist Gott in der Welt.‹ Ich weiß wohl, daß Sie nicht an Gott glauben. Aber Sie können dafür einfach ein anderes Wort einsetzen: das Gute, der Sinn. Irgendein solches Wort haben Sie gewiß doch auch. Oder?«

Ich schweige.

Ich will mich nicht mit ihr streiten.

Das ist eine andere Zeit.

Wenn sie wüßte, was später noch alles kam.

»Sie sollen antworten«, sagt sie, »wir haben doch nie voreinander gekniffen.«

»Ich habe versucht, ohne ein solches Wort zu leben. Ich sagte mir, wenn man kein solches Wort hat, kann das, wofür es steht, auch nicht mißbraucht und entwertet werden. Das ist gewiß auch eine Illusion.«

»Man darf nie aufhören, weiterzumachen«, sagt sie, »wenn man sich dafür entscheidet, Politik zu machen, ist da immer auch die Hoffnung, man werde für viele etwas tun können. Ich bin bescheiden geworden. Ich sage mir, für wenige etwas zu tun, ist schon eine ganze Menge.«

Es wäre noch so vieles zu sagen.

Ich möchte sie noch so vieles fragen.

Nicht, um sie zu demütigen.

Nicht, um aufzutrumpfen.

Nur um verstehen zu lernen. Denn daran habe ich vor allem Interesse: warum ist einer so oder so geworden?

Beispielsweise möchte ich sie zu gern fragen: warum hat sie denn mitgemacht, als der Bürgerkrieg begann? Warum hat sie nicht all ihr Prestige dazu verwandt, um diesen fürchterlichen Kampf zu verhindern, deren Wahnsinn sie ja selbst als solchen bezeichnet? Aber dann betrachte ich sie und kann mir die Antwort auch selbst geben.

Ich sehe, wie geschwächt sie ist. Nicht nur körperlich.

Mir fällt eine Zeile aus einem Gedicht ein, das William Butler

Yeats über sie geschrieben hat. Ein Erinnerungsgedicht an einen Abend in Lissadell. Die beiden Schwestern Constanze und Eve, noch jung, beide in Kimonos gehüllt, die eine wie eine Gazelle, heißt es in dem Gedicht. Jung, schön. Beide gingen sie einen strengen Weg. Die eine gar nahm eine Waffe in die Hand. Und dann folgen die Zeilen, auf die es ankommt:

> The innocent and beautiful
> Have no enemy but time…*

Ihr Lächeln ist immer noch schön. Ganz und gar nicht mehr jugendlich. Es hat immer noch Stolz und zusätzlich etwas, das früher nicht war, eine jener Eigenschaften, die sich so schwer beschreiben lassen, die aber das ausmachen, was man das Wesen eines Menschen nennt: das für ihn Wesentliche. Also versuche ich es. Ich sage: dieses Lächeln hat eine Zutat an Güte. Und nun weiß ich auch, was ich vor allem immer an ihr geliebt habe, mehr noch als ihren Stolz, ihren Mut, ihre Schönheit. Immer war sie jemand, der Gutes tun wollte, den es wie unter Zwang dazu drängte. Und welche Irrtümer sie auch beging, welche Fehler sie auch im einzelnen gemacht haben mochte, der Wille dazu war nicht untergegangen. Er hatte sich eher verstärkt. Das war ihr Sieg. Trotz soviel Gewalt. Soviel Finsternis. Soviel Kälte. Soviel Gier. Sowenig Freundlichkeit.

* Das Unschuldige und die Schönheit
kennen keinen Feind, außer der Zeit…

Keine Salve übers Grab

Der Winter des Jahres 1926 auf 1927 ist hart. Durch einen Streik der Bergarbeiter herrscht Brennstoffmangel, von dem vor allem die Armen betroffen sind. Wieder einmal springt Madame als einzelne helfend ein. Sie kauft Kohlen für Familien, die sonst wahrscheinlich in den ungeheizten Wohnungen umgekommen wären.
Eine Freundin von ihr schickt mehrmals eine Ladung Torf aus Kerry in die Stadt.
Andermals fährt Madame mit ihrem Auto in die Wicklow-Berge, lädt den Wagen voller Torfsäcke und verteilt sie dann unter die Familien in den Slums von Dublin. Es kann durchaus vorkommen, daß sie die schweren Säcke selbst auf dem Rücken bis hinauf unters Dach schleppt.
Einmal nimmt sie den kleinen Bruder einer Bekannten auf eine dieser Fahrten mit. Während sie ihre Besuche macht, wartet Sammy unten im Auto. Nach dem zweiten oder dritten Aufenthalt kommt sie zurück und findet ihren Helfer in Tränen aufgelöst. Es sind Leute gekommen und haben allen Torf, der noch im Wagen lag, fortgeschleppt. Er hat sie nicht daran hindern können.
»Macht nichts, Sammy«, tröstet Madame den Jungen, »wenn sie den Torf nicht auch dringend nötig gehabt hätten, hätten sie ihn uns wohl nicht weggenommen.«
Aber sie, die anderen immer großzügig geholfen hat und jetzt bis zur Selbstaufgabe wieder hilft, kann sich selbst nicht helfen. Seit dem Tod der Mutter und der Schwester ist es einsam geworden um sie.
Einmal betritt jemand zufällig ihr Zimmer im Francfort House. Er hat nicht angeklopft, weil er meint, Madame sei ausgegangen. Aber da sitzt sie am Tisch, schaut durch die regenbeschlagenen Scheiben, und Tränen laufen ihr über die Wangen.
Im Juni 1927 bringt der Wahlkampf, den sie für die neue Partei De Valeras bestreitet, wieder Trubel und Arbeit. Da scheint sie wieder ganz die alte.
Als sie sich beim Anwerfen ihres Autos beide Unterarmknochen bricht, sagt sie trocken:

»Na, glücklicherweise nicht den Kiefer. Dann hätte ich ja nicht mehr reden können.«
Den Arm in der Schlinge tritt sie in den Wahlveranstaltungen auf. Und ihre alte Wählerschaft aus dem Süden von Dublin hält ihr auch in der neuen Partei die Treue.
Sie ist einer der 44 Fianna-Fail-Abgeordneten, die dem neuen Dail angehören werden.
Gewählt zu sein, bedeutet aber durchaus in diesen Zeiten nicht, daß sie ihre Tätigkeit auch aufnehmen könnte, denn nach wie vor verweigern die Mitglieder dieser Partei den Treueeid auf die britische Krone.
Am 23. Juni 1927 versucht die Fraktion der Fianna-Fail-Parlamentarier, angeführt von De Valera, den Innenraum des im Leinster House tagenden Dail zu betreten. Die Türen zur Kammer sind verriegelt. Ohne den Eid geleistet zu haben, kommen sie nicht weiter. Unter Protest ziehen sie wieder ab zum Hauptquartier der Partei, wo eine große Menschenmenge auf sie wartet.
Bis zum letzten Augenblick ist Madame so mit dem langwierigen Kampf um Irlands Unabhängigkeit verbunden. Anfang Juli nimmt sie an einer Sitzung des Parteivorstandes teil.
Ein jüngeres Vorstandsmitglied merkt, daß es ihr nicht gut geht. Da er ihren Eigensinn in solchen Fällen kennt, verständigt er hinter ihrem Rücken den Vorsitzenden und bittet ihn, die Tagesordnung abzukürzen. Nach Ende der Sitzung begleitet er sie zur Straßenbahn und fährt mit ihr nach Francfort House. Dr. Kathleen Lynn wird gerufen. Sie untersucht Madame und läßt sie ins Krankenhaus bringen. Eine Blinddarmoperation muß ausgeführt werden. Madame besteht darauf, in ein öffentliches Krankenhaus eingeliefert zu werden und liegt nun in einem großen Krankensaal.
Am 8. Juli wird eine zweite Operation notwendig. Sie übersteht auch diesen Eingriff. Esther Roper und Helena Molony, die an ihrem Bett wachen, erleben es immer wieder, daß wildfremde Leute auftauchen und Blumen für sie abgeben.
Als Esther Roper in die Stadt geht, um einige Besorgungen zu machen, wird sie immer wieder angesprochen und gefragt, wie es um Madame stehe.
Eine Frau sagt: »Ach, was werden wir armen Leute nur ohne sie machen. Sie hat alles für uns gegeben. Sie denkt, was gut genug ist für uns, ist auch gut genug für sie.« Und in typischem Anglo-Irisch fügt sie hinzu: »Please God, she'll be better!«

Casimir und Stasko reisen aus Warschau an.
Sie freut sich.
Sie ist sehr schwach.
Sie sagt, sie wisse, daß sie sterben werde.
»Es ist schön, all diese Liebe und all diese Freundlichkeit zu spüren, ehe ich gehen muß.«
Sie gibt noch einmal ein Zeugnis ihres unbändigen Lebenswillens, als May Coghlan sie besucht.
Sie zeigt ihr, wie sie eine Teetasse mit der rechten Hand wieder zum Mund führen kann.
Der gebrochene Arm ist endlich geheilt.
Der Bruch hat sie in den vergangenen Wochen sehr behindert, beim Anziehen, beim Kämmen. Und sie hat ihren Wagen nicht steuern können, um hinaus aufs Land zu fahren und zu malen. Jetzt, da sie den Arm wieder gebrauchen kann, ist es zu spät.
Einmal sagt sie auch:
»Ich habe mich so danach gesehnt, die Sache der Republikaner in Frieden siegen zu sehen.«
In jenen Tagen wird einer ihrer politischen Gegner, Kevin O'Higgins, auf dem Weg zur Messe das Opfer eines Mordanschlages.
Fanatiker unter den Republikanern behaupten:
»Das hätte Madame gefreut.«
Das ist sehr unwahrscheinlich. Sie ist immer entschlossen gewesen, aber sie hat auch gesagt:
»Ich mag das Töten nicht. Ich mag den Tod nicht.«
Wenn etwas ihrem Wesen fremd war, so war es die moderne Methode des Terrorismus.
Das hat sie nie begriffen. Darunter hat sie gelitten.
Am 14. Juli verschlechtert sich plötzlich ihr Befinden. Die Ärzte verständigen den Grafen, Eamon De Valera, Mrs. Sheehy-Skeffington und May Coghlan.
Um 1.30 Uhr am 15. Juli 1927 stirbt die Frau, die wie keine andere das unabdingbare Verlangen Irlands nach Selbständigkeit verkörpert hat.
Noch an ihrem Grab reißen die politischen Auseinandersetzungen nicht ab.
Die Regierung des Freistaates verbietet, ihren Leichnam in einem Gebäude aufzubahren, das dem Staat gehört.
Der Trauerzug wird zu einer ergreifenden Demonstration der Zuneigung und Ehrerbietung gegenüber einem Menschen, dessen

Engagement nie so sehr dem abstrakten Begriff der Nation, sondern immer mehr den einzelnen gegolten hat, die ein Volk ausmachen.
Tausende säumen die Straßen der Innenstadt von Dublin.
Die Fianna folgt dem Sarg, eine Abteilung der Bürger-Armee, der Kaplan von Kilmainham, den Madame 1916 gebeten hatte, ihr in ihrer letzten Stunde beizustehen, falls man sie hinrichten werde, Männer aus den Reihen der »Volunteers«, Gewerkschafter, Frauen von Cuman na mBan, eine Delegation von Sinn Fein, viele Schauspieler, jene Boheme, die sich in AEs Salon zu treffen pflegten.
Da sind die Mütter aus den Slums, stumm, wild dreinblickend, ausgezehrt. Da sind die Veteranen des Oster-Aufstandes, abgerissen, hungrig, müde, verbittert.
Gewiß ist es nicht das ganze Volk, das in diesem Trauerzug mitgeht, denn eben an diesem Tag wird auch das vorerst letzte Opfer politischen Terrors zu Grabe getragen.
Draußen in Glasnevin, wo auch Parnell begraben liegt, haben 100 Soldaten der Armee des Freistaates mit der Waffe in der Hand das eigentliche Grabgrundstück abgeriegelt. Sie haben Befehl, unbedingt zu verhindern, daß die Republikaner eine Ehrensalve über das offene Grab hin abfeuern.
Unter den vielen Menschen, die sich schon vor Ankunft des Trauerzuges auf dem Friedhof eingefunden haben, sind auch zahlreiche Detektive, die nach republikanischen Soldaten und Politikern Ausschau halten, die *on the run*, auf dem Sprung leben, weil sie steckbrieflich gesucht werden.
Erst im allerletzten Augenblick treten die Soldaten von der Grube zurück und machen sechs jungen Männern der Fianna und den nächsten Angehörigen Platz.
In seiner Grabrede sagt Eamon De Valera unter anderem:
»Madame Markievicz ist von uns gegangen. Madame, die den Beladenen Beistand war, die die Armen liebte. Sie hat auf Bequemlichkeit, auf ein Heim verzichtet und ist den harten Weg des Dienens gegangen mit den Armen und Unterdrückten. Opfermut, Mißverständnisse und Verachtung liegen an dem Weg, den sie eingeschlagen hat. Sie hat ihn unbeirrt beendet...«

Nachruf auf eine Rebellin

Alle sind sie nun fort. Die mit den Gewehren und die mit den Fahnen. Söhne und Adoptivsöhne, Detektive und Ehemänner. Jene, die alle Welt kennen, und jene, die nichts mehr rührt. Die mit den Tapferkeitsträumen vom fliegenden Trapez, der taumelnden Stimme und der stillen Angst. Die Parteigrößen und angehenden Staatsmänner mit ihren Skrupeln um Eide und ihren vollmundigen Sätzen. Großmäuler mit mottenzerfressenen Worten wie »Freiheit«, »Patriotismus«, »reinigendes Blutopfer«, »auserwähltes Volk«, »Heldentod«.
Leute, die du deswegen besonders gegen dich aufgebracht hast, weil sie sich auch nur zu gern das herausgenommen hätten, was du dir herausgenommen hast. Andere, die dich von ganzem Herzen liebten, deren Liebe sich vielleicht nur in einer Handbewegung oder in einem Blick mitteilte, oder in ihrer Großzügigkeit. Alle sind sie nun fort. Auch die Totengräber, die die Erde hinabgeschaufelt haben. Nur ich bin noch da. Auf ein letztes Wort. Ich habe nachgelesen, was das bedeutet: REBELLIEREN. In einem Wörterbuch ist es so erklärt: Sich lossagen, sich der angemaßten Autorität eines Herrschers oder einer Regierung widersetzen, aufsässig sein, Widerstand leisten, den Mut haben zu widersprechen, in Zweifel zu ziehen, in Frage zu stellen, was nicht mehr dem Menschen dient, sondern ihn entstellt, zerbricht, was ihn seiner Lebendigkeit, seiner Fähigkeit, Glück zu geben und zu erleben, beraubt.
Ich habe dich mutig gesehen. Ich habe dich voller Angst gesehen. Ich habe dich kühn gesehen. Ich habe dich voller Zweifel gesehen. Dies wollte ich dir noch sagen, ehe ich fortgehe von deinem Grab in Glasnevin: es muß Rebellinnen geben. Gäbe es sie nicht in Wirklichkeit, die Geschichtenerzähler müßten sie erfinden. Aber es ist gut, daß es sie in Wirklichkeit gibt. Es macht mir Hoffnung zu leben.

Zeittafel zur irischen Geschichte

1169	Anglo-Normannische Invasion in Irland, nachdem von zwei sich streitenden irischen Gebietsfürsten der eine die Briten zu Hilfe gerufen hat. Die Anglo-Normannen beginnen die Oberschicht im Land zu bilden.
1541	Heinrich VIII. wird von einem entsprechend zusammengesetzten Parlament zum König von Irland ausgerufen.
1549	Die ersten Plantation (Kolonien protestantischer Engländer) im katholischen Irland.
1595	Rebellion von Hugh O'Neill, Earl of Tyrone, gegen die Briten.
1603	Englisches Recht wird in Irland eingeführt, seine Anwendung erzwungen.
1649	Cromwell beginnt einen Straffeldzug gegen die rebellischen irischen Katholiken. Die Unterschiede des Glaubens lassen es zu, daß diese Strafexpedition als eine Art »heiliger Krieg« gegen die ketzerischen Papisten durchgeführt wird.
1690	In der Schlacht an der Boyne unterliegen die irischen (katholischen) Parteigänger James II. Sieg der Protestanten unter Wilhelm von Oranien.
1691	Land des katholischen Adels wird von den Engländern enteignet.
1692	Katholiken werden aus dem Irischen Parlament ausgeschlossen.
1695	Beginn der »Penal Laws«, der die katholischen Iren unterdrückenden Strafgesetzgebung der Engländer.
1720	Gesetz, daß das britische Parlament für die Gesetzgebung in Irland zuständig ist.
1740/41	Große Hungersnot in Irland.
1775	Der Amerikanische Unabhängigkeitskrieg beginnt.
1791	Wolfe Tone plädiert dafür, daß die Katholiken in Irland auch politische Rechte haben müssen. Gründung der United Irishmen.
1798	Aufstand der United Irish mit geringer Unterstützung der Franzosen.

Tone wird der Verschwörung angeklagt und stirbt.

1800 Gesetz über die Union von Großbritannien und Irland tritt in Kraft.

1803 Revolte von Robert Emmet, er wird verurteilt und hingerichtet.

1828 Das Emanzipationsgesetz gibt den Katholiken in Irland gewisse Rechte wieder.

1843 Protestkundgebungen gegen die Briten. Der bedeutendste irische Politiker dieser Zeit ist O'Connell.

1845/46 Eine Erkrankung der Kartoffelpfanze führt zu einer fürchterlichen Hungersnot in Irland.

1848 Aufstand der »Young Ireland«-Gruppe in Munster wird rasch niedergeschlagen.

1858 Gründung der Fenier-Bewegung.

1867 Aufstand der Fenier in den Counties Dublin, Cork, Limerick, Tipperary und Clare.

1870 Beginn der »Home-Rule«-Bewegung.

1879 Beginn des Aufstiegs von Parnell. Gründung der Nationalen Land-Liga.

1881 Land-Liga wird nach Boykottakten und Gewalttätigkeiten für ungesetzlich erklärt.

1882 Mord an den Engländern Cavendish und Burke im Phoenix Park in Dublin.

1883 Sprengstoffanschläge der irischen Rebellen. Tom Clarke zu lebenslänglicher Haft verurteilt.

1886 Das von Gladstone eingebrachte »Home-Rule«-Gesetz wird vom Unterhaus in London abgelehnt.

1889 Scheidungsaffäre Parnells.

1890 Die Mehrheit der Irischen Parlamentspartei entscheidet sich nach der berühmten Sitzung im Committee Room 15 gegen Parnell.

1891 Parnell stirbt.

John Redmond wird Führer des Parnellites, also des parnelltreuen Flügels der Parlamentspartei.

1883 Gründung der Gaelic League (Gälische Liga), die dem Aussterben des Gälischen als Umgangssprache entgegenwirken und gälische Literatur fördern will.

»Home-Rule«-Gesetz wird im Unterhaus angenommen, aber vom Oberhaus abgelehnt. (Viele der Lords haben selbst große Besitzungen in Irland!)

1895 Allgemeine Wahlen mit Niederlage der Liberalen.

Erste Ausgabe von James Connollys *Worker's Republic.*

Tom Clarke freigelassen

1899 Irish Literary Theatre gegründet.

1904 Griffiths Aufsatz *Aufstand in Ungarn* erscheint. Ausgangspunkt der Sinn-Fein-Bewegung.

1906 Allgemeine Wahlen. Die Liberalen kommen wieder an die Regierung.

1909 Jim Larkin gründet die »Irish Transport and General Worker Union«.

1911 »Parlament Act« angenommen. Ein Gesetz kann jetzt im britischen Parlament unter gewissen Umständen auch gegen die Ablehnung des Oberhauses angenommen werden. Damit wird der Weg zur Annahme des »Home-Rule«-Gesetzes frei.

1912 »Home-Rule«-Gesetz im Unterhaus angenommen. Widerstand gegen »Home-Rule« in Ulster.

1913 Ulster Freiwilligenkorps wird gegründet. »Home-Rule«-Gesetz im Oberhaus abgelehnt. Provisorische Regierung in Ulster. Gründung der Irischen Bürgerarmee. Gründung der Irischen Freiwilligen.

1914 Waffen kommen nach Ulster. Ausbruch des Ersten Weltkriegs Waffen werden in Howth und Kilcoole für die Rebellen an Land gesetzt. »Home-Rule«-Gesetz tritt in Kraft, wird aber vorläufig ausgesetzt. Redmond ruft die Iren auf, an der Seite der Briten zu kämpfen, bzw. in die britische Armee einzutreten. Die Irischen Freiwilligen spalten sich wegen dieser Frage.

1916 Die *Aud* läuft in die Bucht von Tralee ein und versenkt sich, von britischen Schiffen aufgebracht, selbst. Sir Roger Casement wird von einem deutschen U-Boot an der Südwestküste Irlands an Land gesetzt, gerät aber in die Gefangenschaft der Briten, die ihn später als Hochverräter hinrichten lassen. Beginn des Osteraufstandes (24. April). Kapitulation der Rebellen (29. April). Hinrichtung der Anführer der Rebellen (2.–12. Mai).

1917 Count Plunkett und De Valera werden als Kandidaten für Sinn Fein ins Parlament gewählt.

1918 Ende des Ersten Weltkrieges.

1919 Bildung des Dail Eireann in Dublin (Januar) als irische gesetzgebende Körperschaft. Annahme einer provisorischen Verfassung, Unabhängigkeitserklärung aus der Oster-Rebellion wird bestätigt.

1919/21	Anglo-Irischer Krieg, der von beiden Seiten mit großer Härte geführt wird.
1920	Gesetz über die Regierung Irlands sieht unterschiedliche Parlamente und Regierungen für den Norden und Süden Irlands vor.
1921	Das Nordische Parlament in Belfast von König George V. am 22. Juni eröffent. Anglo-Irischer Waffenstillstand (11. Juli). Anglo-Irischer Vertrag (6. Dezember).
1922	Dail stimmt dem Vertrag zu (7. Januar).
1923	Der Bürgerkrieg beginnt. Tod Arthur Griffiths (12. August). Tod von Michael Collins (22. August).
1923	Ende des Bürgerkrieges. Irland tritt dem Völkerbund bei.
1927	Allgemeine Wahlen. Fianna Fail größte Oppositionspartei. De Valera und Fianna kommen in den Dail.
1932	Allgemeine Wahlen, Sieg von Fianna Fail. De Valera Premierminister, bis 1948 im Amt. Damit siegt jene politische Gruppierung, die Constanze Markievicz bis zu ihrem Tod am 15. Juli 1927 um 1.30 Uhr unterstützt hatte.

Bibliografie

In der Hauptsache habe ich die folgenden Bücher benutzt:

Coxhead, Elisabeth: *Daughters of Erin,* London, 1965
Fox, R.M.: *Rebel Irishwomen,* Dublin
Gore-Booth, Eva: *The Death of Finovar from the Triumph of Maeve,* London, 1916
–: *Poems of Eva Gore-Booth.* Introduction by Esther Roper. London, 1929
MacBride, Maud Gonne: *A Servant of the Queen,* Dublin, 1950
Markievicz, Casimir Dunin: *The Memory of the Dead: A Romantic Drama of '98 in Three Acts,* Dublin, 1910
O'Brien, Nora Connolly: *Portrait of a Rebel Father,* Dublin, 1935
O'Faolain, Sean: *Constance Markievicz or The Average Revolutionary,* London, 1934
Roper, Esther (ed.): *Prison Letters of the Countess Markievicz,* London, 1934
Van Voris, Jacquline: *Constance de Markievicz, In the Cause of Ireland,* The University of Massachusetts Press, 1967
Yeats, W.B.: *The Collected Poems,* London, 1952
–: *Easter 1916,* London, 1916

Hinzu kommen zahlreiche Zeitungsartikel von und über Constanze Markievicz in irischen Zeitungen *(Irish Times, An Phoblacht, The Catholic Bulletin, Irish Press, The Irish Nation, The Irish Citizen, The Worker's Republic, Eire Og, An t-Oglac),* die mir in der National-Bibliothek Dublin und durch meine Freunde in der Hauptstadt von Eire zur Verfügung standen.

Zur Dokumentation der sozialen Lage in Dublin kurz vor dem Ersten Weltkrieg hat mir der Band *Divided City – Portrait of Dublin,* 1913, herausgegeben vom Curriculum Development Unit, Dublin, 1978, gute Dienste geleistet.

Ich danke allen Freunden in Eire, die meine Arbeit unterstützt haben, auch wenn sie manchmal meine Begeisterung für Constanze Markievicz durchaus nicht teilten. Vor allem danke ich Dr. Peter Harbison für die Hilfe bei der Beschaffung wichtiger alter Fotografien.

Umschlagfotos
Vorderseite aus: Daughters of Erin, Secker and Warburg, London 1965
Rückseite: Familienbesitz.

Ingrid Zwerenz

Frauen

Die Geschichte des § 218

Erzählendes Sachbuch

Die sechzehnjährige Catharina soll einen Aufsatz über die Geschichte des § 218 schreiben.
Gemeinsam mit ihrer Mutter sammelt sie Fakten aus der Geschichte und der Literaturgeschichte. Sie lesen und diskutieren, streiten und einigen sich. Das Thema sprengt bald die Grenzen eines Schulaufsatzes. Mutter und Tochter verstehen, es ist »ihr« Thema, das Thema der Frauen. Doch fast immer wurde es von Männern formuliert, von Priestern, Politikern, Soziologen, Polemikern, Statistikern, Medizinern, Demagogen, Sexualwissenschaftlern, Publizisten, Dichtern, Ideologen. Der § 218 erscheint als reiner Männer-Paragraph, der den Frauen auferlegt wurde.
Doch der Kampf der Frauen gegen diesen »Schandparagraphen« ist so alt wie der Paragraph selbst. Neben ihren programmatischen Forderungen wie »Recht der Mündigkeit und Selbständigkeit im Staat«, »Recht auf Arbeit«, »gebührende Gleichberechtigung neben dem Manne« stand von Anfang an auch die Forderung nach Streichung des § 218.
Die aufgefundenen und zitierten Dokumente aber machen deutlich, daß Reformen des § 218 stets Versuche waren, das in ihm gefaßte »Männerrecht« zu erhalten.

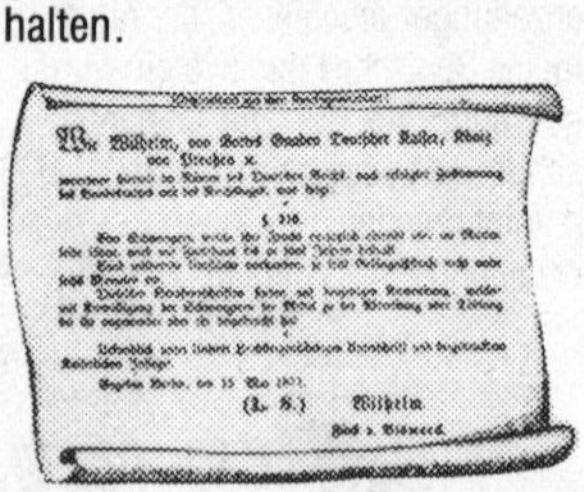

Band 7505

FISCHER BOOT